Lynne und Bill Hybels
INS KINO GEGANGEN UND GOTT GETROFFEN

W0096108

Lynne und Bill Hybels

Ins Kino gegangen und Gott getroffen

Die Geschichte von
Willow Creek

Projektion J Verlag

Titel der Originalausgabe:
Rediscovering Church

© 1995 by Lynne und Bill Hybels
Published by Zondervan Publishing House,
Grand Rapids, Michigan

© 1996 der deutschen Ausgabe
by Projektion J Verlag, Asslar

ISBN 3-89490-112-8

Übersetzung: Annette Schalk
Umschlaggestaltung: Petra Louis
Satz: Projektion J Verlag
Druck und Verarbeitung: Ebner Ulm

Nachdruck, auch auszugsweise, nur mit Genehmigung des Verlages.
2   3   4   99 98

INHALT

DANK

W ir hatten nie vor, die Geschichte von *Willow Creek* in allen Einzelheiten aufzuschreiben. Unser Ziel war es vielmehr, so viel aus der Geschichte zu erzählen, daß die Werte, an die wir uns gehalten, und die Lektionen, die wir in den vielen Jahren unseres Dienstes gelernt haben, verständlich werden. Entsprechend diesem eingeschränkten Rahmen muß die hier dargestellte Geschichte von *Willow Creek* unvollständig bleiben. Es fehlen die Namen und die Geschichten vieler Menschen, die diese Werte wirklich gelebt und diese Lektionen mit uns zusammen gelernt haben. Wir hatten zu Beginn dieses Buchprojektes vor, all diese persönlichen Geschichten von tiefer Hingabe an Gott, an die Gemeinde und an harte Arbeit einzubeziehen. Aber als wir erst einmal damit begannen, Namen zu nennen, wußten wir nicht mehr, wo wir aufhören sollten. Täglich wurde die Liste der Menschen länger, »die einfach in das Buch aufgenommen werden mußten«. Da waren …

- Schüler der High-School in Park Ridge (Illinois), deren ungebrochene Hingabe im »Aufwind« des Heiligen Geistes ein Wunder auslöste;
- Studenten und Leiter in Palatine (Illinois), deren Vision und außergewöhnliche Opfer den Grundstein für eine Gemeinde legten;
- ehrenamtliche Mitarbeiter und Leiter, die von der Kinderarbeit bis zum Buchladen alle möglichen Dienste ins Leben gerufen haben, einfach nur, weil sie sahen, was gebraucht wurde, und weil sie sich getrieben fühlten, den jeweiligen Notwendigkeiten zu begegnen;
- Leiter in der Anfangszeit der Gemeinde, die mit viel Liebe Menschen zusammenführten und »Kirche« zu etwas Bergendem und Persönlichem machten;
- Mitglieder des Vorstandes – echte Erwachsene! –, die keinen logischen Grund hatten, sich für einen Haufen Jugendlicher zu verpflichten, es

aber trotzdem taten, und die mit großer innerer Teilnahme den ganzen Weg mit uns gingen;

- Älteste, die mitten in der Krise auf der Bildfläche erschienen und jahrelang die Entwicklung mit Weisheit begleiteten; die treu mehr als ihren Anteil an der »schweren« Seite des Dienstes trugen;
- Mitglieder des Leitungsteams, die mit professioneller Kompetenz und geistlicher Tiefe die Mitarbeiter Tag für Tag so anleiteten, daß Gott dadurch verherrlicht wurde;
- Mitarbeiter, deren Einsatz für *Willow Creek* uns immer wieder veranlaßte zu sagen: »Ich kann es kaum glauben, daß Gott diesen Menschen zu uns geschickt hat. Wir sind dadurch so gesegnet.«;
- Unschätzbare Mitarbeiter, die wirklich alles tun – die Besucher auf den Parkplatz einweisen, Essen servieren oder Toiletten putzen;
- Spender, die einen hohen Prozentsatz ihres Einkommens für das Reich Gottes geben, was zu manchen Zeiten wie eine hochriskante Investition aussah;
- Musiker, Schauspieler und Leute, die in der Produktion arbeiteten, die alle mehr Zeit in nächtlichen Proben verbrachten, als sich die meisten Menschen vorstellen können, und die unseren Programmen so viel »Herz« gaben;
- Kleingruppenleiter, die in Theorie und Praxis das Rückgrat von *Willow Creek* bilden.

Entgegen unserer ursprünglichen Absicht wurden nur wenige dieser Menschen namentlich erwähnt. Einige Namen haben wir genannt, um Mißverständnisse zu vermeiden. Bestimmte Menschen wurden besonders genannt, weil sie an kritischen Punkten in der Entwicklung unserer Gemeinde ganz besondere Beiträge geleistet haben. Manche Namen wurden eingeführt, um die Geschichte von der abstrakten Ebene zu lösen und sie in die konkrete Realität einzelner Menschen einzubinden. Aber zum größten Teil bleiben die eigentlichen »Größen« von *Willow Creek* ungenannt, einfach deshalb, weil sie so zahlreich sind; ihre Geschichten könnten mehrere Bücher füllen! Wir haben sie dennoch nicht vergessen und widmen ihnen deshalb dieses Buch aus einem Gefühl tiefer und beständiger Dankbarkeit und großen Respekts heraus.

Ganz besonders danken wir unserem Freund Lee Strobel, der viel Arbeit in das Manuskript der zweiten Hälfte des Buches investiert hat, und John Sloan von *Zondervan*, der – wieder einmal – der perfekte Herausgeber für uns war.

Das ist Kirche

Er ist gestorben.« Die Krankenschwester spricht langsam und sanft, als ob sie so die Wahrheit in Karens Herz lindern wollte. Doch die Wahrheit schlägt ein wie eine Rakete und hinterläßt Schock und Verlassenheit. Karen fühlt sich von der Realität zurückgestoßen und in einen schmerzvollen Dämmerzustand versetzt. Dann holt sie die freundschaftliche Berührung von Anns Hand in die Wirklichkeit zurück. Jeffs feste Umarmung umgibt sie mit Stärke. Die Worte, die Jenny flüstert, erinnern sie daran, daß sie nicht alleine ist. Die Tränen in Davids Augen helfen ihr, ihre eigenen Tränen zu finden.

Über zwei Jahre lang haben sich Tim und Karen mit viel Zeit, Energie und Liebe um jedes einzelne Mitglied der Kleingruppe gekümmert, die sie gemeinsam leiteten. Nun kommt die Liebe zurück und lindert den schneidenden Schmerz über den Verlust eines geliebten Menschen.

Das ist Kirche.

Neunundzwanzig Jahre alt und eine Million wert. Auf geradem Weg an die Spitze gelangt. Dann begegnet der junge Geschäftsmann Jesus. »Leg die Karten auf den Tisch«, sagt der Erlöser. »Leg dein Geld dahin, wo auch dein Mund ist.«

Es ist Dezember. Zeit der Grundsteinlegung. Der reiche junge Geschäftsmann starrt auf die Bühne des überfüllten, heruntergekommenen Kinos, das diese junge Gemeinschaft ihre Heimat nennt. Er rutscht auf seinem schmutzigen Sitz hin und her und zertritt dabei ein weiteres Popcorn mit seinem Absatz.

»Leg die Karten auf den Tisch«, sagt der Erlöser. Der reiche junge Geschäftsmann steckt seine Hand in die Tasche seines Cordmantels und tastet behutsam nach dem kleinen Papier, das seinen Geschäftserfolg dokumentiert. Als der Korb für die Spenden herumgereicht wird, läßt er sorgfältig einen Scheck unter den Haufen zerknitterter Scheine gleiten, der das Ende seines ganzen Vermögens bedeutet.

Das ist Kirche.

Angie biegt auf den Parkplatz ein wie jeden Montagabend, aber an diesem Abend fährt sie an ihrem üblichen Parkplatz vorbei und stellt ihr Auto an der Werkstatt im hinteren Bereich des Gemeindegeländes ab. Als sie zurück zum Gemeindegebäude läuft, dankt sie Gott im stillen wieder einmal für die Mechaniker, die am Montagabend ihre Zeit freiwillig zur Verfügung stellen. Während Angie an der Gruppe für alleinerziehende Mütter teilnimmt und ihre Tochter die Gruppe für Scheidungskinder besucht, bringt ein ölverschmierter Held, mit dem Rücken auf dem Betonboden liegend, ihr Auto wieder in Ordnung.

Das ist Kirche.

»Es geht hier nicht um Sport. Es geht hier um die Reise eines Menschen zum Glauben.« Nachdem das Thema klar ist, beginnt die Diskussion. Die vielen tausend Menschen, die zu den zahlreichen Gottesdiensten an diesem Wochenende gekommen sind, hören Mike Singletary, den ehemaligen Linienspieler der *Chicago Bears*, ganz offen über Familie, Glaube und Vergebung sprechen.

Das Publikum ist gemischt. Manche sind zum ersten Mal als Besucher in dieser Gemeinde, die meisten von ihnen wurden von einem Freund oder Verwandten eingeladen, der regelmäßig hier ist. Einige von ihnen wurden zuvor schon wiederholt eingeladen, aber erst die Bewunderung für Mike konnte ihren Widerstand brechen.

Nach dem Gottesdienst schickte ein Mädchen dem Gemeindebüro eine kurze Notiz: »Ich versuche seit Jahren, meinen Vater zum Gottesdienst zu bringen, aber er wollte nie mitkommen – bis ich ihm sagte, daß Mike Singletary sprechen würde. Er hat wirklich bei dem zugehört, was Mike über das Christsein sagte. Danach hatten wir ein gutes Gespräch, und er sagte, daß er wiederkommen wolle. Ich kann es kaum glauben. Danke!«

Das ist Kirche.

Erdnußbutter. Spaghetti. Bohnen. Milchpulver. Kaffee. Mehl. Suppe. Doseneintopf. Windeln. Haarwaschmittel. Zahnpasta. Sue geht ihre Einkaufsliste durch und kauft von jedem Artikel drei Stück. Der Mann an der Kasse macht eine Bemerkung über ihren Dreifacheinkauf, aber Sue lacht nur.

Am Sonntag packt Sue ihre Einkaufstüten in große Plastiktüten und läßt diese auf dem Gehsteig hinter ihrem Auto stehen, während sie den Gottesdienst besucht. Während des Gottesdienstes laden Freiwillige Tausende dieser schwarzen Tüten auf Lastwagen und bringen sie zur Armenküche, die jeden Monat Hunderte von bedürftigen Menschen versorgt.

Das ist Kirche.

Der junge Mann weint, als er die Geschichte einer Kindesmißhandlung erfährt, die das Opfer, seine Frau, fünfzehn Jahre lang aus dem Gedächtnis verdrängt und im Unterbewußtsein mit sich herumgetragen hat. Aber nun kommen die Erinnerungen an die Oberfläche, sie verfolgen sie, stören die Ruhe ihres Hauses und gefährden ihre Ehe. Beide, Mann und Frau, sind Leiter in der Gemeinde, sie bekleiden verantwortungsvolle Posten in der Öffentlichkeit, aber jetzt fühlen sie sich hilflos, erschöpft und voller Angst.

Der Ehemann sitzt alleine mitten im Kreis von Leuten, die Verantwortung tragen wie er. Als er seine Geschichte zu Ende erzählt hat, steht ein Mann auf und legt seine Hand auf die Schulter des jungen Mannes. Ein anderer faßt seinen Arm. Eine Frau hält seine Hand in ihrer. Bald ist er in einer gemeinschaftlichen Umarmung geborgen. Ruhig fangen seine Freunde an zu beten, und fast eine Stunde lang gehen ihre Worte für ihn, seine Frau und seine Ehe direkt in den Himmel.

Das ist Kirche.

»Ich aber sage euch: Jeder, der seinem Bruder auch nur zürnt, soll dem Gericht verfallen sein. ... Wer aber zu ihm sagt: Du gottloser Narr!, soll dem Feuer der Hölle verfallen sein. Wenn du deine Opfergabe zum Altar bringst und dir dabei einfällt, daß dein Bruder etwas gegen dich hat, so laß deine Gabe dort vor dem Altar liegen; geh und versöhne dich zuerst mit deinem Bruder, dann komm und opfere deine Gabe« (Mt 5,22-24).

»Ihr wißt, was diese Worte bedeuten«, sagt der Pastor, »aber seid ihr auch bereit, danach zu handeln? Bitte kommt nicht zum Abendmahl, wenn ihr Dinge habt, die vorher erledigt werden müssen.« Noch während er spricht, kommt Bewegung in den Zuschauerraum. Innerhalb weniger Minuten haben Hunderte von Menschen ihren Platz verlassen. Einige gehen zum Telefon. Andere treffen sich in leeren Gemeinderäumen. Einige gehen heim. Das Werk der Versöhnung hat begonnen.

Das ist Kirche.

»Ich taufe euch im Namen des Vaters und des Sohnes und des Heiligen Geistes.« Dale und Ellen haben schon ein etwas reiferes Lebensalter, aber als sie aus dem eisigen Wasser des Teiches wieder auftauchen, scheinen sie Kinder zu sein. Und in einem gewissen Sinn sind sie das auch. Sie wissen, daß sie vom Glauben her bloß Babys, höchstens Kleinkinder sind.

Aber sehr glückliche Kleinkinder. Und sie machen schon einen richtigen Wirbel. Auf dem grasbedeckten Hügel gibt es Applaus und Beifallsrufe, ein überschäumendes Freudenfest. Ihre Kleingruppenleiter lachen so sehr, daß ihnen die Tränen kommen. Ihre Tochter läuft herbei, um ihnen mit ungestümen Umarmungen zu gratulieren und warme Handtücher umzulegen. Ihre kirchendistanzierten Nachbarn sind etwas durcheinander, aber erfreut, daß sie ihre langjährigen Freunde so glücklich sehen. Es ist eine Feier, daß die himmlischen Kronleuchter wackeln.

Das ist Kirche.

»Sie hielten an der Lehre der Apostel fest und an der Gemeinschaft, am Brechen des Brotes und an den Gebeten. Alle wurden von Furcht ergriffen; denn durch die Apostel geschahen viele Wunder und Zeichen. Und alle, die gläubig geworden waren, bildeten eine Gemeinschaft und hatten alles gemeinsam. Sie verkauften Hab und Gut und gaben davon allen, jedem so viel, wie er nötig hatte. Tag für Tag verharrten sie einmütig im Tempel, brachen in ihren Häusern das Brot und hielten miteinander Mahl in Freude und Einfalt des Herzens. Sie lobten Gott und waren beim ganzen Volk beliebt. Und der Herr fügte täglich ihrer Gemeinschaft die hinzu, die gerettet werden sollten« (Apg 2,42-47).

Das ist Kirche.

EINFÜHRUNG

von Bill Hybels

V or einigen Jahren rief ich das Management-Team von *Willow Creek* zu einem eintägigen Treffen zusammen, um unser weiteres Vorgehen zu planen. Wir hatten einen minutiös ausgearbeiteten Tagesplan vor uns und dazu externe Berater eingeladen. Wir hatten uns für diesen Tag ein ehrgeiziges, aber durchaus erreichbares Ziel gesteckt; es ging um viel. Bald nach Beginn des Treffens erhielt ich eine dieser unerklärlichen Eingebungen durch den Heiligen Geist: Vergiß den Plan. Schau in die Runde. Konzentriere dich auf die Menschen. Ich schickte die Berater aus dem Raum und sagte:»Laßt uns einen Moment innehalten. Wir können uns später wieder mit dem Tagesplan beschäftigen. Was passiert gerade so in eurem Leben?«

Es kam zu einem angenehmen Austausch über Persönliches und das Familienleben – bis zu dem Moment, als ein Mitglied des Teams offen erzählte, welche persönliche Tragödie er im Moment durchmachte. Die anderen wußten davon nichts, aber hinter seinem coolen Image verbargen sich Schmerz, Angst und Einsamkeit. Die Geschichte kam langsam und stoßweise, mit Stocken und immer wieder neuen Ansätzen, unter Tränen – und schließlich war alles gesagt, seine Energie verbraucht, seine Worte erschöpft.

Wir wußten alle, daß wir eigentlich mit der Tagesordnung weitermachen mußten; die Zeit verging. Aber wir saßen einfach da. Schließlich sagte einer:»Es tut mir leid, aber für mich ist die Sache damit nicht getan. Ich habe das Gefühl, daß ich versuche zu schalten, ohne die Kupplung zu treten, und es geht nicht. Ich würde gerne darüber beten, was nun geschehen soll.« Vor der verschlossenen Tür gingen unsere hochbezahlten Berater in der Halle hin und her, und wir beteten in der Runde und baten Gott, unseren Bruder in seiner Not zu stärken und ihm zu helfen.

Später am Abend dachte ich mir, daß wir uns den ganzen Tag über die Köpfe zerbrochen hatten, um herauszufinden, wie wir diese Gemeinde leiten sollten, aber das Wichtigste an diesem Tag waren die zwei Stunden und fünfzehn Minuten gewesen, in denen wir wirklich Kirche waren. Wir waren Kirche – jeder für jeden.

Darum soll es in diesem Buch gehen: Kirche zu sein. Es geht um Menschen, die zusammenkommen, um für jeden anderen in dieser Gemeinschaft Christus zu sein. Vernetzt. Verwundbar. Von sich selbst hergebend.

Ich weiß nicht, wieviele Leute mir glauben, wenn ich sage, daß ich nie vorhatte, eine große Gemeinde zu bauen. Ich sage das nicht sorglos oder naiv. Ich weiß, daß jedes meiner Motive bis zu einem gewissen Grad gemischt ist. Ich weiß, daß ich nicht immun gegenüber der Sünde des Stolzes und des Eigenlobs bin. Ich habe einen unbewußten Hang, erfolgreich sein zu müssen und mich selbst zu beweisen. Erst in den letzten Jahren habe ich angefangen, das zu verstehen.

Trotzdem kann ich noch immer aufrichtig sagen, daß es nie ein bewußter Wunsch meines Herzens war, eine große Gemeinde zu bauen. Ich habe mich nie darum bemüht zu sehen, wie innovativ ich mit Theater oder Musik sein kann oder wie ich hinter die Mechanismen unserer Gesellschaft kommen kann. Es gab nur ein paar Gedanken, die einfach zu einem unglaublich wertvollen Ergebnis geführt haben. Was mich vor zwanzig Jahren motiviert hat und was mich heute motiviert, ist die unvergleichlich wertvolle Erfahrung, erlöste Menschen zu sehen, die Kirche werden. Füreinander. Ich gewinne jedes Mal neue Energie, wenn ich Menschen sehe, die früher in wirklicher Dunkelheit lebten und jetzt Liebe geben und Liebe bekommen, die miteinander gemeinsam durch Tiefen gehen, einander befreien und einander in ihren äußerlichen und geistlichen Nöten helfen.

Wenn es in der Geschichte jemals eine Zeit gab, in der der Dienst einer lebendigen Gemeinde dringend gebraucht wurde, dann ist es die unsrige. Obwohl die Zahl der traditionellen Gottesdienstbesucher in den Jahrzehnten seit 1960 drastisch zurückgegangen ist, läßt das zunehmende Interesse an religiösen Dingen, das sich in unserem Land ausbreitet, darauf schließen, daß viele Menschen an einer geistlichen Leere leiden.

Meinungsforscher schreiben dieses wachsende Interesse vor allem der zunehmenden Ernüchterung über den modernen, materialistischen Lebensstil zu. In den verborgenen Winkeln ihres Herzens kommen viele Menschen zu dem Schluß, daß es mehr geben muß.

Ein anderer Grund für diese geistliche Suche ist der immer häufigere Zusammenbruch von Beziehungen. Ehen scheitern, Familien brechen auseinander, Freundschaften lösen sich auf. Wenn der Grad des zwischenmenschlichen Vertrauens auf ein verschwindend geringes Maß sinkt, fangen manche Menschen an aufzuschauen. Kann man Gott trauen? fragen sie sich.

Und kann er mir irgendwie helfen, meine Ehe, meine Familie und meine Freundschaften wieder zusammenzubringen?

Dieses Interesse an geistlichen Dingen wird auch durch das zunehmende Bewußtsein verursacht, daß Sozialhelfer, staatliche Programme und öffentliche Gelder zur Förderung von Bildungsmaßnahmen nicht all die Übel ausrotten werden, die unsere Gesellschaft bedrohen: Alkohol- und Drogenmißbrauch, Pornographie, häusliche Gewalt und eine kontinuierlich ansteigende Kriminalitätsrate. Die Versuchungen, denen junge Menschen ausgesetzt sind, sind größer als je zuvor; Gelegenheitssex, Alkohol und Drogen gehören zum High-School-Alltag dazu und werden akzeptiert. Viele Männer und Frauen der geburtenstarken Jahrgänge, die jetzt selbst schon Eltern sind, sehen, wie ihre Kinder nach den moralischen Maßstäben der sechziger Jahre leben, die sie selbst einst gefeiert haben, und wünschen sich, die Geschichte zurückdrehen zu können. In einer Zeit, in der die Unterhaltungsmedien permanent antimoralische Botschaften verkünden, müssen sich Eltern in anderen Bereichen nach einer gesünderen Perspektive umschauen.

Geistliches Interesse entsteht auch als Folge von Dauerstreß und zunehmender Komplexität des modernen Lebens. Der technologische Fortschritt, der eigentlich dazu gedacht war, das Leben zu erleichtern, zwingt uns nun zu einer schnelleren Gangart. »Psychologen und Berater behaupten, daß viele Menschen ›überfordert und von Sorgen geplagt‹ sind, weil schnell nicht mehr schnell genug ist in einer modernen Welt, deren Tempo von zeitsparenden Produkten und Dienstleistungen bestimmt wird.«[1] Technologischer Fortschritt, vor allem im Bereich der Medizin, hat unser Leben komplizierter gemacht, indem er ethische Fragen aufwirft, die in der Vergangenheit unvorstellbar gewesen sind. Wie sollen wir mit Fragen wie Genforschung, pränatale Diagnostik und Euthanasie umgehen? Gibt es hier eine geistliche Wahrheit, die uns leiten kann?

Zu unserem Streß kommt die Angst vor Umweltkatastrophen hinzu. Unfälle mit auslaufendem Öl und fahrlässige Umweltverschmutzung versetzen uns in Angst. Die Zerstörung der Erdatmosphäre, die totale Ausbeutung der Bodenschätze und die Verseuchung der Wasservorräte unserer Erde gefährden unsere Zukunft. Viele Menschen fühlen sich in einer zerbrechlichen Welt gefangen und fragen sich, was noch nachkommt.

Die Angst vor einer anderen Art von Katastrophen taucht in unserem Gesichtsfeld auf, grell beleuchtet durch das Bombenattentat vom 19. April 1995 in Oklahoma City. Der Terrorismus und die Frage, wie man ihm begegnen kann, haben das Böse zum Tagesthema in unserem Land und auf der ganzen Welt gemacht. »Warum passieren diese Dinge?« fragen sich die Menschen. »Was können wir dagegen tun?«

In einer Gesellschaft, die zunehmend weniger funktioniert, werden sich Menschen immer deutlicher ihrer emotionalen Wunden, ihrer Einsamkeit und ihrer Hilfsbedürftigkeit bewußt. Opfer von Kindesmißbrauch brauchen einen sicheren Ort, um wieder heil zu werden. Menschen, die eine Scheidung hinter sich haben, brauchen Verständnis und Führung. Alleinerziehende Eltern brauchen emotionale Unterstützung und tatkräftige Hilfe. Auch wenn viele dieser Menschen das Bild eines fernen Gottes und die unpersönliche Kirche ihrer Kindheit ablehnen, sehnen sie sich doch nach etwas, was sie eine »höhere Macht« nennen, die sie wiederherstellen soll, und nach einer liebenden »Familie«, zu der sie dazugehören können. Können sie – ich denke, sie müssen – sich dem Gott der Bibel zuwenden? Können sie in Gottes Kirche das finden, wonach sie sich sehnen?

Zugegeben, viele dieser geistlich suchenden Menschen haben beschlossen, ihre geistlichen Fragen nicht an die Kirche zu stellen. »Wir leben heute in einem geistlichen Aufbruch, der vielleicht mit keinem anderen in der Geschichte zu vergleichen ist. Einer der Punkte, die ihn einzigartig machen, ist die Tatsache, daß die Suche nach geistlichen Werten nicht an irgendeine Institution gebunden ist und nicht von traditionellen religiösen Formen oder Symbolen abhängt. Diese geistlichen Bedürfnisse sind vielmehr vom Herzen geleitet.«[2]

Warum, frage ich mich, sind so viele Menschen heute so überzeugt, daß die wahren geistlichen Antworten nur außerhalb der Kirche zu finden sind? Liegt es daran, daß sie Antworten suchen, die sie selbst in den Mittelpunkt stellen statt Gott? Oder liegt es daran, daß sie von einer Kirche enttäuscht sind, die zu viele Jahre nur mit ihrer Identität und ihren Traditionen beschäftigt war, statt sich um die Bedürfnisse der Menschen zu kümmern?

Als ich vor vielen Jahren die Statistiken über zunehmendes geistliches Interesse las, wußte ich, daß es wirklich da war. Als junger Erwachsener war ich viel mit Leuten zusammen, die geistliche Fragen hatten: Was ist das Ziel des Lebens? Was kommt nach dem Tod? Ist Jesus mehr als ein Mythos? Wie kann ich moralisch richtige Entscheidungen treffen? Gibt es eine absolute Wahrheit? Funktioniert Gebet wirklich? Hat Leiden Sinn? Einige dachten, daß Christsein eine »gute Idee« war, aber sie wußten nicht mehr darüber. Andere merkten, daß ihnen ihr Leben entglitt, und sie fragten sich, ob die Bibel ihnen Weisheit und Hilfe bieten könnte. Sie hatten viele Fragen, aber nur wenige Antworten.

Im Jahr 1975 fingen eine Gruppe von Freunden und ich an, diese Leute »Kirchendistanzierte« zu nennen, und wir beschlossen, eine Gemeinde zu gründen, die diese Menschen erreichen kann – eine Gemeinde, die ihre Fragen beantworten würde, die auf ihre Bedürfnisse eingehen, ihnen den Weg zu Jesus zeigen und ihnen hier auf der Erde einen Vorgeschmack von Gottes Reich geben würde. Wir wollten Kirche für Menschen sein, die dachten, daß Kirche für ihr Leben keine Bedeutung habe, die aber diese Kirche so verzweifelt brauchten.

Was 1975 galt, gilt heute noch genauso. Menschen brauchen die Kirche – nicht diese leblose Institution, die oft als Kirche bezeichnet wird, sondern die wahre Kirche, die Kirche aus der Apostelgeschichte, Kapitel 2. Nichts anderes wird die zunehmende Individualisierung unseres Lebens und den Kurs, den unser Land eingeschlagen hat, ändern können. Wir brauchen eine echte Veränderung unseres Herzens, die unsere Art, Beziehungen zu leben, unseren Umgang mit sozialer Ungerechtigkeit, unsere Ausbeutung der Erde, unseren Umgang mit den Schwachen und dem ungeborenen Leben verändert.

Bei manchen Leuten ist *Willow Creek* in erster Linie für den »avantgardistischen Laser-Zeitalter-Stil« ihrer vorevangelistischen Veranstaltungen bekannt, in denen wir der Kreativität unserer Musik- und Theaterteams freien Lauf lassen. Die Wahrheit ist, daß ich Mühe mit dem habe, was es kostet, solche Veranstaltungen auf die Beine zu stellen. Ich ringe mit dem Aufwand an Geld und Zeit, den sie fordern. Ich hinterfrage den persönlichen Tribut, den sie von den Programmgestaltern, den Mitarbeitern und von mir selbst fordern. Ich habe Angst vor den Briefen der Kritiker, die mir vorwerfen, »Programme abzuspulen« und meinen, ich solle doch einfach »nur predigen«.

Warum machen wir das Ganze also? Weil irgendein Mann oder eine Frau, die in Gefahr sind, verloren zu gehen, für Gott viel wichtiger sind, als wir jemals verstehen können. Weil sie am Arm eines unserer Christen kommen und eine erste Ahnung davon bekommen könnten, was Christsein bedeutet. Und dieser erste Anstoß setzt vielleicht den »Dominoeffekt« in Gang: Eines Tages wird diese Person verstehen, wer Christus ist, dann eine Beziehung zu ihm aufbauen und schließlich in einem kleinen Kreis von Christen erleben, was Kirche ist.

Darum geht es in diesem Buch. Es geht nicht darum, wie man große Gemeinden baut. Es geht nicht darum, wie man hochtechnisierte Programme gestaltet. Und es geht genausowenig um Macht, Kraft und Stärke. Sehen Sie, ich bin nicht sicher, ob man biblische Gemeinschaft erleben kann, ohne persönliche Schwäche zu zeigen. Als ich jünger war, fest im Sattel eines kräftigen »Hengstes« saß, vorwärts stürmte und alle Hindernisse für das Reich Gottes niederrannte, glaubte ich das nicht. Ich hatte damals *power* und war voller Durchsetzungskraft, aber ich wußte nicht viel darüber, wie man Liebe weitergibt und empfängt. Ich lernte das erst, als mein »Hengst« anfing zu straucheln und die Hindernisse allmählich nahezu unüberwindlich wurden. Ich möchte ehrlich zu Ihnen sein. Ich war der Mann, den ich am Anfang dieses Kapitels beschrieben habe – der Mann mit dem gebrochenen Herzen in der Planungssitzung. Ich war der Mann, der von anderen Menschen Stärkung brauchte, der Mann, der im Kreis saß und durch Menschen etwas erhielt, was sich wie eine direkte Infusion göttlicher Liebe anfühlte. Wenn ich das Buch meines Lebens noch einmal neu schreiben könnte, würde ich mehr solcher Szenen einfügen und weniger Szenen mit vorwärtsstürmenden Hengsten.

Wenn Ihr Ziel also ist, eine große Gemeinde zu bauen oder zu lernen, wie man die modernsten Programme gestalten könnte, dann lesen Sie dieses Buch bitte nicht. Und wenn Sie voller *power* und so richtig stark sind, lesen Sie dieses Buch bitte auch nicht.

Wenn Sie sich aber danach sehnen, Teil einer Gemeinde zu sein, die sich wirklich darum bemüht, Kirche zu sein, dann lade ich Sie dazu ein, die Seiten dieses Buches zu lesen. Sie werden nicht alle Antworten bekommen, die Sie brauchen. Aber Sie werden – von meiner Frau Lynne geschrieben, die auf dem gesamten Weg einen Platz in der ersten Reihe hatte – die Geschichte einiger Menschen finden, die genug von der wahren Kirche erlebt haben, um über beide Ohren in sie verliebt zu sein. In der zweiten Hälfte dieses Buches werden Sie die Vision, die Werte und die Strategien kennenlernen, die mein Herz in mehr als zwei Jahrzehnten im Dienst schneller schlagen ließen.

Falls diese einführenden Seiten noch irgendeinen Zweifel in Ihnen zurücklassen, will ich es noch einmal ganz klar sagen: Ich liebe die Kirche. Ich bin überzeugt, daß sie die Hoffnung für unsere Welt ist. Ich denke, ich verstehe, warum Jesus sie seine Braut nannte. Und ich danke Gott demütig jeden Tag aufs neue, daß er mich einen Teil von ihr sein läßt.

---

[1] Russel Chandler: *Racing Toward 2001*. Grand Rapids 1992, S. 84.
[2] Hal Zina Bennett, Ph. D. / Susan J. Sparrow: *Follow Your Bliss*. New York 1990, S. 7.

Teil I

Kapitel 1

Son City

1972-1975

»*Wir erlebten ein Wunder. Das sagen wir nicht nur im Rückblick. Zu der Zeit, mittendrin, wußten wir, daß es ein Wunder war. Wir wußten, daß etwas sehr Mächtiges passierte, etwas, das über unsere eigenen Möglichkeiten und Fähigkeiten weit hinausging. Die Frage war nur: Wie reagieren wir auf das, was Gott hier tut? Wie können wir unseren Beitrag verbessern? Wie können wir es voll und ganz auskosten?*«

Dave Holombo
Mitbegründer von *Son City*

Anders als Bill, der sich als Teenager in einem christlichen Ferienlager bekehrte, wurde ich schon als Kind durch die Kinderarbeit unserer Ortsgemeinde Christ. Und während meiner Grundschulzeit und auch noch als Teenager besuchte ich treu jeden Sonntag zwei Gottesdienste, einen jeden Mittwochabend und nahezu jede Veranstaltung, die unsere Jugendgruppe organisierte. Als ich einundzwanzig war und kurz vor dem Abschluß einer freien christlichen Kunstakademie stand, hatte ich keinerlei Illusionen mehr über die Kirche. Alles, was ich über die Kirche der ersten Christen las, schien so lebendig und lebensverändernd; wenn ich die Kirche des zwanzigsten Jahrhunderts ansah, schien alles tot und unproduktiv zu sein. Hatte die Bibel das Leben der frühen Kirche übertrieben dargestellt? Oder stellte die frühe Gemeinde ein Ideal dar, nach dem sich die jetzige Kirche ausstrecken sollte? Dann schien die Kirche dieses Ziel allerdings weit verfehlt zu haben.

Zu dieser Enttäuschung in meinem geistlichen Leben kam eine ebenso große Enttäuschung in meinem Beziehungsleben. Bill Hybels und ich wollten im April 1972, während meines vorletzten Jahres am College, heiraten. Aber im Januar dieses Jahres löste ich die Verlobung. Ich ging ans College

21

zurück und machte eine kurze Bekanntschaft nach der anderen durch, nur um eines zu erreichen: Bill zu vergessen. Zur selben Zeit flog er nach Südamerika, mit dem gleichen Ziel, mich zu vergessen. Wenn ich jetzt die Briefe wieder lese, die er mir in dieser Zeit schrieb und mich an die Leidenschaft erinnere, mit der ich sie zum ersten Mal las, kann ich im Rückblick sagen, daß keiner von uns den anderen vergessen konnte, egal, wie sehr wir uns auch darum bemühten. Doch für die nächsten eineinhalb Jahre ging jeder seinen eigenen Weg. Bills »Weg« nahm eine dramatische Wende in eine Richtung, die weder ich noch er erwartet hatte.

Harte Arbeit, hartes Spiel

Ein halbes Jahr, bevor ich unsere Verlobung löste, im Sommer 1971, hatte Bill beschlossen, sich nach zwei Jahren College mehr den praktischen Seiten des Geschäftslebens zuzuwenden. Deswegen ging er zurück in seine Heimatstadt Kalamazoo in Michigan, um dort seinen Platz in der familieneigenen Großhandelsfirma zu übernehmen. Dies hatte er seit seiner Kindheit vor. Er hatte eine natürliche Begabung für das Geschäftsleben, und sein Vater hatte ihn darauf vorbereitet, indem er ihn den Wert harter Arbeit lehrte und in ihm die Liebe eines Unternehmers zu Herausforderung und Risiko weckte.

Vom Kindergartenalter an verbrachte Bill jeden Samstagvormittag zusammen mit seinem Vater im Familienbetrieb. Zuerst sortierte er Waren und reinigte Tiefkühlbehälter, später be- und entlud er die Lkws, dann belieferte er die örtlichen Restaurants und Lebensmittelhändler mit Waren und fuhr schon auch mal einen Sattelschlepper nach Chicago, um am *Water-Street*-Großmarkt Waren einzukaufen. Während seiner High-School-Zeit war es für Bill nichts Außergewöhnliches, ohne Unterbrechung nach Florida mit einem Sattelschlepper zu fahren, dort eine Ladung Waren aufzunehmen und gerade rechtzeitig zum Vormittagsunterricht wieder zurück zu sein.

Während seiner Sommerferien arbeitete Bill auf familieneigenen Farmen. Während seine Freunde am Strand waren, verbrachte Bill heiße, feuchte und staubige Augusttage damit, Trupps von Wanderarbeitern zu beaufsichtigen und Kartoffel- und Zwiebelfelder zu bepflanzen und abzuernten. Oft kam er direkt von der Farm zu mir, um mich zu treffen, und sah eher wie ein Feldarbeiter als wie der Schwarm aller High-School-Mädchen aus. Unsere erste Anlaufstelle war dann auch das Haus seiner Eltern, wo er sich mit Hilfe einer Dusche in eine äußere Form brachte, die einem Rendezvous angemessen war.

Die eindrücklichste Illustration seiner Arbeitsethik vermittelte Bills Vater seinem Sohn an dem Tag, als Bill eine Wagenladung verfaulter Kartoffeln abladen sollte. Nachdem Bill Stunde um Stunde Säcke voller schleimiger, übelriechender Kartoffeln abgeladen hatte, beschwerte er sich bei seinem Vater über die Menge der noch abzuladenden Säcke. »Mach dir nichts draus, Billy«, sagte sein Vater, »du mußt nur einen Sack nach dem anderen abladen.« Auch wenn ich mich in späteren Jahren oft über Bills Neigung, zuviel Zeit und Energie in die Arbeit zu investieren, aufregte, verliebte ich mich mit siebzehn in diese hart arbeitende, disziplinierte Seite von ihm. Im Lauf der Jahre hat ihm diese Fähigkeit, so mit Herausforderungen umzugehen – »einen Sack nach dem anderen« –, gute Dienste geleistet.

Trotzdem bestand das Leben für Bill nicht nur aus Arbeit. Es gab Skiurlaube und das Sommerhaus. Es gab die *Ann Gail*, das fünfzehn Meter lange Segelboot, mit dem sein Vater den Atlantik überquerte. Bill und sein Freund segelten damit alleine auf dem Michigansee, als sie in der siebten Klasse waren. Da war die *Harley Davidson* und der glänzende, schwarze *Pontiac GTO*, bei dem ich immer aufpassen mußte, daß ich mit meinen Fingernägeln nicht den Lack an der Beifahrertüre zerkratzte, wenn ich sie öffnete! Da gab es das Flugzeug, das Bill mit sechzehn alleine flog. Da waren die Kreditkarten.

Und da waren die Reisen – die Reisen, die dazu gedacht waren, Bills Weltsicht zu erweitern und ihn »erwachsen« zu machen. Als Bill in der Grundschule war, gab sein Vater ihm Skier und setzte ihn in einen Zug nach Aspen, Colorado. Bill fuhr mit dem Zug bis zur Endstation, fragte den Schaffner, wie er am besten zum *Aspen Inn* käme und wurde unfreundlich davon in Kenntnis gesetzt, daß es noch fünfundzwanzig Kilometer bis Aspen wären und der Zug nicht bis dorthin fahren würde. Bill lernte schnell, Fragen zu stellen und Alternativen zu finden.

Als er fünfzehn war, gab ihm sein Vater einen Haufen Flugtickets und eine Reisebeschreibung, die ihn – wiederum alleine – auf eine achtwöchige Reise durch Afrika und Europa führten. In Nigeria ging Bill das Geld aus und er schlief zusammen mit einer sechsköpfigen nigerianischen Familie auf dem schmutzigen Boden einer winzigen Hütte, bis sein Vater ihm wieder Geld schickte.

Es war ein Leben voller Herausforderungen, Chancen und Verheißungen. Bill war sich ganz sicher, daß er sich auf dem schnellsten Weg zum Erfolg befand.

Hartnäckige Fragen

»Was fängst du mit deinem Leben an, Bill?«»Ich arbeite ein bißchen. Ich spiele ein bißchen. Ich habe eine nette Freundin. Ich mache freitags und samstags ein bißchen Radau. Am Sonntag gehe ich dann in die Kirche.« Kaum dem Teenageralter entwachsen, hielt Bill seine Antwort für clever und angemessen. Der Fragende war anderer Meinung.

»Spaß beiseite, Bill. Tust du etwas in deinem Leben, das wirklich Bedeutung hat? Tust du etwas, das Ewigkeitswert hat?«

»Nicht viel, glaube ich.« Eine ehrlichere Antwort, sagt Bill heute, wäre gewesen: »Nichts.« Und die ehrlichste Antwort wäre gewesen: »Ich verbeuge mich vor einem Spiegel. Ich diene mir selbst. Ich verbeuge mich … vor mir selbst. Und ich kümmere mich einen Dreck um andere Menschen, um deren Probleme oder ihre Zukunft.« Diese einfache Frage offenbarte Bill schonungslos die Wahrheit über sich selbst, und diese Wahrheit traf ihn tief.

Kurz danach begab sich Bill auf diese Reise nach Südamerika, die ich schon erwähnt habe, und unsere Wege trennten sich zeitweise. Auf dieser Reise besuchte er verschiedene Missionare, die mit seinem Vater befreundet waren. Er fühlte sich zunehmend ungemütlich im Familienunternehmen und hatte das Gefühl, daß Gott ihn in irgendeine Form des Dienstes rufen wollte, vielleicht in die Mission. An einem Abend gegen Ende seiner Reise saß er auf der Dachterrasse eines Restaurants mit Blick auf den Strand von *Copacabana* in Rio de Janeiro, damals die »Hauptstadt« der reiselustigen, finanzstarken Amerikaner. Während er dort saß und über seine Sehnsucht und die Richtung, die sein Leben nahm, nachdachte, hörte er zufällig die Unterhaltung eines etwa sechzigjährigen Ehepaares in seiner Nähe. »Das war es wirklich wert«, sagten sie zueinander. »All diese Jahre des Arbeitens und Sparens haben sich wirklich gelohnt für diesen Urlaub und für diesen Abend.«

Die Absurdität des Ganzen überwältigte Bill. Viele Jahre harter Arbeit, nur damit sie an einem Abend in diesem Restaurant mit Blick auf die *Copacabana* essen konnten? Er ging zurück in sein Zimmer, fiel auf die Knie und betete: »Gott, es muß in meinem Leben mehr als das geben.« Er war damals zwanzig Jahre alt.

Mit Rock 'n' Roll an die Spitze

Für den Rest dieses Winters und das darauffolgende Frühjahr arbeitete Bill in der Firma seines Vaters. Danach machte er sich wie jedes Jahr auf den

Weg nach Fredonia in Wisconsin, um dort als Sommer-Seelsorger, Rettungsschwimmer, Sporttrainer und Leiter von Bibelarbeiten in einem christlichen Ferienlager einer Chicagoer Gemeinde mitzuarbeiten. In diesem Ferienlager, *Camp Awana*, hatte sich Bill mit sechzehn Jahren bekehrt. Als er eines Abends zu seiner Hütte zurückging, kam ihm auf einmal ein Vers, den er in seiner Kindheit auswendig gelernt hatte, in den Sinn: »Er hat uns gerettet – nicht weil wir Werke vollbracht hätten, die uns gerecht machen können, sondern aufgrund seines Erbarmens.« Das Bewußtsein, daß die Erlösung ein Geschenk aus Gottes Gnade war, ließ ihn innehalten. »Ich dachte, mein Herz würde explodieren«, sagte er später, »ich konnte mir diese Art von Liebe nicht vorstellen. Ich erinnere mich, wie ich einfach dastand und sagte: ›Du machst Witze. Das ist zu gut, um wahr zu sein. Wenn das wahr ist, dann ist das das Größte, was die Welt je gesehen hat.‹«

Im Juli 1972 war er wieder in Fredonia, also an dem Ort, an dem er die bisher wichtigste Entscheidung seines Lebens getroffen hatte, und die zweite wichtige Entscheidung stand kurz bevor: Was sollte er mit seiner Zukunft anfangen? Er liebte das Familienunternehmen, aber die Arbeit dort erfüllte ihn nicht mehr. Er fühlte sich zum Dienst berufen, wußte aber nicht, wohin er gehen oder wie er es anfangen sollte. Er hatte sein Studium abgebrochen und war jetzt in einem Ferienlager für Jugendliche mitten in Wisconsin.

Während dieser verwirrenden Zeit kam ein Besucher ins Ferienlager. Dave Holombo war einige Jahre älter als Bill, aber sie waren schon seit vielen Jahren gute Freunde und hatten beide jedes Jahr einen Teil des Sommers im *Camp Awana* verbracht. Dave arbeitete in diesem Sommer nicht im Ferienlager mit, weil er eben erst die Stelle als zweiter musikalischer Leiter der *South Park Church* in Park Ridge angetreten hatte. Park Ridge ist ein Vorort von Chicago, der nur etwa zwanzig Minuten vom Stadtzentrum entfernt liegt. Während seines Besuches erzählte er Bill von der aus High-School-Schülern bestehenden Musikgruppe, die er in *South Park* gegründet hatte. Dave war ein musikalisches Genie, aber die Musik, die er liebte, war weit von dem entfernt, was man normalerweise in den Kirchen der frühen siebziger Jahre hörte. Aus diesem Grund hatte Dave auch die Gemeinde, in der er aufgewachsen war, verlassen, weil dort seine musikalische Ader abgeklemmt worden wäre. Die Leiter dieser Gemeinde hatten seine Begabung, nach einer Veranstaltung eine Melodie von den *Beach Boys* zu spielen, nicht sehr geschätzt und auch nicht sein beharrliches Bedürfnis verstanden, christliche Musik zeitgemäßer zu gestalten.

Die unabhängige Gemeinde *South Park* war in ihrer theologischen Ausrichtung vorwiegend evangelikal, aber sie zeichnete sich durch ein ungewöhnliches Maß an Offenheit und geistlicher Wahrhaftigkeit aus. Vor Daves Zeit hatte der Pastor von *South Park*, Leroy »Pat« Patterson, einen zeitgemäßen Gottesdienst ins Leben gerufen, der nach dem normalen Sonntagvormittag-Gottesdienst stattfand und sich durch moderne christliche Lieder und eine zwanglose Zeit des Austausches auszeichnete. Für die frühen siebziger Jahre war dies eine ziemlich radikale Neuerung. Zu der Zeit, als Dave den Chor aus High-School-Schülern gründete, verließ Pastor Patterson die Gemeinde, und *South Park* hatte plötzlich nur noch ältere Pastoren. Ohne die starke Reglementierung in der Jugendarbeit fand Dave endlich größere Freiheit, seine Vorstellungen von christlicher Musik umzusetzen. Nachdem er bis dahin alle musikalische Energie in seiner Seele gespeichert und seine Kreativität unterdrückt hatte, war Dave jetzt wie ein musikalischer Vulkan, der nur darauf wartete, ausbrechen zu können.

Das Ergebnis dieses Ausbruchs war eine christliche Rock 'n' Roll-Band mit dem Namen *Son Company*, in der neben Sängern alle Arten von Instrumenten zum Zuge kamen: Gitarren, Saxophone, Trompeten, französische Hörner, Flöten, eine Oboe und – natürlich – ein Schlagzeug. Dave hatte die besondere Fähigkeit, die mittelmäßigen Begabungen von unerfahrenen Jugendlichen so zusammenzustellen, daß das Endergebnis geradezu außergewöhnlich war. Innerhalb weniger Monate tourte die *Son Company* durch die Chicagoer Vororte und gab Konzerte in Kirchen und Gemeindezentren. Schließlich fuhr die Band regelmäßig nach Wisconsin und Indiana und gab zuletzt auch zwei Konzerte in der berühmten *Orchestra Hall*, der eleganten Heimat der Chicagoer Symphoniker.

Dave schrieb die Musik selbst und wurde dabei inspiriert durch die Musik der Kalifornier Michael Omartian, Larry Norman und Chuck Girard, den führenden Köpfen der damaligen Revolution in der christlichen Musikszene, die aus der *Jesus People*-Bewegung der sechziger Jahre entstanden war. Ihre Lieder spiegelten die Sehnsüchte und Überzeugungen der Jugendlichen wider, verbanden aber ihre Texte mit der Musik der siebziger Jahre. Jugendliche wie ich, die mit moderner, christlicher Musik aufgewachsen sind, können sich nicht vorstellen, was dies für eine Generation von Jugendlichen bedeutete, die ohne Musik aufgewachsen war, die sie ihre eigene nennen konnte. Es war aufregend. Es war emotionsgeladen. Und die *Son Company* gab in der christlichen Musikszene in der Gegend von Chicago den Ton an.

Eine tiefgreifende Veränderung

Als das Ferienlager zu Ende war, hatte Bill den Entschluß gefaßt, aus dem Familienunternehmen auszusteigen, um nach Illinois zu gehen und in der nationalen Leitung der *Awana Youth Association*, die ihren Sitz damals in Rolling Meadows hatte, mitzuarbeiten. Nachdem er umgezogen war, besuchte er die Gemeinde in South Park, wo die *Son Company* die Gottesdienste am Sonntagabend mitgestaltete. Zu diesem Zeitpunkt bestand die Band erst seit einigen Monaten, und Dave bereitete die Jugendlichen auf ihren ersten richtigen Konzertauftritt vor. Er brauchte noch einen weiteren Gitarristen und auch Unterstützung bei den Sängern, und so fragte er Bill, ob er nicht in die Band eintreten wollte. Nach Daves Aussagen war Bill ein schrecklicher Gitarrist, aber auch hier zahlte sich wieder Daves Fähigkeit aus, aus mittelmäßigen Begabungen etwas zu machen. Wenn es ums Musizieren ging, paßte Bill perfekt zu Daves Spezialbegabung.

Als Bill das Familienunternehmen verließ, mußte er alle seine Kreditkarten und die Schlüssel zu den Booten und Flugzeugen abgeben. Als er sie auf den Tisch seines Vaters gleiten ließ, wurde er schlagartig nüchtern. »In diesem Moment wurde mir bewußt, daß ich eine weitreichende Entscheidung getroffen hatte«, erinnerte sich Bill. Doch er war keineswegs entmutigt – und sehr dankbar, daß ihm sein Vater wenigstens den *GTO* und die *Harley Davidson* ließ. Als er in Illinois ankam, hatte er nur etwas Geld in der Tasche, und seine Besitztümer paßten in einen Wäschesack, aber er war sich ganz sicher, auf dem Weg zu gehen, den Gott für ihn vorbereitet hatte.

Dave fragte Bill, ob er nach den wöchentlichen Bandproben eine Bibelarbeit für die Jugendlichen halten könnte. Bill war damit einverstanden. Die Jugendlichen in South Park wußten über Bill nur, daß er Daves Freund war, daß er aus einem Ort namens Kalamazoo kam und zwei interessante »Fahrzeuge« besaß. Aber sie waren bereit, ihm zuzuhören. Sie hatten nämlich seit dem Weggang des früheren Jugendleiters für einen neuen Leiter gebetet. Sie hofften auf einen dauerhaften Ersatz, aber in der Zwischenzeit würden sie dem Typen aus Kalamazoo zuhören.

Eine einfache Formel

Bill hatte weder pädagogische Erfahrung noch höhere Ambitionen, aber er hatte während seiner College-Zeit eine Bibelgesprächsgruppe geleitet, und so machte er einfach in dieser Form weiter. Er bat die Jugendlichen, sich jeweils mit einigen Versen zu einem bestimmten Thema vorzubereiten – Glaube, Gebet, Sündenbekenntnis, Freundschaft oder Gehorsam – und half ihnen dann, die Verse auf ihr alltägliches Leben anzuwenden. Dahinter stand eine ganz einfache Formel: Lies einen Vers und wende ihn an. Aber durch diese Formel wurde in den Jugendlichen ein neues geistliches Gespür wach. Viele von ihnen hatten zuvor einen Zwiespalt zwischen ihrem Leben als Christen und ihrem »wirklichen« Leben festgestellt. Sie kannten Jesus als Erlöser, aber sie wußten nicht, was es bedeutete, von Montag bis Samstag mit ihm zu gehen. Sie wußten nicht, wie sie ihr christliches Leben in der Schule leben und ihren Glauben mit ihren Freunden teilen sollten. Wie ein Schüler damals sagte: »Wir waren moralische Jugendliche. Wir waren christliche Jugendliche. Aber wir lebten und starben nicht Tag für Tag für Jesus. Dann plötzlich begannen die Prinzipien der Bibel für uns zu ›leben‹. Bisher war Christus unser Erlöser. Jetzt wurde er auch unser Herr.«

In diesem Winter begannen einige Jugendliche, ihre Freunde zu den Bibelstunden einzuladen. Anfang Frühjahr 1973 kamen schon fast achtzig Jugendliche jeden Mittwochabend. Dadurch entstand eine schwierige Situation, weil die Jugendlichen erst bei der Bandprobe mitmachen mußten, bevor sie an den Bibelstunden teilnehmen konnten. Einige fanden das großartig, aber andere waren entweder musisch nicht begabt oder hatten kein Interesse daran. Auch das inspirierende Genie von Dave Holombo konnte einem Chor von monotonen Stimmen nicht das nötige Feuer geben. Deswegen traf man schließlich die Entscheidung, die Bandproben auf Samstagnachmittag zu verlegen und die Bibelstunden weiterhin am Mittwochabend abzuhalten.

Kurz danach, im Mai 1973, beendete ich mein Studium. Seit der Auflösung unserer Verlobung vor siebzehn Monaten hatte ich zahlreiche Briefe von Bill erhalten, in denen er seinen Abschied von Michigan und der väterlichen Firma und seinen Weg nach Illinois und in die Jugendarbeit beschrieb. Über ein Jahr lang ließ ich die Briefe unbeantwortet, aber schließlich veranlaßte mich die Neugierde auf die Veränderungen in Bills Leben dazu, ihm zu schreiben. Er rief mich sofort an und fragte, ob er mich im College besuchen dürfte. Ich stimmte zu. Als meine Studien zu Ende gingen, spielten wir mit der Idee, unsere zerbrochene Beziehung wieder zusammenzuflicken, und so entschloß ich mich, nach Illinois zu fahren und ihn dort zu besuchen.

Ich kam am Freitagabend dort an, gerade rechtzeitig, um ein Konzert der *Son Company* zu erleben. Ich blieb fast eine ganze Woche und besuchte ein weiteres Konzert und auch die Bibelstunde am Mittwochabend. Die

Jugendgruppe hatte noch nicht ganz die Größe erreicht, die sie später einer breiteren christlichen Öffentlichkeit bekannt machen sollte, aber für mich sah das alles so aus, als würde ich die Apostelgeschichte live erleben. Gott handelte ganz real in dieser kleinen Gruppe von Schülern. Jugendliche, die fünfzehn Jahre lang in der Kirche gegähnt hatten, waren plötzlich mit einer Art geistlicher Energie geladen, von der ich in der Bibel gelesen, die ich aber niemals gesehen hatte. Und zusammen bildeten sie eine Gemeinschaft der Liebe, die schließlich unwiderstehlich für Hunderte von kirchendistanzierten Schülern war – und für mich. Ich zog kurz nach meinem ersten Besuch nach Illinois um und begann, Flöte in der Band der *Son Company* zu spielen. Ich hatte das Gefühl, mitten in ein Wunder geraten zu sein.

Was wäre, wenn …

Die Bibelstunden am Mittwochabend wuchsen weiterhin, einige Schüler wurden nebenbei Christen – meistens eher durch Zufall. Bill und Dave begannen sich zu überlegen, was wohl passieren würde, wenn sie eine Veranstaltung planen würden, die das Evangelium gezielt kirchendistanzierten Jugendlichen verkünden sollte. Bill beschloß, in der Kerngruppe fünf Wochen lang über Evangelisation zu sprechen, und die Jugendlichen dann dazu herauszufordern, ihre kirchendistanzierten Freunde zu einer besonderen Veranstaltung einzuladen, die er und Dave entwickeln würden. Mit der Zeit wurde der Plan zur Realität.

Dann entschlossen sich Bill und Dave, wöchentliche Veranstaltungen anzubieten, um den Jugendlichen mehr Möglichkeiten zu bieten, ihre kirchendistanzierten Freunde einzuladen. Und die beiden würden sich wöchentlich an einem anderen Abend weiterhin mit der Kerngruppe der Jugendlichen treffen.

Als sie diese Idee den Jugendlichen vorstellten, waren diese sofort begeistert, aber auch etwas vorsichtig. Ein Junge hob die Hand und sagte: »Also, du weißt, Bill, ich mag dich und das alles hier. Aber es wäre mir doch etwas peinlich, einen aus meiner Football-Mannschaft hierher in diese Gruppe einzuladen. Ich meine, wir sitzen hier im Keller auf dem Teppichboden. Ich sitze seit der vierten Klasse auf dem Teppichboden, deswegen ist das für mich okay, aber mein Freund wird nicht wissen, was er von diesem ›Möbel‹ halten soll. Er wird vermutlich das Ganze hier unten für reichlich komisch halten.«

Bill sagte: »Du hast ein tolles Gespür; da ist wirklich etwas dran. Ich werde mit den Diakonen darüber sprechen, ob wir nach oben in den Versammlungsraum umziehen können. Sonst noch was?«

Ein anderer Jugendlicher meldete sich und sagte: »Ich bin mir nicht ganz sicher, ob der Manndecker aus meinem Basketballteam so gerne ›Kumbaya‹ und ›Ins Wasser fällt ein Stein‹ singt. Und noch was zu dieser zwölfsaitigen Gitarre, die nur neun Saiten hat – sie sollte von der Bildfläche verschwinden.«

Dave antwortete: »Kein Problem. Wir werden die *Son Company Band* einsetzen. Wir werden biblische Texte nehmen – aber wir werden sie verrocken!«

Dann hob ein Mädchen die Hand, brachte den Kaugummi in die richtige Lage und sagte: »Habt ihr euch schon mal Gedanken darüber gemacht, Theaterstücke einzusetzen?« Bills verständnisloser Gesichtsausdruck sagte ihr, daß man in Kalamazoo in Michigan nicht sehr viel über Theaterstücke redete. Sie erklärte also: »Es geht darum, einen kleinen Sketch zu spielen. Wenn ihr zum Beispiel über Liebe redet, könnte ich einige Leute finden, die einen kleinen Sketch spielen, der das Gegenteil von Liebe zeigt, und es würde die Leute zum Nachdenken bringen. Dann würden die Treffen auch nicht nur aus reden, reden, reden bestehen. Es würde etwas passieren, und die Leute lieben so was. Ihr wißt schon, die Fernsehgeneration und der Kram.«

»Weißt du, wie man das macht?«

»Klar, wir machen das in der Schule ständig.«

»Dann ist das dein Job.«

Ein anderer Jugendlicher meldete sich und fragte: »Warum setzen wir keine Medien ein?« Wieder mußte Bill erkennen, daß er als »Junge vom Lande« nicht viel Ahnung hatte. »Du stellst einige Dias zusammen«, wurde ihm erklärt, »und unterlegst sie mit guter Musik. Das ist ziemlich ausdrucksstark.«

»Kennst du dich damit aus?«

»Sicher.«

»Dann bist du dafür verantwortlich.«

Dann sagte ein anderer Jugendlicher: »Und noch was zu dem, was du sagst, Bill.« Jetzt kommt es, dachte Bill. Und es kam. »Weißt du, Bill, einer der Gründe, warum wir dir zuhören, ist, weil wir dich mögen, aber meine Freunde mögen dich noch nicht. Warum beschränkst du dich nicht auf einen Punkt, statt diese langen Gewaltmärsche durch die schwierigen Seiten der Bibel zu machen, auf denen du sechs oder sieben Themen streifst? Nimm dir ein Thema, das biblisch ist, aber wichtig für das Leben von Jugendlichen, erzähle ein paar gute Geschichten, um es zu veranschaulichen, und versuche, das Ganze in etwa fünfundzwanzig Minuten durchzuziehen. Ich bitte dich nicht darum, die Bibel aufzugeben – aber gib sie uns einfach in einer verdaulichen Dosierung.«

»In Ordnung«, flüsterte Bill. Es war, als ob ihm jemand einen Ellbogen in den Magen gerammt hätte, aber Bill wußte, daß der Typ recht hatte.

Rückblenden

Nachdem die Jugendlichen gegangen waren, saß Bill in diesem leeren Raum im Keller der *South Park Church* und dachte an ein Gespräch, das er mit seinem Vater geführt hatte, als er in der High-School war.

»Hey, Billy, erinnerst du dich an Bud Johnson? Er hat gerade erfahren, daß seine Frau Krebs hat, und das hat ihn aus der Fassung gebracht. Er ist kein Christ, aber ich denke, er braucht geistliche Hilfe. Am Wochenende wird er in unserer Stadt sein. Ich denke, daß ich ihn zum Gottesdienst einladen werde.«

Bill erinnerte sich, daß er damals dachte: »Ich kann es nicht glauben. Dad ist ein intelligenter, weltgewandter Mensch. Wie kann er auch nur daran denken, einen kirchendistanzierten Geschäftsmann in unsere Kirche einzuladen? Es ist Sonntagnachmittag. Hat er jetzt schon wieder vergessen, was er zwei Stunden zuvor erlebt hat?«

»Dad, was du auch tust, alles, bloß das nicht. Wenn dieser Mann wirklich einen winzigen Funken Hoffnung auf Gott hat und du ihn in die Kirche mitnimmst, wird dieser Funke innerhalb weniger Minuten ausgelöscht sein! Schone ihn!«

In diesem kurzen Gespräch mit seinem Vater wollte Bill keineswegs die eigene Gemeinde abwerten. Zu dieser Zeit schätzte Bill die Werte und Lehren, mit denen er aufgewachsen war. Jedenfalls wußte er schon im Alter von elf Jahren, daß seine Heimat-Gemeinde sich nur für Leute eignete, deren Überzeugung sich bereits gefestigt hatte. Wenn man in dieser Gemeinde aufgewachsen und mit der Routine vertraut war, dann fühlte man sich wohl. Aber dies war kein Ort für kirchendistanzierte Menschen.

Bill erinnerte sich an eine Begebenheit später in der High-School.

Der wildeste Kerl der ganzen Schule war der rechte Stürmer im Basketballteam, in dem auch Bill mitspielte. Er war, ohne zu übertreiben, ein starker Typ. Er trank regelmäßig zuviel Alkohol und experimentierte – es war in den späten sechziger Jahren – als erster an der Schule mit Marihuana.

Seine Wochenenden verbrachte er mit einem Mädchen vom College und außerdem war er ein großartiger Geschichtenerzähler. Am Montagmorgen scharten sich alle um ihn, um jedes schmutzige Detail seiner Wochenend-Story zu hören.

Bill teilte die meisten seiner Freizeitaktivitäten nicht, aber sie waren Freunde. Er sagte zu Bill:»Schau, du lebst auf der frommen Seite, und ich lebe auf der wilden Seite, aber laß uns einfach zusammen Baseball spielen und eine gute Zeit haben.« Und so war es.

Eines Tages gingen alle anderen nach dem Spiel heim, nur Bills Freund hing noch herum und wollte offensichtlich über etwas sprechen. Er setzte sich auf die Einwurflinie und sagte:»Bill, mein Leben ist ein Wrack. Meine Freundin hat mich verlassen. Ich trinke viel zu viel. Und diese netten kleinen Zigaretten vernebeln meinen Verstand. Ich brauche Hilfe. Ich weiß, daß du ziemlich religiös bist. Ich überlege, ob ich mit dir zur Kirche gehen und wieder in Ordnung kommen kann.«

Bevor Bill nachdenken konnte, hatte er schon »ja, natürlich« gesagt.

Am Sonntagvormittag holte Bill ihn ab, fuhr mit ihm zu seiner kleinen weißen Kirche auf dem Land und erlebte die längsten sechzig Minuten seines Lebens. Zum ersten Mal in seinem Leben besuchte Bill einen traditionellen Gottesdienst mit einem niedergeschlagenen, aber durchaus offenen Nichtchristen an seiner Seite, der es ernst meinte: Und es war eine vollkommene Katastrophe. Alles, was passierte, war völlig falsch für einen kirchenfernen Jugendlichen. Während des Orgel-Vorspiels sah er aus, als ob er einen Schock erleiden würde. Die »schon Überzeugten«, die mit dieser liturgischen Nahrung großgeworden waren, hatten sich daran gewöhnt, altertümliche Hymnen, »interpretiert« von einem zehnjährigen Flötisten oder einem unprofessionellen Pianisten, zu hören; sie schätzten die »dahinterstehende Herzenshaltung«. Aber es war absolut anders als alles, was Bills Freund bisher in einem öffentlichen Rahmen gehört hatte. »Warum werfen die Leute keine Sachen nach ihnen?« flüsterte er Bill in verständnislosem Ärger zu.

Von da an ging es bergab. Sie machten eine Aufstehen-Hinsetzen-Übung, bei der Bills Freund immer den richtigen Einsatz verpaßte. Er hörte, vor einem Rätsel stehend, einen Solisten von Seraphim und Cherubinen singen. Dann kam das Glaubensbekenntnis. Das war ein Hit, weil all die alten »Veteranen« es auswendig gelernt hatten und Bills Freund auffällig stumm daneben stand. Die Zehn Gebote trafen auch ins Schwarze, weil er nahezu alle gebrochen hatte und deshalb dachte, hier sicher nicht sehr willkommen zu sein. Dann kam die Predigt. Nein, bitte nicht, nicht die kleinen Propheten, betete Bill im stillen. Aber natürlich ... Amos ... Heuschrecken ...

Es dauerte und dauerte und war schließlich zu Ende. Auf dem Heimweg unterhielten sie sich über Baseball, Mädchen, Schule, über alles mögliche, bloß nicht über Kirche. Daraufhin sahen sie sich drei Tage lang nicht. Schließlich stöberte Bill den Jungen auf.

»Hey, was ist los? Meidest du mich?«

»Schau, Bill, ich kann dir das ganz schnell erklären. Ich lebe auf der wilden Seite, und du lebst auf der frommen Seite. Aber trotzdem habe ich dich immer für normal gehalten. Du ziehst dich normal an. Du fährst normal. Du spielst normal. Du redest normal. Aber das, wozu du mich am Sonntag mitgenommen hast, war nicht normal. Ich habe mich nur gewundert, warum ein normaler Mensch wie du an so einen Ort gehen kann.«

Das Gesicht seines Schulfreundes, der für immer von der »Religion« kuriert schien, kam Bill wieder ins Gedächtnis, als seine Gedanken in das Jahr 1973 zurückkehrten: Genau das ist es, was mir die Jugendlichen heute abend zu sagen versuchten. Und das ist es, was ich mit elf Jahren verstanden und mit achtzehn Jahren wieder gelernt habe. Die typische traditionelle Kirche ist kein Ort für kirchendistanzierte Menschen. Für jeden, der nicht zu den Eingeweihten gehört, scheint der durchschnittliche Gottesdienst schrecklich unnormal zu sein. Er bleibt unverständlich für alle, die damit nicht aufgewachsen sind und diesen Drill nicht kennen. Die Lieder, die wir singen, die Art, uns zu kleiden, die Sprache, die wir verwenden, die Themen, über die wir sprechen, die armselige Qualität von allem – all das veranlaßt den durchschnittlichen kirchendistanzierten Menschen zu der nüchternen Feststellung: »Das ist definitiv nichts für mich.«

Die Wirkung geistlicher Gaben

Als ich in meinem neuen Job als Empfangsdame Fuß gefaßt (so viel zur Karriere in sozialen Berufen) und eine neue Wohnung hatte (genauer gesagt, ein winziges Zimmer bei einer alleinstehenden Frau mit einem Sohn), verbrachte ich die Stunden nach meiner Arbeit damit, die Schüler der *Son Company* kennenzulernen und meine Beziehung zu Bill wieder aufzubauen. Bill und ich genossen die Stunden, die wir miteinander verbrachten, voll und ganz, aber es war schwierig, solche Zeiten zu finden, weil er und Dave so damit beschäftigt waren, eine neue Richtung in ihrem Dienst einzuschlagen. Sie nahmen die Vorschläge der Jugendlichen auf und planten eine ganze Serie von wöchentlichen Veranstaltungen, die kreativ und energiegeladen, zeitgemäß und praktisch, aber absolut biblisch fundiert sein sollten.

Sie wollten einen einladenden Ort für kirchendistanzierte Jugendliche schaffen, an dem sie die gefährliche, lebensverändernde Botschaft von Jesus Christus hören konnten.

Am ersten Abend kamen hundertfünfundzwanzig Jugendliche. John Ankenberg, ein angesehener Lehrer und Evangelist, sprach in den ersten drei Wochen. In der vierten Woche, als Bill die Predigt übernahm, kamen bereits hundertfünfzig Jugendliche. Dann hundertfünfundsiebzig. Innerhalb von sechs Monaten waren es dreihundert. Jede Woche stellte Bill die biblische Sicht eines Themas vor, das für das tägliche Leben der Schüler von einiger Bedeutung war, und sprach darüber, wie man mit Gott eine Beziehung eingehen kann. Einige der Schüler wurden Christen und in die Gruppe der Christen, die sich am Sonntagabend traf, eingeführt. Wir nannten den evangelistischen Gottesdienst am Mittwochabend *Son City* und das Treffen der Christen am Sonntag *Son Village*. In *Son City* erklärte Bill, was die Bibel zu wichtigen Themen sagte. In *Son Village* lehrte er eher Vers für Vers und leitete mit Dave zusammen den Lobpreis.

Als Bill damit anfing, jede Woche in *Son City* zu lehren, war er sich seiner Verantwortung so stark bewußt, daß er einen anerkannten christlichen Leiter um Rat fragte. Der Mann sagte: »Predige nach Berghofs Handbuch christlicher Grundsätze.« Bill hielt sich an seinen Rat. In der ersten Woche begann er damit, über »Theophanie« oder die besonderen Erscheinungsweisen Gottes zu sprechen. Nach fünf Minuten erkannte er, daß die Jugendlichen ihn entgeistert anschauten. Er legte seine Aufzeichnungen weg, entschuldigte sich bei den Jugendlichen und sagte: »Wenn ihr nächste Woche wieder kommt, verspreche ich euch, über etwas zu sprechen, was mit eurem Leben zu tun hat.« Seit damals fragt er sich immer: »In welcher Beziehung steht diese Textstelle, diese biblische Aussage, dieser Grundsatz zu meinem Leben?«

Bald wurde offensichtlich, daß Bill die Gabe des Lehrens hatte, auch wenn darüber keiner mehr überrascht war als er selbst. Nach einer Predigt über Reue und Schuldbekenntnis sagte er zu mir: »Ich weiß nicht, was heute abend passiert ist. Ich habe vorgeschlagen, daß die Kids voreinander und vor Gott ihre Schuld bekennen sollten, und sie haben es getan. Ernsthaft!« Es war wahr. Nachdem Bill gesprochen hatte, standen Jugendliche von ihren Plätzen auf, gingen durch den Raum zu anderen Jugendlichen und sagten: »Ich habe dir Unrecht getan. Ich war dir böse. Es tut mir leid. Ich will meine Schuld vor dir und vor Gott bekennen.« Bill stand vor einem Rätsel, was die Wirkung seiner Predigten betraf, aber wir, die ihm zuhörten, waren nicht überrascht. Seine Lehre war praktisch und relevant, durch und durch biblisch, herausfordernd und – auf geradezu unheimliche Weise – vollmächtig.

Ein Grund, warum ich mich in Bill verliebt hatte, war das Gefühl, daß er immer auf ein Ziel zuging. Er hatte starke Überzeugungen, er war entschlußfreudig und energiegeladen und brachte die Dinge zum Laufen. Ich verstand damals nicht, daß ich auf seine natürliche Leitungsbegabung reagierte, aber diese Gabe wurde in den Jahren von *Son City* immer offensichtlicher. Bill vermittelte Vertrauen. Jugendliche wollten ihm folgen, weil sie spürten, daß sie der Richtung, in die er ging, Vertrauen schenken konnten. Bill ging verantwortungsbewußt mit diesem Vertrauen um, und er und Dave gaben ihr Bestes, um diese jungen Menschen weise zu leiten. Während Dave Musiker und Schauspieler ausbildete, machte Bill Schüler zu Jüngern und zu Leitern.

Eine perfekte Partnerschaft

Fast jeden Morgen trafen sich Bill und Dave in einem kleinen Café in Park Ridge – *The Tasty Platter* – und sammelten Ideen für den nächsten evangelistischen Abend. Während des Frühstücks kämpften sie miteinander um die jeweils besten Ideen. Beide waren ansteckende, kreative Träumer, Menschen mit großen Visionen, Optimisten, risikofreudig und – bis zu einem gewissen Grad – Rebellen, die miteinander die Frustration über eine Kirche, wie sie immer schon war, teilten. Aber es gab auch einige Unterschiede, die ihre gemeinsame Leitung von *Son City* so effektiv machten. Dave war der Künstler, Bill der Geschäftsmann. Dave war für die Programmgestaltung zuständig: Musik, Theater und besondere Einlagen. Bill war zuständig für die geistliche Leitung und hatte das Gefühl des Geschäftsmannes für die harten Nüsse; er hatte ein großartiges Gespür dafür, was rein gedanklich möglich war. Daves wirklich radikale Ideen wurden von Bill gefiltert, und zusammen brachten sie jeden guten Gedanken in eine umsetzbare Form. Wenn ein Plan zustande kam, hatten sie ihn beide ausgedacht und umgesetzt, aber jeder in seinem eigenen Erfahrungsbereich. Nach einer Veranstaltung, in der junge Menschen zum lebendigen Glauben gefunden hatten, gingen sie zusammen aus und feierten.

Viele Menschen fragen sich, wie *Willow Creek* darauf kam, künstlerische Darstellungsformen so intensiv in ihren Gottesdiensten einzusetzen. Eigentlich war dies nur das unvermeidliche Ergebnis eines Zusammentreffens von Dave Holombos Gaben und den Fähigkeiten der Jugendlichen der *South Park Church*, die die Initiative ergriffen hatten. Warum waren diese Jugendlichen so besonders? Weil viele von ihnen eine High-School besuchten, in der künstlerische Aktivitäten in hohem Ansehen standen und Spaß machten, wo es genauso »cool« war, Musik zu machen oder Theater zu spielen wie Fußball oder Basketball. Diese Jugendlichen verstanden Kunst, sie reagierten darauf und sie wußten, wie man Kunst verwenden kann. Ich denke, Gott war sich dessen wohl bewußt und hat diese besondere Zeit und diesen Ort ausgewählt, um die zeitgemäßen darstellenden Künste für seine Ziele einzusetzen.

Zwei Hände

Evangelisation wurde in *Son City* zum Lebensstil. Bill und Dave waren beide in ihren Herzen Evangelisten, und so spiegelte sich diese Einstellung in allen künstlerischen Darstellungsformen und den Predigten wider. Sie versuchten überall und andauernd, die Vision zu vermitteln, daß es gilt, sich um die Menschen »da draußen« zu kümmern. Als die Jugendgruppe ungefähr achtzig Teilnehmer hatte, teilten Bill und Dave sie in vier Teams auf, die jeweils von Schülern geleitet wurden: ein Leiter, ein Coleiter und ein Sekretär. Wenn diese Teams zu groß wurden, teilte man sie erneut. Als sich die Jugendlichen anfänglich weigerten und sich nicht in Teams aufteilen lassen wollten, erinnerte sie Bill daran, für was sie letztlich alle angetreten seien. Bald mußten sie sich teilen, um neue Jugendliche aufnehmen zu können. Schließlich gab es zwanzig Teams, die durchschnittlich aus fünfzig bis sechzig Schülern bestanden.

Die Realität von Himmel und Hölle hielt sich immer die Waage, wodurch eine unglaubliche Eindringlichkeit entstand. Dave schrieb ein Lied mit dem Titel *Crossroads* [»Wegkreuzungen«], in dem eine Zeile hieß: »Haben wir alle vergessen, daß es wirklich eine Hölle gibt?« Diese Jugendlichen hatten es vergessen, und weil sie jung waren, hatte der Gedanke an die Ewigkeit noch keine große Bedeutung für sie gehabt. Doch sie hatten andererseits noch kein durchdachtes Verteidigungssystem entwickelt, um die Wahrheit abzuwehren oder ihre Verantwortung wegzurationalisieren, als Bill von der Hölle sprach. Sie sagten bloß: »Oh, wenn das wahr ist, werden meine Freunde nicht mit mir zusammen im Himmel sein. Ich sollte besser etwas tun.«

Ich erinnere mich an Gebetstreffen im Untergeschoß der Kirche, in denen die Jugendlichen buchstäblich um die weinten, die in Gefahr standen, verloren zu gehen. Vielleicht gab es ein Konzert der *Son Company,* und ihre Eltern oder ihre besten Freunde wollten zum ersten Mal mitkommen. Überall waren kleine Gruppen von vier oder fünf Jugendlichen, die auf dem Zementfußboden knieten und Gott anflehten, er möge die Menschen, die sie liebten, zu sich ziehen. Die Jugendlichen legten dieselbe Intensität und denselben Gebetsgeist an den Tag, wenn sie ein Konzert gaben, ein Teamtreffen leiteten oder wenn bei Bills Predigten ihre Freunde neben ihnen saßen, die Jesus noch nicht kannten.

Sie sangen in dieser Zeit ein Lied mit dem Titel *Two Hands* [»Zwei Hände«], das man gut als Motto von *Son City* betrachten könnte: »Nimm ihn mit deinem ganzen Herzen auf und gebrauche deine beiden Hände: Mit der einen strecke dich nach Jesus aus, und mit der anderen bringe einen Freund zu ihm.«[1] Genau das machten diese Jugendlichen. Gott belohnte ihre Ernsthaftigkeit mit einem stetigen Strom an Bekehrungen. Der halbjährliche Höhepunkt waren die Taufgottesdienste in den Schwimmbecken der öffentlichen Parkanlagen.

Harter Wettkampf

Am Erntedankfest 1973 verlobten Bill und ich uns – zum zweiten Mal. Während unserer langen Zeit der Trennung hatten wir beide Gelegenheit zu wachsen, in unserer Hingabe an Gott und in unserem Verständnis unserer persönlichen Werte und Ziele. Wir teilten mehr als je zuvor eine ähnliche Vision, und uns verband der unausgesprochene Wunsch, mit unserem Leben etwas Wesentliches anzufangen. *Son City* bot uns die Möglichkeit, dies zu tun – gemeinsam.

Die Abendveranstaltungen von *Son City* begannen mit Teamtreffen, in denen neue Teilnehmer willkommen geheißen und besondere Termine und Veranstaltungen bekanntgegeben wurden. Danach kamen alle Teams zum Teamwettkampf zusammen. Wenn das Wetter es zuließ, veranstalteten wir Wettkämpfe in den öffentlichen Parkanlagen – Volleyballturniere, Hindernisläufe, Völkerball. Bill leitete die Wettkämpfe, ich nahm daran teil. An einem Abend brach ich mir einen Zeh während eines chaotischen Fußballspiels, in dem vier Teams auf einmal in einem gigantischen Fußballfeld nach freien Regeln gegeneinander spielten. In der adrenalingeladenen Stimmung dieses Abends war der Schmerz leicht zu ignorieren, aber in den folgenden Tagen wünschte ich mir sehr, ich hätte mit etwas weniger Einsatz gespielt. Vielleicht war meine Teilnahme bei so einem Spiel nicht unbedingt ein einem »Leiter« angemessenes Verhalten, aber was *Son City* unter anderem auch so schön machte, war, daß wir fast keine Unterschiede zwischen

Leitern und Teilnehmern, zwischen Lehrern und Schülern machten. Es gab kein »wir« und »sie«. In diesem Abenteuer waren wir alle zusammen und lernten gemeinsam, wie wir vorangehen und auch den Augenblick genießen konnten, egal, ob es eine Zeit in ernsthaftem Gebet oder mit überschäumendem Spaß war.

Im Winter mußten wir im Haus bleiben, und so starteten wir kreative Wettkämpfe im Kirchenraum, von Frisbee-Zielwerfen durch den Mittelgang bis zu »Fordere den Champion«-Shows, die einen Eintrag in das *Guinness*-»Buch der Rekorde« wert gewesen wären. Manchmal mußten die Teams etwas vorher vorbereiten, um es dann zum Wettkampf vorzustellen, wie z. B. einen gigantischen Kuchen (ein Team setzte fünfundsechzig Kuchen zu einem riesigen Telefon zusammen mit »musikalischen« Tasten) oder ein überdimensionales Poster oder eine komplizierte Figur aus Papiermaché.

Diese Wettkämpfe bildeten Teamgeist aus und halfen den Jugendlichen, aus einer Zuschauerrolle in eine Teilnehmerrolle zu finden. Außerdem zeigten sie den kirchendistanzierten Jugendlichen, daß auch Christen wissen, wie man zusammen Spaß haben kann. Und nicht zuletzt dienten sie dazu, überschüssige Energie loszuwerden. Wir dachten uns, daß es besser wäre, jugendliche Energie kreativ einzusetzen, als sie eine Stunde lang zu bekämpfen. Nach dreißig oder fünfundvierzig Minuten konzentrierten Wettkampfes waren die Jugendlichen bereit, sich für das Programm in Ruhe hinzusetzen.

Große Wirkung

Das Programm begann oft mit einem Lied, das die Jugendlichen jeden Tag im Radio hörten, wie *Mighty Clouds of Joy* oder *I Believe in Music*, manchmal mit etwas abgewandelten Texten, um eine tiefere Botschaft auszudrücken. Die Theaterstücke zeigten Szenen aus dem täglichen Leben, an denen die kirchendistanzierten Jugendlichen sahen, daß »diese Leute mich wirklich verstehen«. Multimedia-Shows veranschaulichten das Thema der nachfolgenden Predigt. Bevor Bill anfing zu sprechen, konnte es sein, daß eine Schülerin ein Lied sang über einen Fremden, »der starb, um mich zu befreien«. Oder eine Gruppe von Jungen machte ganz ernsthaft den Stil der *Imperials* nach und sang »Christus bedeutet mehr für mich, als du jemals verstehen wirst«. Oder die *Son Company* sang: »Er wird dich von Sünde befreien, und du wirst wiedergeboren sein, wenn du den Sohn in dein Leben kommen läßt«.

Obwohl Spaß und Spiele *Son City* völlig neue Heiterkeitserfolge brachten, bestand nie der geringste Zweifel über das eigentliche Ziel – biblische Aussagen überzeugend nichtgläubigen Schülern zu verkünden –, und der ganze Abend führte auf dieses Ziel hin. Wenn Bill anfing zu sprechen, konnte man eine Stecknadel fallen hören. Er sprach über Themen wie »Jesus ist Gott«, »Die Bibel ist wahr, »Der reiche junge Geschäftsmann« oder »Wie man Christ wird« oder er hielt dreiwöchige Predigtreihen über »Jesus, der mir vergibt«, »Jesus, der Freund« und »Jesus, der mein Leben leitet«.

Nach Bills Predigt verteilten sich kleine Gruppen von Schülern im ganzen Kirchenraum und redeten und beteten. Abend für Abend mußten wir sie liebevoll aus der Kirche werfen und heimschicken, damit sie keinen Krach mit den Eltern bekamen. Woche für Woche bekehrten sich Jugendliche. Dadurch wurden neue Energien freigesetzt, die Schüler und Leiter zu weiterem Wachstum anspornten. Die Jugendlichen, die den harten Kern bildeten, wurden geschult, wie sie den Freunden, die sie mitbrachten, helfen konnten, im Glauben zu wachsen. In *Son Village* wurden diese jungen Christen, die zu Jüngern werden sollten, mit Themen herausgefordert wie »Du bist das Licht der Welt«, »Der Mut Davids«, »Die Berufung des Moses« oder »Dein Traum oder Gottes Traum?« Alle Schüler, die *Son Village* besuchten, erinnern sich an Bills Aufforderungen, Entscheidungen über ihren Schulabschluß, ihren Partner und ihre Berufung sorgfältig zu treffen und ihre Zeit, ihre Begabungen und alles, was ihnen wichtig war, Gott voll und ganz zur Verfügung zu stellen.

Diese Jugendlichen nahmen ihr Christsein ernst. Natürlich wollten sie auch Spaß haben; sie liebten die Spannung der verrückten Wettkämpfe und die emotionale Kraft der kreativen Programme. Aber was sie mehr als alles andere haben wollten, war eine Umwandlung von innen nach außen. Hunderte von Schülern lasen das Buch von Bruder Lawrence *Practising the Presence of God* [»Die Gegenwart Gottes leben«] und bemühten sich ernsthaft darum, jeden Moment bewußt auf Gottes Ziel hin zu leben. Die Abendmahlsfeiern in *Son Village* waren lebendiger Ausdruck der Liebe und der Dankbarkeit gegenüber dem Sohn, der für sie gestorben war und sie verändert hatte.

Das natürliche Ergebnis dieser Lebensveränderung war die Entwicklung eines starken Gemeinschaftslebens. Genauso ausdrucksvoll, wie Bill über unsere Beziehung zu Gott predigte, sprach er auch über unsere Beziehungen zu anderen Menschen: wie man mit Ärger umgeht, wie man Konflikte löst, wie man mit Verletzungen umgeht und wie man jemand sein kann, der andere ermutigt. Er sprach über Geduld, Mitleid, Vergebung und Sanftmut. Und die Jugendlichen setzten das Gehörte in die Praxis um.

Son City setzte die sonst an High-Schools geltende soziale Ordnung außer Kraft. Wenn ein kleiner, wackeliger High-School-Anfänger zu einem Team mit einer Sportgröße aus den Oberklassen gehörte, dann waren sie Kumpel und Gleichwertige; sie gingen zusammen zu Veranstaltungen, kämpften zusammen für ihr Team, lachten, weinten und beteten zusammen. Schüler der High-School wollten genauso geliebt sein, wie die Jugendlichen von *Son City* geliebt wurden. Manchmal kamen sie einfach nur, um herauszufinden, was hinter dieser freundschaftlichen Wärme steckte.

Wenn sie einmal kamen, blieben sie meistens. Hunderte von Jugendlichen verbrachten nahezu jeden Abend in der Kirche oder bei irgendeiner Teamaktivität. Und sie waren nicht nur damit zufrieden, die Vorzüge dieses Gemeinschaftslebens zu genießen, sie wollten auch etwas dazu beitragen. Diejenigen, die einen Job hatten, stifteten Geld für die Teamauslagen, sie richteten einen Fonds ein für Jugendliche, die sich nicht leisten konnten, an *Son City*-Freizeiten teilzunehmen, sie zahlten eine Tankfüllung Benzin, damit andere ihre Freunde zur Kirche mitbringen konnten, oder sie liehen ihre eigenen Autos aus. Wer auch immer Geld an einem beliebigen Tag hatte, zahlte an diesem Abend die Rechnung eines späten Imbisses für seine oder ihre Teammitglieder. Wenn aus irgendeinem Grund ein Schüler eine Übernachtungsgelegenheit brauchte, konnte er bei seinen Freunden von *Son City* immer »eine Heimat fern der Heimat« finden.

Ein anderer Grund, aus dem Jugendliche gerne zu *Son City* kamen, war die Tatsache, daß jeder etwas beitragen konnte. Wer gerne zeichnete oder malte, gestaltete in der Kunst-Abteilung Poster oder dekorierte Teamräume. Die Konstruktions-Abteilung baute Bühnenbilder. Die Produktions-Abteilung war verantwortlich für Ton und Licht bei den Veranstaltungen. Die Abteilung Photographie gestaltete Dias für die Medieneinsätze. Die Koch-Abteilung bereitete Essen für die Team-Abende vor. Andere Jugendliche übernahmen Telefonanrufe mit neuen Teilnehmern, lernten Verse für Teamtreffen auswendig, spielten in der Band, halfen in der Leitung der Wettkämpfe mit oder spielten Sketche. Jugendliche mit offensichtlicher Leitungsbegabung wurden für die Teamleitung vorbereitet. All dies half mit, daß sich jeder die »Sache« zu eigen machte. Jeder Schüler hatte etwas zu tun, einen Beitrag zu leisten, der für die ganze Gruppe wichtig war. Obwohl wir den Begriff noch nie gehört hatten, wurden wir mit dem Erfolg eines »gabenorientierten Dienstes« belohnt.

Das Team

Während der gesamten Geschichte von *Willow Creek* war die Zusammensetzung des Dienst-Teams eines der offensichtlichsten Zeichen für das konkrete Eingreifen Gottes, und all das begann in *Son City*. Zusätzlich zu der großen Offenheit für eine kreative Gestaltung der Gottesdienste gab es eine außergewöhnliche Geschlossenheit in der ursprünglichen Gruppe in South Park. Viele der Jugendlichen waren seit ihrer Kindheit miteinander aufgewachsen. So kannten sie sich sehr gut, und ihre Zusammenarbeit und ihr Zusammenspiel hatten eine eigene Geschichte. Viele von ihnen wuchsen in stabilen Familien auf und hatten einen starken Charakter und gesunde Werte. Sie hatten von dem festen Fundament profitiert, das frühere Jugendleiter gelegt hatten, besonders Bruce und Loita Dart, ein begnadetes und begabtes Paar, das den ersten Jugendlichen die Bedeutung von »Liebe, die Beziehungen gestaltet« beigebracht hatte.

Als Bill und Dave auf der Bildfläche erschienen, waren diese Jugendlichen vorbereitet für das weitere Wirken Gottes in ihrer Mitte. Sie waren gerüstet zu wachsen, ihre Freunde zu erreichen und Leitungspositionen zu übernehmen. Bei vielen von ihnen ist die Berufung zum Dienst, die sie mit fünfzehn oder sechzehn Jahren erhalten haben, immer noch aktuell. Nancy Moore, das Mädchen, das erst seinen Kaugummi in die richtige Lage bringen mußte, bevor es Bill die Bedeutung von Theaterstücken erklären konnte, wurde zu Nancy Beach und ist seit den frühen achtziger Jahren Programmdirektorin von *Willow Creek*. Laurie McLennan, die Sekretärin des »Roten Teams« [alle Teams hatten verschiedene Erkennungsfarben], heißt jetzt Laurie Pederson und ist Älteste in *Willow Creek* seit 1978. Don Cousins, der Leiter des »Roten Teams«, war in den achtziger und frühen neunziger Jahren Bills Pastorenkollege. Der Leiter des »Violetten Teams«, Bruce Horgan, war aktiv in der Produktions-Abteilung und wurde später der Baubeauftragte von *Willow Creek*.

Andere Jugendliche aus dieser Gruppe sind heute aktive Mitglieder von *Willow Creek* oder bekleiden Leitungspositionen in Gemeinden im ganzen Land. Sie besuchen regelmäßig die Leiter-Konferenzen in *Willow Creek*, sitzen mit einem wissenden Blick in den ersten Reihen und erinnern sich an die Anfänge im Kellergeschoß.

Ein denkwürdiger Abend

Bill und ich heirateten am Samstag, den 18. Mai 1974 in Kalamazoo in Michigan. Wie alles andere in unserem Leben zu dieser Zeit war auch unsere Hochzeit eine *Son City*-Veranstaltung. Teamleiter stellten den Begrüßungsdienst, während des Gottesdienstes spielten die Flötisten der *Son Company*, zum Empfang sang ein Chor, und lächelnde Schüler standen überall vom Gästebuch bis zur Punschbowle. Außerdem nahmen fast hundert Schüler den vierstündigen Weg auf sich, um an der Hochzeitsfeier teilzunehmen. Bei ihrer Ankunft am Freitagabend brachten sie unsere Proben durcheinander, sie genossen ein spätes Essen, zu dem Bills Vater sie großzügig einlud und sie kaperten das örtliche *Holiday Inn* – und Bill – und machten die Nacht zum Tage.

Aber unsere Hochzeit war in diesem Monat nicht das wichtigste *Son City*-Ereignis. Im Schuljahr 1973/74 wuchs *Son City* weiter regelmäßig an, aber die christlichen Jugendlichen hatten natürlich noch nicht alle ihre Freunde eingeladen. Es schien manchmal so, als ob diese evangelistischen Veranstaltungen für sie nur eine tolle Idee wären. Darum schlug Bill eines Abends in *Son Village* vor, einen *Son City*-Abend im Mai auszuwählen und ihn als große Evangelisations-Veranstaltung anzusetzen. Die Jugendlichen sollten ihre Freunde mitbringen, und Bill würde das Evangelium so klar predigen, wie er nur konnte. »Laßt uns einen Pakt abschließen«, sagte er, »der uns verpflichtet, zu fasten und zu beten und an die Türen des Himmels zu schlagen. Laßt uns zu Gott um seine Gnade beten, daß er die Blindheit von den Augen unserer Freunde, die noch weit weg von Gott sind, wegnimmt. Laßt uns auf die Macht des Evangeliums vertrauen, das Menschen zur Umkehr leitet.« Wir waren uns alle einig, legten einen Termin fest und setzten alle Gott sich widersetzenden Mächte davon in Kenntnis, daß wir vorhatten, für das Reich Gottes zu kämpfen und ihnen großen Schaden zuzufügen.

Und die Jugendlichen begannen, ihre Freunde einzuladen. Bill versuchte, ruhig zu bleiben, als er die Predigt für diesen Abend vorbereitete, aber der Druck war zu groß. Ein sommersprossiges Mädchen im ersten Semester kam und sagte: »Ich habe mein ganzes Cheerleader-Team eingeladen. Also vermassel es nicht.« Und ein älterer Schüler sagte: »Ich habe alle Verteidiger unserer Footballmannschaft eingeladen. Ich zähle auf dich, großer Kumpel.«

Bills Knie waren schon Wochen vorher weich. Er versuchte, eine Predigt aus seinen bisher besten Geschichten zusammenzubasteln. Er wollte, daß die Jugendlichen Jesus mochten, aber ich glaube, daß ihm genauso daran gelegen war, daß sie ihn, Bill, auch mochten, und so kämpfte er damit, worüber er predigen sollte. Dann hatte er das, was man nur eine Eingebung des Heiligen Geistes nennen kann: Lies die Geschichte der Kreuzigung Jesu und erzähle den Jugendlichen, warum Jesus starb.

O je, dachte Bill. Das ist etwas für einen Wanderprediger. Was ist mit Plan B? Aber der Geist gab ihm keine andere Möglichkeit. Bill führte Plan A aus bloßem Gehorsam durch.

Der Abend kam, und als ich mich der Kirche näherte, schienen die Jugendlichen schon aus allen Fenstern zu quellen. Fast sechshundert extra eingeladene Schüler füllten den Kirchenraum, und alles – von der Eingangs-improvisation (unsere Version von einem Orgel-Vorspiel) bis zum Gebet am Ende – war speziell auf sie zugeschnitten. Wir hatten tolle zeitgemäße Musik, ein urkomisches Theaterstück, eine ausdrucksstarke Multimedia-show und mitreißende Musik zur Hinleitung auf die Predigt. Dann kam Bill in Jeans und T-Shirt mit einer offenen Bibel in den Händen. »Ich will euch die großartigste Geschichte der gesamten Weltgeschichte vorlesen«, sagte er. »Sie handelt von einem wirklichen Mann Gottes. Sein Name ist Jesus.« Er las den Kreuzigungsbericht vor und gab einige kurze Erklärungen dazu. Am Ende der Predigt sagte er: »Jesus tat, was er getan hat, weil er wußte, daß es Jugendliche wie euch gibt, die gegen ihn rebelliert und gesündigt haben, auch schon in eurem relativ jungen Alter. Aber ihr seid Gott immer noch wichtig. Er hat seinen Sohn geschickt, um an eurer Stelle zu sterben. Wenn ihr ihn jetzt in euer Leben aufnehmen wollt, steht auf.«

Es standen so viele Jugendliche auf, daß er dachte, sie hätten ihn mißverstanden, und ließ sie alle sich wieder hinsetzen. Er war so nervös, daß er kaum wußte, was er sagen sollte, aber er gab sein Bestes und erklärte die Geschichte noch einmal. Und wieder standen sie auf – fast dreihundert Jugendliche. Die Veranstaltung war um halb neun zu Ende, und von da an bis fast um Mitternacht standen Jugendliche in langen Reihen an und warteten darauf, daß jemand mit ihnen betete, um Jesus in ihr Leben aufzunehmen. Schließlich holten wir die Diakone aus ihrer Besprechung, damit auch sie mit den Jugendlichen beten konnten. Für uns war klar, daß es nichts Wichtigeres geben könne, als uns zu helfen.

Die Ereignisse dieser Nacht erinnerten mich an die Worte des Paulus (1 Kor 2,4-5): »Meine Botschaft und Verkündigung war nicht Überredung durch gewandte und kluge Worte, sondern war mit dem Erweis von Geist und Kraft verbunden, damit sich euer Glaube nicht auf Menschenweisheit stütze, sondern auf die Kraft Gottes.« Es gab nichts in Bills Worten an diesem Abend, was die Herzen und Seelen dieser Schüler hätte berühren können – außer der einfachen Wahrheit des Evangeliums und das dramatische Eingreifen des Heiligen Geistes. Dies war ein Abend wie viele andere, die wir seitdem erlebt haben, ein Abend, an dem Gott schwache, unzureichende menschliche Bemühungen benutzte, um seine außerordentlichen Ziele zu verwirklichen.

Bill war der letzte, der in dieser Nacht das Gebäude verließ. Langsam ging er durch das Portal der Kirche und lehnte sich an die rote Backsteinmauer. Seine Knie gaben nach, er rutschte die Mauer hinunter und brach auf dem Gehsteig zusammen. Plötzlich weinte er wie ein kleines Kind. »Ich konnte es nicht verstehen«, sagte er später. »Ich war durch und durch ein Verstandesmensch, alles andere als emotional. Ich haßte Tränen. Und da war ich nun, ich krümmte mich und schluchzte.« Dann schließlich klärte sich alles für ihn. Der Heilige Geist gab ihm etwas ein, was er nie vergessen sollte. Es war, genauer gesagt, eine Frage mit ungefähr folgendem Inhalt: Wo würden alle diese Jugendlichen sein, die heute abend Christus in ihr Leben aufgenommen hatten, wenn es keinen Gottesdienst gegeben hätte, der speziell auf sie zugeschnitten war, keinen sicheren Ort, an dem sie Woche für Woche zusammenkommen und die gefährliche, lebensverändernde Botschaft von Christus hören konnten?

Diese einfache Frage überwältigte ihn. In dieser Nacht legte er ein Versprechen ab, das seine Zukunft prägen sollte: »Gott, mit deiner Hilfe und so lange ich im Dienst stehe, will ich immer sicherstellen, daß unser Konzept einen regelmäßigen, qualitativ hochwertigen, geisterfüllten evangelistischen Gottesdienst enthält, zu dem Menschen, die weit weg sind von dir, kommen und in dem sie entdecken können, daß sie dir wichtig sind und daß Christus für sie starb.«

Ein Gottesdienst für Kirchendistanzierte

Ich werde nie diesen Abend vergessen, an dem der Heilige Geist das Herz und die Seele dieses zweiundzwanzigjährigen Mannes, der eben erst die wunderbare Wirkung der versöhnenden Kraft Gottes erlebt hatte, zutiefst erschüttert hatte. Ich blicke voller Ehrfurcht auf diesen Moment zurück, in dem Bill sich diesem Konzept verschrieben hat, das wir nun den »Offenen Gottesdienst« nennen. Ich danke Gott dafür, daß er diesen Moment bewahrt hat. Wie leicht hätte er verloren gehen können. Ein verspäteter Schüler oder ein gewissenhafter Hausmeister hätten Bill unterbrechen können. Oder ein Gedanke hätte ihn ablenken können. Aber in dieser Nacht, wie bei vielen anderen Gelegenheiten seither, ließ sich Gott den Moment nicht entgehen und sprach zu Bill. Ich bin froh, daß Bill zugehört hat. Ich bin froh, daß er die Vision ergriffen hat, die unsere Hingabe über zwanzig Jahre hinweg bestimmen sollte.

Als wir später *Willow Creek* gründeten, formulierten wir unsere Pläne um diese gegebene Größe herum: ein wöchentlicher »Offener Gottesdienst«, der einen neutralen und informativen Raum bilden sollte, zu dem kirchendistanzierte Menschen kommen und sich ein genaueres Urteil über den christlichen Glauben bilden konnten. Wir haben einen hohen Preis für diese Entscheidung bezahlt, sowohl was die harte Arbeit anging, die nötig war, als auch, was die Kritik betraf, die wir im Laufe der Jahre bekamen. Aber diejenigen von uns, die diesen unvergeßlichen Abend im Mai 1974 miterlebt haben – wie viele der gegenwärtigen Leiter von *Willow Creek* –, wissen, daß uns Gott damals auf denselben Weg gerufen hat, auf den er uns auch heute ruft: offensiv und unnachgiebig zu sein, wenn es darum geht, Möglichkeiten für kirchendistanzierte Menschen in unserer Gemeinschaft zu schaffen. Und immer wieder erleben wir, wie Gott durch unsere evangelistischen »Offenen Gottesdienste« Menschen zu sich zieht.

Ich erinnere mich an die Predigtreihe mit dem Thema »Glaube hat Gründe«, die Bill später in *Willow Creek* hielt, in der viele Menschen zum ersten Mal eine klare Verteidigungsrede für den christlichen Glauben hörten – und Hunderte vertrauten sich Christus an. Ich erinnere mich an die Predigtreihe zum Thema »Öl ins Feuer der Ehe gießen«, in der Bill sagte, daß es wichtiger sei, in seiner persönlichen Beziehung zu Gott zu wachsen, als sich um Wachstum in seiner Ehe zu bemühen. Viele wurden nach dieser Predigt zu Christen. Eine ernsthafte Stimmung lag über dem Zuhörerraum während der Reihe »Ihre Ewigkeit danach«. Viele Menschen bekehrten sich zu Christus, als sie zum ersten Mal mit den ewigen Realitäten von Himmel und Hölle konfrontiert wurden. Ich könnte viele solche Beispiele nennen. Zweimal im Jahr hatten wir in *Willow Creek* Taufgottesdienste, in denen Hunderte von Menschen öffentlich ihren neubegründeten Glauben in Christus bezeugten. Viele dieser jungen Menschen wurden Christen, nachdem sie zusammen mit einem gläubigen Freund einen »Offenen Gottesdienst« besucht hatten.

Ich werde auch nie das Wochenende vergessen, an dem Bill zum Thema »Zeig mir den Weg« predigte. Der Gottesdienst als Ganzes war vielleicht die klarste und mitreißendste Vorstellung dessen, was es heißt, Christ zu werden, die Bill und dem Programmgestaltungsteam von *Willow Creek* jemals gelang. Bill forderte den Kern der erwachsenen Gläubigen genauso heraus, wie fast zwanzig Jahre zuvor die Jugendlichen in *Son City*: »Ihr ladet eure Freunde ein; wir garantieren, daß sie das Evangelium hören.« Der Zuschauerraum war bei jedem Gottesdienst voll. Als Bill predigte, stand die gesamte Gemeinde unter Hochspannung. Die Christen bebten vor Aufregung und Anteilnahme, weil rechts und links von ihnen Menschen saßen, die sie seit Jahren zu Christus und in die Kirche bringen wollten. Diese Energie in Strom umgesetzt hätte ganz Chicago beleuchten können.

Heute findet sich in *Willow Creek* dieselbe pulsierende Leidenschaft, Menschen zu Jesus zu führen, die die frühen Jahre von *Son City* kennzeichnete. Menschen zu Jesus zu führen, ist natürlich erst der Anfang; unser letztes Ziel ist es, daß sie hingegebene Nachfolger Jesu werden. Ebenso ist der »Offene Gottesdienst« nur ein Teil der Geschichte von *Willow Creek*, nur ein Schritt in einem umfassenden Dienstkonzept, das entwickelt wurde, um Menschen auf ihrem Weg ständig zunehmender Hingabe an Christus zu ermutigen.

In dieser Nacht im Mai 1974 hatten wir keinerlei Vorstellung, was uns die Zukunft bringen würde. Als Bill mit dem Rücken an dieser rauhen Mauer saß, wußte er nur eines: Es würde auch in Zukunft seine Aufgabe sein, kirchendistanzierte Menschen zu erreichen. Er hatte keine großartige Vorstellung davon, was dieses Versprechen wirklich bedeuten würde. Er hatte keinen Langzeitplan. Zu diesem Zeitpunkt kam ihm der Gedanke, eines Tages eine Gemeinde zu gründen, überhaupt nicht in den Sinn.

Aber irgend etwas passierte tief in ihm. Er war gepackt von dem Bewußtsein: Alle evangelistischen Anstrengungen, die das Leben von Menschen, die weit weg sind von Gott, berühren, machen Gott Freude und spiegeln das Herz Christi wider.

---

[1] Tom Coome/Chuck Butler: *Two Hands* 1970 Dynamis Music, Love Song Album, North Hollywood (CA). Good News Records 1972. Vertrieb: Myrrh Records, Word, Inc.

Kapitel 2

Die Phase des Umbruchs –
»Kirche sein«

»Ich erinnere mich, wie ich das erste Mal nach South Park ging, in eine Kirche, die genauso aussah wie die Kirche, aus der ich viele Jahre zuvor weggegangen war. Aber die Band spielte laut, und die Jugendlichen hatten eine tolle Zeit. Es verschlug mir einfach die Sprache. Dann nahm ich an einer Son City-Freizeit teil, und jeder schien sich um mich zu bemühen, und zwar aufrichtig. An diesem Wochenende hörte ich viel über das Evangelium und über wahre Nachfolge. Ich war bereit dafür, es zu hören. ›Okay‹, sagte ich, ›das ist es.‹ Und ich vertraute mein Leben Christus an.«

Tim VandenBos
Leiter des *Willow Creek*-Abenteuerlagers

Neulich saß ich an einem frischen Maimorgen im Kirchenraum des würdevollen roten Backsteinbaus der *South Park Church*, die vor über zwanzig Jahren *Son City* beherbergt hatte. Ich saß unter dem weißen Deckengewölbe, meine Augen wanderten an dem langen, weißen Deckenfries entlang, der die Linie bezeichnet, an der die Gewölbebögen auf die himmelblauen Wände stoßen. Ich zählte die winzigen Scheiben aus mattem Glas, welche die zehn Rundbogenfenster ausfüllten (neunundvierzig in jedem Fenster). Ich ging an den sechsunddreißig weißen Kirchenbänken entlang und stand vor der weißen, hölzernen Kanzel mit ihren drei gewölbten Seiten. Zu meiner Linken stand der weiße Flügel, zu meiner rechten die weiße Orgel mit ihren glänzenden Pfeifen. Ich legte meine Hand auf die weiße Kommunionbank, auf der in goldenen Lettern zu lesen war: »Tut dies zu meinem Gedächtnis.«

Die Zeiten vermischten sich, und plötzlich war ich wieder in *Son City*. Ich konnte nur lachen, erfreut und amüsiert. Warum ich? Warum wurde ein ganz gewöhnliches Mädchen wie ich mitten in so etwas Außergewöhnliches hineingestellt? Ich bin nicht die einzige, die sich diese Frage stellt. Für mich und so viele andere, Leiter wie Schüler, bedeutete *Son City* unsere Familie, unsere Freunde, unser soziales Umfeld, unsere Freizeit, unsere Leidenschaft und unsere Berufung. Es war, mit einem Wort, unser Leben – ein wundervolles und aufregendes Leben, das Tag für Tag an Bedeutung gewann.

Jahre später bemühten wir uns, die richtigen Worte zu finden, um dies zu beschreiben, aber schließlich fiel uns nichts anderes ein als die Feststellung: »Es mußte einfach so sein.« Viele von uns haben diese intensive geistliche und beziehungsvolle Zeit wie das Leben am Hof eines sagenhaften Königs beschrieben. Aber das hatte auch eine Schattenseite.

Die bekamen nicht viele von uns mit, aber diejenigen, die es taten, waren zwischen zwei Extremen hin- und hergerissen: zwischen einer atemberaubenden Erfahrung unseres Dienstes, die unserem Leben mehr Bedeutung gab, als wir jemals erhofft hatten, und einer herzbewegenden, persönlichen Enttäuschung, die sich zur Verzweiflung entwickelte. Vielleicht kann ein Blick in Bills Kalender vom November 1974 etwas von dieser dunkleren Seite zeigen:

Sonntagvormittag:	Gottesdienst (Bill sang mit bzw. leitete den Zeugnisteil)
Sonntagnachmittag:	Musikprobe (Bill sang)
Sonntagabend:	Abendgottesdienst (Bill nahm oft an diesen Gottesdiensten teil)
Montagabend:	*Son Village* (Bill predigte)
Dienstagabend:	*Awana Club* (Bill hatte die Leitung)
Mittwochabend:	*Son City* (Bill predigte)
Donnerstagabend:	*Son City* (Bill predigte)
Freitagabend:	Freizeit oder Team-Veranstaltungen oder Gebetsnacht oder Konzert oder Jüngerschaftskurs (Bill war an allen Veranstaltungen beteiligt)
Samstagnachmittag:	sportliche Veranstaltungen (Bill hatte die Leitung)
Samstagabend:	Sportabend (Bill hatte die Leitung)

Zusätzlich zu diesen Aktivitäten verbrachte Bill täglich mehrere Stunden damit, das Programm für *Son City* zu planen, verschiedene Dienste zu leiten und Predigten vorzubereiten. Daneben absolvierte er ein volles Studium am College. Und in jeder freien Minute seines Tagesplanes fand sich ein Schüler, der diese freie Zeit unbedingt ausfüllen mußte.

In Gedanken laufe ich an dieser ruhigen, dreispurigen Straße entlang, die von der Kirche zu dem winzigen Haus führt, in dem wir unser Eheleben in Mai 1974 begonnen hatten. Ich sitze an unserem runden Küchentisch mit der roten Tischdecke. Wieder ein einsames Mahl. Wieder ein leerer Abend. Eine Stunde zuvor hatte ich Bill gebeten, zu Hause zu bleiben. Er hatte mich ungläubig angesehen. »Jugendliche sterben und kommen in die Hölle, und du verlangst von mir, zu Hause zu bleiben und deine Hand zu halten?« Ich war zu jung und zu unsicher, um zu wissen, wie ich hätte antworten sollen. Die Worte hallten in meinem Kopf, und ich hörte sie in immer neuen Formen: Laß mich damit in Ruhe, Lynne. Wie kannst du das verlangen, Lynne? Nachdem ich sechs Monate verheiratet war, war ich fest davon überzeugt, einen schrecklichen Fehler begangen zu haben. Ich liebte den Mann, den ich geheiratet hatte. Ich liebte *Son City*. Aber ich haßte unsere Ehe. Ich haßte den Schmerz der Enttäuschung. Ich haßte den Morgen, der den Tod so vieler Träume brachte. Und ich haßte die Einsamkeit.

Im Rückblick verstehe ich, daß Bill mich nicht verletzen wollte. Er hatte nur einfach das richtige Augenmaß verloren. Er war in etwas involviert, das so machtvoll, so fruchtbringend, so verlockend, so wundervoll und so viel größer als er selbst war. Um auf diese Aufgabe anders zu reagieren als er, hätte es eines unglaublich reifen Mannes mit einer langfristigen Lebensperspektive bedurft. Aber wie reif kann man mit zweiundzwanzig Jahren sein? Und wie kann man in die Zukunft blicken, wenn die Gegenwart so außergewöhnlich ist? Heute spricht Bill von der Suchtwirkung des Fruchtbringens, aber damals wußte er noch nichts davon. Er dachte nur, daß eine langsamere Gangart für ihn dasselbe wie Ungehorsam oder Faulheit wäre. Gott segnete ja offensichtlich seine Bemühungen, darum wollte er mehr und mehr tun. Der Segen von jugendlicher Energie ist, daß man ununterbrochen arbeiten und produktiv sein kann. Leider bedeutet das aber auch, oft an allen Erkenntnissen vorbeizulaufen, weil man durch die sonst notwendigen Regenerationspausen nicht zum Nachdenken gezwungen wird.

Heute kann ich voller Verständnis auf Bills ungesunde Terminplanung schauen. Damals aber fühlte ich mich nur verletzt. Viel zu oft wandelte sich mein Schmerz in Ärger und brach in Feindseligkeit aus, die Bill immer weiter von mir wegtrieb. Ähnliche Kräfte wirkten in den Ehen anderer Leiter und im Familienleben vieler Schüler. Aber gerade als einer von uns den Mut gehabt hatte, dieses Problem anzusprechen, erlebten wir eine neue Welle von Bekehrungen. Wir staunten erneut über Gottes versöhnende Kraft und fühlten uns schuldig, weil wir daran gedacht hatten, den Stecker aus der Steckdose der göttlichen Stromversorgung zu ziehen. Es schien nur eine Möglichkeit zu geben: weiterzumachen wie bisher. Aber würden unsere Ehen das überleben?

Auf Kollisionskurs

Unglücklicherweise spiegelten unser persönlichen Kämpfe einen größeren Beziehungskampf wider. Auch die Hochzeit zwischen *Son City* und der *South Park Church* war spannungsgeladen. Und das aus gutem Grund. *Son City* war kein pflegeleichter »Ehepartner«.

Eine andere Erinnerung kommt mir in den Sinn. Ich gehe zurück in den eleganten Kirchenraum und sehe Hunderte von Jugendlichen mit staubigen Schuhen, die von den Wettkämpfen im Freien kommen und auf den Teppichboden im Mittelschiff stampfen zu den Klängen der Rock 'n' Roll-Musik, die aus überdimensionalen Boxen dröhnt. Lichtblitze malen wilde Muster auf die makellosen Wände. Die Kanzel ist nicht zu sehen, und ich weiß, daß die Abendmahlsbank in irgendeine Toilette gesteckt wurde. Auf der Spitze der weißen Orgel steckt die Anzeigetafel für die Teamergebnisse. Ich sehe einen kleinen Erstsemester vor mir, der vergessen hatte, seine Schuhe auszuziehen, bevor er auf die Orgel stieg, um das Ergebnis der Teams einzutragen.

Ich sehe einen anderen Abend vor mir. Ein riesiges Tau spannt sich quer durch den Mittelgang. An die hundert Jugendliche stemmen ihre Absätze in den Teppichboden und veranstalten ein gigantisches Tauziehen. Ich sehe ein Softballspiel im selben Mittelgang, Frisbeescheiben, die von Empore zu Empore geworfen werden, und Wettkämpfe im Gewichtheben, die auf dem Podium ausgetragen werden.

Ich erinnere mich an die Woche, in der wir das gesamte Kirchengelände für einen Halloween-Wettkampf verwendeten. Jede Dienstabteilung sollte einen Raum ausgestalten. Die Kunst-Abteilung landete in der Taufkapelle, die in ein sehr kreatives »Spukhaus« verwandelt wurde. Am nächsten Morgen hatte einer der Verantwortlichen der Gemeinde ein etwas längeres Gespräch mit Art Gay, der inzwischen Pastor in *South Park* geworden war, über die Notwendigkeit, zur Gewinnung von Seelen Tupfen an die Wände der Taufkapelle zu malen.

Jedes Stück Teppichboden und jeder Zentimeter Wand trug die Spuren von *Son City*. Und Menschen wie Art begannen, sich allmählich darüber aufzuregen. Jede Kirchenbank war locker und verschrammt. An *Son City*-Abenden waren die vorderen Bänke, die gewöhnlich dreizehn oder vierzehn Leute faßten, mit zwanzig Schülern besetzt, die natürlich nicht still sitzen blieben. Eines Abends setzte die Last den physikalischen Möglichkeiten von Holz, Leim und Nägeln ein Ende. Die Bank brach zusammen.

Heute, da wir selbst erwachsene Verwalter eines Kirchengebäudes sind, bedauern wir die Art und Weise, wie wir mit den Räumlichkeiten umgegangen sind, und wir bedauern unsere Ungeduld gegenüber den Verantwortlichen der Kirche und den Gemeindemitgliedern, die sich über unser Verhalten beschwerten. »Verstehen diese Leute denn nicht, daß es um das Leben von Jugendlichen geht?« fragten wir gewöhnlich. »Hören sie denn nicht, was hier gepredigt wird? Haben sie nicht gesehen, wie sich Leben verändert haben? Wer kümmert sich um ein Gebäude, wenn die Ewigkeit zur Debatte steht? Was sind im Vergleich dazu ein paar Reparaturrechnungen? Es ist doch nur Geld.« Inzwischen haben wir gelernt, daß das Geld nicht auf Bäumen wächst, daß sich jemand um ein Gebäude kümmern muß und daß man auch Leben verändern kann, ohne die gesamte Einrichtung zu beschädigen.

South Park war erstaunlich tolerant gegenüber diesen Auswüchsen der Jugendarbeit. In der Tat haben uns viele Menschen in der Gemeinde begeistert unterstützt, haben ihre Autos für weiter entfernte Veranstaltungen zur Verfügung gestellt, haben Essen und Unterkunft für Leiter bereitgestellt und uns finanziell und im Gebet mitgetragen. Andere bewiesen unglaubliche Geduld und einen Geist der Vergebung, wenn ihre Kinder später als geplant von irgendwelchen Veranstaltungen zurückkamen oder wenn ihre Söhne und Töchter an Familienunternehmungen nicht teilnahmen, weil »sie einfach in Son City sein mußten«, oder wenn die Familienautos daheim mit demselben Staub wieder abgegeben wurden, der den Teppichboden von *South Park* zierte. Wir erinnern uns an diese Menschen mit großer Dankbarkeit und Zuneigung.

Aber schließlich gab es in *Son City* mehr als doppelt so viele Jugendliche wie Erwachsene in der Kirche. Das Jahresbudget für die Jugendarbeit stieg von 3 000 $ im Jahr 1972 auf 80 000 $ im Jahr 1975 an. Auch wenn Schüler großartig sind, wenn es darum geht, Geld auszugeben, sind sie nicht ganz so gut, wenn es darum geht, es einzubringen. Wir hatten fast jeden Abend Veranstaltungen, die die bestehenden Budgets und Pläne sprengten und die anderen Veranstaltungen der Kirche durcheinanderbrachten.

Als die Spannung zwischen *Son City* und den Erwachsenen der Gemeinde zunahm, fragte sich Bill, was Gott wohl vorhatte. *Son City* war so aufregend wie immer, das Leben von Schülern wurde nach wie vor verändert, und die Leitung war sich einig. Aber in gewisser Hinsicht wurde diese Arbeit langsam bedrohlich. Es entstand eine unmögliche und höchst belastende Situation in dieser großartigen Gemeinde. Was sollten wir tun?

Fast zwei Jahre zuvor wurde die Antwort darauf schon vorbereitet.

Eine moderne Tragödie

In diesen zwei Jahren bemühte sich Bill um einen Abschluß seiner Bibelstudien am *Trinity College* in Deerfield in Illinois. In seinem ersten Semester dort fragte einer seiner Professoren: »Will jemand von Ihnen etwas wirklich Großes mit seinem Leben anfangen? Wollen Sie sich der anspruchsvoll-
sten, am schwersten zu erfüllenden Herausforderung in dieser Welt stellen?
Wollen Sie etwas wirklich Aufregendes erleben?« Und ohne Überleitung
fügte er hinzu: »Dann verschreiben Sie sich der Vision Jesu, hier in dieser
Welt Gemeinde Gottes zu gründen. Verschreiben Sie sich der Kirche!«

Bill dachte: Macht er Witze? Anspruchsvolle Herausforderung? Aufregung? Denkt er, ich bin von gestern? Ich weiß alles über die Kirche. Eine
Stunde pro Woche reicht mir völlig.

Aber von Zeit zu Zeit beendete dieser Professor in mittleren Jahren das
Hauptthema seiner Vorlesung vor dem Ende der Stunde, stellte sich vor sein
hölzernes Pult, blickte schwermütig auf etwas, das nur er sehen konnte, und
vermittelte mit seinem interessanten französischen Akzent einige Visionen,
um die ihn keiner gebeten hatte.

»Die frühe Kirche«, sagte er, »war lebendig. Sie war vom Geist geleitet,
deswegen war sie frisch und energiegeladen, dynamisch und überraschend.
Es ging nicht darum, irgendeinen Zustand zu bewahren oder etwas der Form
halber zu tun. Es ging darum, daß der Heilige Geist auf dramatische und
explosive Weise im Leben von Menschen wirkte.«

Der Professor sprach darüber, wie die frühen Christen das Wort Gottes
in ihrem täglichen Leben hatten zum Zug kommen lassen. Von ihm wurden
ihre Haltungen, Ziele und ihre Beziehungen bestimmt. Er beschrieb, wie
wahre christliche Nachfolge aussieht und was es heißt, die Masken abzu-
nehmen und zusammen zu kämpfen, zu weinen und sich zu freuen, einander
Brüder und Schwestern zu sein. Er beschrieb das Abendmahl als eine tief
bewegende Gelegenheit, sich wieder mit Gottes Gnade zu verbinden und die
größte Tat der Liebe zu feiern. Er beschrieb Gebet als unübertreffliches
Privileg und den Kraftkanal, der der frühen Kirche die Energie gegeben hatte.

Seine Litanei über die Kirche des Neuen Testamentes ging ständig weiter. Ein Bewußtsein – nein, eine Erwartung – von Wundern und die Erwartung von übernatürlichen Überraschungen sollten eine vom Geist geleitete
Kirche kennzeichnen. Erlöste Menschen würden Privateigentum der Gemeinschaft zur Verfügung stellen – nicht Kommunismus, sondern Gemeinschaft und Gottes materielle Gaben als Möglichkeit, den Armen und Bedürftigen zu helfen.

Die frühe Kirche hatte Wohlwollen gefunden, weil sie aus liebevollen Menschen bestand, die aufeinander achteten, auf Bedürfnisse reagierten und denen soziale Gerechtigkeit ein Anliegen war. Bills Professor erklärte ganz sachlich, daß »zu ihrer Gemeinschaft täglich Menschen hinzugefügt wurden«, weil das ganz natürlich geschehe, wenn Kirche wirklich Kirche ist.

Der mitreißende Franzose beklagte, daß die Realität in den meisten Kirchen des zwanzigsten Jahrhunderts unendlich weit von diesem biblischen Bild entfernt sei: »Die Predigten sind geistlos und ohne jeglichen Bezug zum täglichen Leben. Nachfolge bedeutet wenig mehr als nach dem Gottesdienst oberflächliche Gespräche im Vorraum der Kirche zu führen. Abendmahl ist zum losgelösten Ritual verkommen, Gebet zur reinen Formsache. Überraschungen – im Sinne von Programmen oder Predigten oder Praktiken oder Lebensveränderungen – widerfahren den Gemeinden selten, und allein die Vorstellung von Wundern ist veraltet. Die ›Besitzenden‹ schenken den ›Besitzlosen‹ wenig Aufmerksamkeit und noch weniger Hilfe. Die Kirche handelt wie eine Subkultur auf einer isolierten Insel und wundert sich, warum sie von der Gesellschaft in weiten Bereichen schlichtweg ignoriert und wenig geschätzt wird. Evangelisation ist etwas, ›was wir unbedingt tun sollten‹, aber nie tun.

Dies ist eine moderne Tragödie«, faßte Dr. Gilbert Bilezikian seine Ausführungen zusammen. Er erwies sich als meisterhafter Vermittler von Visionen. Bill besuchte zwei Jahre lang jede seiner Vorlesungen. Es war völlig egal, über welches Thema er lehrte; Bill war dort wegen der zehn oder fünfzehn Minuten, in denen Dr. Bilezikian seine Seele öffnete, wenn er plötzlich vom Thema abschweifte und über Kirche sprach. Das Bild, das er zeichnete, schien jenseits der Realität zu liegen, aber Bill ertappte sich dabei, daß er sich fragte: Was wäre, wenn man es verwirklichen könnte? Was wäre, wenn man eine wirkliche Gemeinschaft Gottes im zwanzigsten Jahrhundert aufbauen könnte? Es würde die Menschen in dieser Welt verwandeln und sie in die nächste Welt geleiten.

Gepackt!

Es wäre falsch zu sagen, daß Bill sich diese Vision zu eigen machte. Die Wahrheit ist, daß die Vision Bill gefangen nahm. Sie nahm ihn gefangen, sie überwältigte ihn und blendete alles übrige aus. Plötzlich war es die einzig sinnvolle Vision, die einzige Vision, die es wert schien, sein Leben dafür zu geben.

»Innerhalb weniger Monate«, erzählte Bill, »schien jedes andere Ziel zu verblassen gegenüber dem Gedanken, das Reich Gottes hier auf Erden zu bauen. Es hatte seinen Reiz verloren, sich vor einem Spiegel zu verbeugen. Sich um Geld, Spielzeug, Freude oder Ansehen zu bemühen, schien eine triviale Beschäftigung zu sein. Die Karriereleiter hinaufzuklettern das reinste Sandkastenspiel. Ich spielte diese Lebensentwürfe in meinem Kopf durch, aber keiner von ihnen war es wert, dafür das einzige Leben zu geben, das ich hatte. Aufgrund meines familiären Hintergrundes hatte ich schon entdeckt, daß irgendwann jeder Spaß langweilig wird, daß Reisen nie mit den Katalogbildern übereinstimmen und daß sich meine Lebensqualität nicht ändert, wenn ich weitere tausend Dollar verdiene.«

Schließlich sagte Dr. Bilezikian eines Tages: »Vielleicht wird einer von euch Studenten eines Tages versuchen, eine Kirche wie diese zu verwirklichen.«

Bill erzählte später: »Ich wollte aufspringen und rufen: ›Nehmen Sie mich! Ich will es tun!‹ Ich hatte keine Ahnung, welche geistlichen Gaben ich hatte. Ich dachte ganz sicher nicht, daß ich zum Pastor oder Gemeindeleiter bestimmt wäre. Aber egal, welchen Beitrag ich leisten könnte, ich wollte es tun. Ich fühlte mich wie ein Kind, das immer Fußball gespielt hat und plötzlich entdeckt, daß es in der ersten Liga spielen könnte. Ich mußte darüber nicht nachdenken. ›Nehmen Sie mich!‹«

Sich für die erste Liga zu bewerben hieß für Bill nicht, einen Dienst für Erwachsene ins Leben zu rufen. Zu diesem Zeitpunkt bedeutete »Kirche« noch *Son City*. Kurz vor der ersten Vorlesung bei Dr. Bilezikian war die erste größere Evangelisationsveranstaltung in *Son City* gestartet. Auf diese Weise hörte Bill die inspirierende Lehre über die Kirche parallel zu den inspirierenden Erfahrungen von verändertem Leben bei den ersten Bekehrungen in *Son City*.

Apostelgeschichte, Kapitel 2

Als Dr. Bilezikian sprach, wurde Bill klar, daß die Kirche die einzige Hoffnung für die Welt war. Nur die Macht Christi, die durch die Aktivitäten der örtlichen Gemeinden wirkte und der direkte Einfluß des Heiligen Geistes konnten die fallende Flugbahn der Menschen und der Gesellschaft verändern. Systeme und Organisationen von gottlosen Menschen würden die Gesellschaft ungebremst in den Abgrund stürzen lassen. Aber die Kirche konnte gewaltige – letztlich strategische – Bedeutung in dieser Welt haben.

In privaten Gesprächen fragte Bill Dr. Bilezikian, wie er das, was er bei ihm lernte, ganz praktisch in *Son City* anwenden könnte. »Wie ernst ist es Ihnen?« fragte Dr. Bilezikian »Wollen Sie nur eine weitere Jugendgruppe aufbauen, die aus professionellen Aktivitäten, Sportwettkämpfen, Partys und Ausflügen zum Strand besteht? Oder wollen Sie diese Jugendlichen wirklich anstecken mit der wahren ›Krankheit‹ des Christentums?«

»Ich will sie anstecken.«

»Dann brauchen Sie nur Apostelgeschichte, Kapitel 2 zu befolgen.«

Dr. Bilezikian forderte Bill auch dazu heraus, die Schüler zu völlig hingegebener Nachfolge anzuleiten. Und es war Dr. Bilezikian, der Bill und die anderen Leiter dazu brachte, das urgemeindliche Modell für wahre christliche Nachfolge umzusetzen und offene und vertrauensvolle Beziehungen untereinander aufzubauen. Er war es, der Bill motivierte, ein Klima zu schaffen, in dem Gebet, Anbetung und Abendmahl ganz wesentlich waren und in der Jugendliche ihre Mittel mit anderen teilen würden. Von ihm stammt auch die Anregung, die Schüler über geistliche Gaben zu lehren.

Bei persönlichen Gesprächen wurde Dr. Bilezikian zunehmend leidenschaftslos, ja, Bill entdeckte in seiner Haltung das Gefühl von Sinnlosigkeit, fast schon Resignation. Er fragte ihn einmal danach, und Dr. Bilezikian erklärte: »Ich habe mich viele Jahre wie Johannes der Täufer gefühlt, wie der einsame Rufer in der Wüste. Ich verstand, daß Gott von mir wollte, ich solle weiterhin rufen, auch wenn mir keiner zuhören würde. Aber ich werde langsam müde.« Ruft er mich? fragte sich Bill. Dr. Bilezikian lehrte nur für zwei Jahre am *Trinity College*, genau die zwei Jahre, in denen auch Bill dort war. War das Zufall oder ein von Gott arrangiertes Zusammentreffen?

Bill kämpfte mit der Radikalität von Dr. Bilezikians Vision. Vergiß es, dachte er oft. Das ist geistliche Utopie. Evangelikales Nirwana. Veraltete Bibelgeschichte. So etwas funktioniert nicht in der hochzivilisierten Gesellschaft des zwanzigsten Jahrhunderts. Aber er war noch jung und idealistisch genug – oder genug vom Geist geleitet –, daß er noch denken konnte: Aber was wäre, wenn es doch geschehen könnte? Und was wäre verloren, wenn ich es nicht glauben und nicht versuchen würde? Wenn ich etwas nicht tue, was vielleicht möglich gewesen wäre? Diese Fragen begannen, ihn zu überzeugen.

Als allmählich die Spannungen in South Park zwischen der Gemeinde und der Jugendarbeit auftraten, dachte Bill wieder an die Worte von Dr. Bilezikian und fragte sich, ob Apostelgeschichte, Kapitel 2 mit Erwachsenen genauso funktionierte wie mit Schülern. Würden Erwachsene flexibel genug sein, etwas Neues auszuprobieren? Würden sie die Herausforderungen annehmen?

Träume

Bis spät in die Nacht saßen wir oft mit Dave, seiner Frau und anderen Leitern da und sprachen darüber, was sein könnte. Wir träumten von einem Ort, an dem das Wort Gottes auf eine einfach unwiderstehliche Art gepredigt wurde. Wir träumten von Menschen, die in kleinen Gruppen zusammenkamen, sich in ihren Häusern trafen und miteinander aßen und sich über wesentliche Dinge unterhielten. Wir träumten von einer Gemeinschaft, in der Gebet die starke Macht Gottes auslöste. Wir träumten von einer Kirche, die im Gegensatz zur Gesellschaft stand, in der die wohlhabenden Mitglieder sagen würden »Genug ist genug«, und ihre überschüssigen Mittel der Gemeinde zur Versorgung der Bedürftigen zur Verfügung stellen würden. Wir träumten von Kirchenmitgliedern, die untereinander eine so starke Liebe lebten, daß positive Gerüchte unter den Nichtgläubigen kursierten, und kirchendistanzierte Menschen, die einfach nur sehen wollten, was hier los war, sich zu Christus bekehrten. Wir träumten von einem Ort, an dem Platz für Wunder war, an dem das, was geschah, nicht mit menschlichen Begriffen erklärt werden konnte.

Wir träumten nicht davon, eine große Kirche zu sein. Wir träumten von Apostelgeschichte, Kapitel 2. Wir träumten von dem Gefühl, zu einer biblischen, funktionierenden Gemeinschaft zu gehören. Wir träumten davon, Kirche zu sein. Wir glaubten, daß dieser Traum direkt vom Herzen Jesu kam. Die Kirche blieb, trotz allem, seine Vision. Sie begann nicht mit einem Schulneuling in einem Klassenzimmer. Sie wurde nicht von einem Haufen Schüler in einem Nachtcafé geträumt. Das Bild wurde zuerst von Jesus gemalt, der sagte: »Ich werde meine Kirche bauen, und die Mächte der Unterwelt werden sie nicht überwältigen« (Mt 16,18).

Aber was bedeutete der Traum im Winter 1975 wirklich für uns? War es bloß eine gedankliche Anregung? Oder war es der Ruf Gottes, *South Park* zu verlassen und eine eigene Gemeinde zu gründen? Es schien zunehmend letzteres zu sein, weil Bill eine wachsende Leidenschaft für den Dienst an Erwachsenen spürte. Wie, dachte er, können wir wirklich etwas in der Welt verändern, wenn wir nicht die ganze Familie erreichen?

Als Bill diesen Gedanken seinem Mentor, Dr. Bilezikian, erzählte, war dieser besorgt. »Sie beißen mehr ab, als sie schlucken können«, sagte er. »Ich denke, Sie sollten lieber bei Schülern bleiben. Gehen Sie einfach von Son City weg und gründen Sie eine unabhängige Jugendarbeit.« Dr. Bilezikian war nicht davon überzeugt, daß Erwachsene offen für ein neues Gemeindeverständnis wären und so positiv auf Musik, Theater und Medien reagieren würden wie die Schüler. »Aber«, sagte er, »wenn Sie wirklich glauben, daß Gott Sie dazu beruft, werde ich hinter Ihnen stehen. Ich werde alles tun, was in meiner Macht steht, um Ihnen zu helfen.«

Ein wegweisender Moment

Im März machten Bill und ich unseren dringend benötigten Urlaub in Florida und sprachen weiter darüber, wie man eine neue Gemeinde gründen könnte, die auf den Prinzipien und Strategien von *Son City* beruhte. Als wir nach Hause zurückkamen, erklärte Bill den Teamleitern, daß er sich vom Heiligen Geist geleitet fühlte, eine neue Gemeinde zu gründen, und bat sie, darüber zu beten. Im April las er Robert Schullers Buch »Ihre Gemeinde hat wirkliche Möglichkeiten«, das ihn in seinem Glauben bestärkte, durch eine lokale Gemeinde kirchendistanzierte Menschen zu erreichen. Im Mai erklärte er den Diakonen der *South Park Church* seinen Rücktritt.

Der schwierigste Prüfstein für Gottes Ruf kam, als Dave Holombo sagte: »Das ist großartig, Bill. Du gründest eine neue Gemeinde, und ich bleibe hier und mache mit Son City weiter.« Andere Leiter sagten dasselbe – verständlicherweise. *Son City* war auf ihrem Höhepunkt mit fast zwölfhundert Schülern, die jede Woche kamen. Wir dachten alle, wir würden für den Rest unseres Lebens in *Son City* sein. Unsere Einstellung war: »Gott tut hier große Dinge. Laßt uns also bis zum Ende weitermachen.« Jetzt wollte Bill plötzlich alles aufgeben und etwas Neues anfangen, ohne Garantien, ohne Vorläufer, ohne Unterstützung einer Gemeinde, Organisation oder eines bedeutenden Geldgebers. Bill konnte Daves Entscheidung verstehen, aber er war aus dem Gleichgewicht gebracht. Das gesamte Wunder von *Son City* geschah unter der Leitung von Bill *und* Dave. Wie konnte Bill ohne ihn im Dienst bestehen?

Als Bill am Abend seinen bisherigen Weg nachging, stellte er sich – und Gott – diese Frage. Die einzige Antwort, die er bekam, war: Du kannst in dieser Welt nichts verändern, wenn du nicht die Erwachsenen erreichst. Jetzt ist die Zeit gekommen. Mach weiter.

Dieser Moment wies den weiteren Weg, es war ein »Auch wenn keiner mit mir geht, werde ich dir folgen«-Gespräch mit Gott. Danach hatte Bill wirklichen Frieden darüber, daß wir beide uns diesem Abenteuer alleine stellen würden.

Aber Gottes Wege sind manchmal unerforschlich. Als Bill im Juni der ganzen Gemeinde offiziell seinen Rücktritt erklärte, hatten Dave, seine Frau Sue und einige andere begabte Leiter beschlossen, mit uns zu kommen. Gemeinsam leiteten wir eine zweimonatige Übergangsphase ein, in der Bill und Dave ihre Verantwortungsbereiche an andere Mitarbeiter übergaben. Im August traten wir alle zum letzten Mal mit der *Son Company* auf und verließen die *South Park Church* offiziell. Bill und ich waren damals dreiundzwanzig Jahre alt.

Wir hatten beschlossen, unsere neue Gemeinde in Palatine in Illinois zu gründen, einer Vorstadt, die zwanzig Meilen westlich von Park Ridge lag, weil eine Gruppe von *Son City*-Schülern, die zwei Jahre lang immer mit Bussen nach Park Ridge gefahren war, darauf erpicht war, in dieser Gegend endlich eine eigene Gemeinde zu haben. Wir hatten keinerlei demographische Studien durchgeführt. Wir wußten absolut nichts über Palatine oder das benachbarte Barrington. Wir wußten nur, daß einer der Leiter dieser Gruppe – ein langhaariger Schlagzeuger mit dem Namen Mick Bourbon, der ein ansteckendes Lachen und ein brennendes Herz für gottferne Menschen hatte – überzeugt war, Gott habe »etwas ganz Großes in Palatine« vor. Was mußten wir sonst wissen?

Und so waren wir bereit, eine Gemeinde für kirchendistanzierte Menschen zu gründen. Alles, was wir brauchten, war Geld, ein Gebäude und Erwachsene. Bill setzte das erste, was ihm einfiel, in die Tat um: Er kaufte zwölfhundert Körbe Tomaten am *Water-Street*-Markt in Chicago und brachte die Schüler von *Son City* dazu, sie von Tür zu Tür in Palatine zu verkaufen. Er hoffte, sie für vier bis sechs Dollar loszuwerden. Was Bill nicht wußte: Palatine war ein Paradies für Hobbygärtner, und das letzte, was sie im August brauchten, war: noch mehr Tomaten. Am Ende des Tages brachten sie die Körbe nur noch für fünfundzwanzig Cents weg. Trotzdem verdienten wir an diesem einen Tag 4 800 $, genug, um uns eine Ton- und Lichtanlage zu kaufen. Und mit dem kleinen Überschuß begründeten wir die Kasse für unsere Mietkosten.

Im September begannen wir mit etwa zweihundertfünfzig Schülern *Son City West*. Ungefähr hundert kamen aus dem harten Kern von *Son Village* und bildeten schließlich auch den Kern unserer neuen Gemeinde. Die übrigen waren »Neuzugänge« aus anderen Gemeinden.

Ein neues Abenteuer

Die Entscheidung, South Park zu verlassen, fiel in eine Zeit, in der sich unsere persönliche Situation gebessert hatte. Trotz der Spannungen in unserer Ehe wurde unser Leben zuletzt etwas weniger chaotisch – Bill hatte sein Studium abgeschlossen, die Kirche bezahlte ihm ein etwas großzügigeres Gehalt, und wir wohnten ganz komfortabel in einer winzigen Zweizimmerwohnung in Park Ridge. Auch ich war inzwischen gespannt auf einen Neuanfang in Palatine. Wie Bill glaubte auch ich, daß Gott uns gerufen hatte und daß wir nur die Möglichkeit hatten, ihm zu gehorchen. Ich hatte vollstes Vertrauen, daß Gottes Macht groß genug war, um Bill zu gebrauchen und den Traum Wirklichkeit werden zu lassen. Vermutlich hätte ich mir um unsere Finanzen Sorgen machen sollen, aber ich tat es nicht. Ich hatte gelernt, aus wenig viel zu machen. Bill hatte in South Park als ehrenamtlicher unbezahlter Mitarbeiter angefangen und sich schrittweise zum Teilzeitangestellten hochgearbeitet. Ich verdiente ein Mindestgehalt im Büro einer christlichen Organisation und später in einem christlichen Buchladen. Nebenbei gab ich privat Flötenstunden. Wir hatten Besitz verkauft und Leute als Untermieter genommen, um Rechnungen zu bezahlen. Bill hatte hin und wieder Waren für die Firma seines Vaters eingekauft und wurde dafür bezahlt. Mehr als einmal hatten wir eine anonym abgegebene Tüte voller Lebensmittel vor der Tür gefunden – immer dann, wenn wir es am nötigsten brauchten.

Wir waren jung, ohne Kinder, frei von Belastungen. Wir hatten eben erst ein außergewöhnliches Abenteuer erlebt. Warum sollten wir nicht ein zweites ausprobieren?

Viele Leute sagten, es würde nicht funktionieren, aber wir glaubten ihnen nicht. Die Chancen standen gegen uns, aber das wußten wir nicht. Wir wußten nur, daß Gott gerufen hatte, und da er sich in der Vergangenheit als treu erwiesen hatte, beschlossen wir, ihm auch in der Zukunft zu vertrauen. Es war seine Kirche. Sicher hatte er größere persönliche Interessen in dieser Angelegenheit, als wir sie hatten. Wir beteten um seine Führung und handelten nach seinen Weisungen.

Eine verworrene Geschichte

Der Gedanke, daß Gott uns gerufen hatte, eine neue Gemeinde zu gründen, stand im Mittelpunkt aller unserer Aktivitäten und aller Entscheidungsprozesse der folgenden zwei Jahrzehnte. In den neunziger Jahren wurde *Willow Creek* analysiert, seziert und systematisiert – von wohlgesonnenen Insidern und kritischen Außenstehenden – bis zu dem Punkt, an dem das Beispiel von *Willow Creek* mehr eine Gebrauchsanweisung zu sein schien, komplett mit Finanzierungsgarantie, als eine Gemeinde. Aber was wie eine Formel aussieht, ist letztlich eine einzige zwanzigjährige Antwort auf die tägliche, unvorhersehbare Weisung Gottes. Die völlig unspektakuläre Wahrheit ist, daß wir die ganze Zeit bei jedem neuen Schritt auf die Führung des Heiligen Geistes vertrauten und nur selten sahen, in welche Richtung der nächste Schritt führte. Wir folgten lediglich der Stimme Gottes, indem wir auf seinen besonderen Ruf für uns hörten, und so konnten wir voller Vertrauen vorwärtsgehen.

Meine Gewißheit von Gottes Berufung machte mich frei, den Dienst von *Willow Creek* aus ganzem Herzen zu bejahen und zu unterstützen. Natürlich muß ich auch all die Punkte zur Kenntnis nehmen, an denen *Willow Creek* scheiterte und nicht seiner Berufung gemäß lebte. Ich würde gerne eine Geschichte von einem von Gott eingegebenen Traum erzählen, der in tadelloser Perfektion in die Wirklichkeit umgesetzt wurde. Aber das entspräche nicht der Realität. Die Wahrheit ist, daß die Geschichte von *Willow Creek* eine verworrene Geschichte aus Gefühlen, Ideen und Aktionen ist, die von der Stärke und Schönheit des Göttlichen und von der Schwäche und Häßlichkeit der Sünde gezeichnet ist.

Wenn Sie etwas aus diesem Buch mitnehmen, dann hoffentlich die Erkenntnis, daß die Geschichte von *Willow Creek* eine Geschichte der Gnade ist. Jahre zuvor hatte Gott unsere fehlerhaften Bemühungen angenommen, sie in seine Liebe eingewickelt und seinen Segen in außergewöhnlicher Weise ausgegossen. »Es ist nur ein Haufen Jugendlicher«, kann ich ihn sagen hören. »Und dazu ganz schön verletzt und unreif. Aber ich liebe sie. Und ich denke, ich kann etwas aus dieser Mischung von Verrücktheit und Hingabe, die sie mir anbieten, machen. Also werde ich sie mit meiner Gnade überschütten.«

Worte, vermessen in Gottes Mund gelegt? Lesen Sie mit mir die Worte des Psalmisten: »Wie ein Vater sich seiner Kinder erbarmt, so erbarmt sich der Herr über alle, die ihn fürchten. Denn er weiß, was wir für Gebilde sind; er denkt daran: Wir sind nur Staub« (Ps 103,13-14). In den letzten zwei Jahrzehnten waren diese Worte eine Wohltat für mich: Gott weiß, daß wir »nur Staub« sind, Geschöpfe der Erde. Ruft er uns, uns aus dem Staub zu erheben? Natürlich. Aber er erwartet keine Perfektion. Er weiß, daß – gleichgültig wie sehr wir uns bemühen – die Geschichte unseres Lebens und unseres Dienstes immer eine verworrene Geschichte sein wird.

Lange Jahre galt *Willow Creek* als das schwarze Schaf unter den christlichen Gemeinden. Die Einstellungen: »Es ist möglich«, »egal, was es kostet«, »der Himmel ist die Grenze«, die uns als die einzig angemessenen Haltungen gegenüber einem so edlen und wertvollen Ideal wie der Kirche galten, lösten regelmäßig starke und unfaire Kritik aus. Wir wurden oft – und werden es noch immer – falsch zitiert, mißverstanden und falsch beurteilt. Wir wurden »Unterhaltungskünstler« genannt von Leuten, die nicht danach gefragt haben, warum wir unsere Methoden verwenden, und wir wurden von Leuten, die unsere Predigten nicht gehört hatten, als Sekte bezeichnet. Zu manchen Zeiten war es das Schwerste für uns, daß wir uns ständig zur Wehr setzen und mit anderen Gemeinden vergleichen lassen mußten. Mit der Zeit wurden wir der unbegründeten Gerüchte und der unfairen Kritik müde.

Auf der anderen Seite hatten wir die Kritik oft verdient. Wir waren jung und machten wirklich viele Fehler, als wir mit *Willow Creek* anfingen. Und wir werden wohl auch noch weiterhin Fehler machen. Ich habe die Schwächen von *Willow Creek* gesehen, ihre mangelnde Gründlichkeit, ihre einseitigen Reaktionen, ihre hängenden Flügel. Ich habe erlebt, wie Enthusiasmus in Sorglosigkeit umschlug, wie Eifer zu Arbeitssucht wurde und wie Kreativität sich in Respektlosigkeit verwandelte. Ich habe Wechsel im Mitarbeiterstab erlebt, mit denen wir besser hätten umgehen sollen. Ich habe Menschen gesehen, die Hilfe gebraucht hätten, die aber durch die Netze durchgefallen und schließlich gegangen sind, desillusioniert und verletzt. Ich habe die Folgen von Unreife und Unerfahrenheit und auch von Sünde erlebt. Alles, was menschliche Hände berühren, hat eine Kehrseite.

Aber ich habe auch das ehrfurchtgebietende und überwältigende Handeln Gottes an *Willow Creek* gesehen. Den ganzen langen Weg hat er uns geführt, herausgefordert, gezüchtigt und gesegnet. *Willow Creek* wäre ohne dieses Handeln Gottes nie über das Traumstadium hinausgekommen.

In der zweiten Hälfte dieses Buches finden Sie alles über die Vision, die Werte und die Strategie von *Willow Creek*. Sie wurden nicht als Muster dargestellt, nach dem andere christliche Leiter ihre Gemeinden ausrichten sollen, sondern nur als eine Zusammenstellung von Prinzipien, die in der Praxis funktioniert haben, Prinzipien, über die man nachdenken und die man unter der Führung des Heiligen Geistes möglicherweise anwenden kann. Ich habe erlebt, daß diese Prinzipien Leben und Gemeinden verändert haben in diesem Land und in vielen anderen Ländern – England, Spanien, Deutschland, Polen, Neuseeland und Australien. Ich habe gesehen, daß sie funktionieren, aus der Nähe und über lange Jahre hinweg.

Ein ernsthafter Evangelist

Ich glaube nicht nur an die Prinzipien, die in diesem Buch vorgestellt werden, sondern ich glaube auch an den Mann, dessen Worte und Ideen hinter so vielem stehen, was Sie auf diesen Seiten lesen. Ein Grund, warum ich Bill Hybels geheiratet habe, ist das Wissen, daß er mit seinem Leben etwas Besonderes anfangen wollte. Ich wußte nicht, welche Richtung unser gemeinsames Leben genau nehmen würde, aber beim Schreiben dieses Buches erinnere ich mich wieder aufs neue, wie spannend Gottes unfehlbarer Plan war. Monatelang setzte ich mich mit der Geschichte von *Willow Creek* auseinander. Ich fragte Bill auf langen Spaziergängen aus, ich sprach mit Freunden und Kollegen aus der Gemeinde und arbeitete mich durch die unsortierten Ablagefächer meines Gehirns hindurch. Dann legte ich mein Büro mit Seiten über Seiten von Abschriften aus, die ich sortierte und exzerpierte und neu sortierte. Als ich dann schließlich zu schreiben begann, merkte ich, daß ich mehr denn je von dem »Material« und dem Mann, der dahintersteht, überzeugt war.

Das Material überzeugte mich, weil es biblisch ist und weil es funktioniert. Der Mann überzeugte mich wegen seiner ehrlichen Leidenschaft. Bill Hybels ist wahrhaftig hingegeben an die Kirche und an die Menschen. Darüber spricht er nicht nur, um die Leiter der Gemeinde zu inspirieren. Er lebt es. Neulich rief einer von Bills kirchendistanzierten Freunden an und sagte, daß er krank sei und deshalb nicht wie geplant unseren Samstagabendgottesdienst besuchen könne. Bills Antwort erscheint merkwürdig, wenn man bedenkt, daß er an diesem Wochenende vor Tausenden von Besuchern predigen sollte: »Ich kann es nicht glauben. Dieser Gottesdienst ist auf ihn zugeschnitten. Ich habe gar keine Lust, heute abend zu predigen, wenn er nicht da ist.« Natürlich hat er gepredigt; aber ohne seinen Freund, für den er gebetet und mit dem er über seinen Glauben geredet hatte. Es war eben nicht dasselbe.

Eine persönliche Bemerkung

Für mich waren die letzten zwanzig Jahre ausgesprochen schwierig. Dienst ist immer herausfordernd. Eine Ehe aufzubauen, ist zuweilen hart. Kinder großzuziehen fordert viel. Seine Gaben zu entdecken und seine Begabungen einzusetzen, kann einen ziemlich belasten. Für mich wurden diese Herausforderungen noch intensiviert durch innere Kämpfe und Verletzungen, die erst in letzter Zeit ans Licht kommen. Und was ich da zu sehen bekomme, zwingt mich dazu, eine – zugegebenermaßen – unwillkommene Dimension unseres Lebens wahrzunehmen.

Jedesmal, wenn ich wie letzten Abend in einem Taufgottesdienst sitze und weine, wenn ich fast zweihundert Erwachsene sehe, die ein öffentliches Bekenntnis von der erlösenden und verändernden Arbeit Gottes in ihrem Leben abgeben, dann weiß ich, daß es keinen Ort gibt, an dem ich während der letzten zwanzig Jahre lieber hätte sein mögen als in *Willow Creek*. Es gibt keine Anstrengung, der ich mich lieber verschreiben wollte, als unerreichte, kirchendistanzierte Menschen zu erreichen, sie in die Wahrheit des Evangeliums einzuführen und sie auf dem Weg zu einer völligen Hingabe an Jesus Christus zu begleiten.

Wo war ich stehengeblieben? Oh, ja. Es ist August 1975. Wir haben gerade Tomaten von Tür zu Tür verkauft. Jetzt wird es Zeit, eine Gemeinde zu gründen.

Kapitel 3

Die Wunderjahre

1975-1978

»Bill kam bei uns vorbei, stellte uns einige Fragen zu unseren Kirchen-gewohnheiten und lud uns ein, zu einem Willow Creek-Gottesdienst zu kommen. Wir waren lange nicht mehr in die Kirche gegangen, aber unser ältester Sohn Brian machte bei Son City mit und überredete uns schließlich zu gehen. Wir besuchten den Abendgottesdienst am ersten Weihnachtstag und fanden ihn toll. Daraufhin beschlossen wir, wieder zu kommen und sind seitdem in Willow Creek geblieben. Während des ersten Jahres stellte ich eine langsame Veränderung fest. Je mehr ich hörte, desto mehr verstand ich, daß ich Christus wirklich als meinen Erlöser brauchte. Nach diesem ersten Jahr besuchte ich auch die New Community, weil ich weiter im Glauben wachsen wollte.«

Quigley Fletcher
Gründungsmitglied des *Willow Creek*-Vorstandes

Besuchen Sie regelmäßig eine örtliche Gemeinde?«
»Nein.«
»Hätten Sie Lust, mir zu sagen, warum nicht?«

Auch wenn die Kirche die erste Liebe Jesu ist, wird sie heute sicher von den Menschen in Amerika und Europa geliebt. In den Jahren seit 1960 erlebte die Zahl der Kirchenbesucher einen stetigen und dramatischen Rückgang. Im September 1975 gingen Bill und einige andere Leiter in Palatine von Tür zu Tür und versuchten, die Gründe herauszufinden.

Eine der häufigsten Antworten war, daß die Kirche für das tägliche Leben keine Bedeutung hat. Nicht selten gab es Antworten wie diese: »Meine Ehe ist durcheinander. Mein ältester Sohn entgleitet unserer Kontrolle. Mein Mann weiß nicht, wie er seinen Kindern gegenüber Liebe zeigen soll. Ich verliere allmählich die Hoffnung und ich weiß nicht mehr, was ich tun soll. Manchmal komme ich an den Punkt, wo ich einfach mit allem Schluß machen möchte, aber ich habe Angst zu sterben. Ich habe mich gefragt, ob Gott vielleicht helfen könnte. Aber wenn ich zur Kirche ging, habe ich keine Antworten gefunden. Die Pastoren sprachen über Themen, die mit meinem täglichen Leben nichts zu tun hatten. Sie erwähnten nicht einmal die Kämpfe, die mich innerlich zerreißen. Als ich ging, fühlte ich mich hilfloser als zuvor. Deswegen spielen Gott oder die Kirche für mich keine Rolle mehr.«

Stellen Sie sich Bill vor, dreiundzwanzig Jahre alt, voller Idealismus und der festen Überzeugung, daß die Bibel und die Kirche Antworten auf alle Fragen geben können, wie er dreißig Zentimeter entfernt von einer Frau steht, die eigentlich für eine Ewigkeit mit Christus bestimmt war, die aber die Botschaft der Kirche für bedeutungslos für ihr Leben hielt. Damals schwor er sich: Wenn er jemals Predigtverantwortung in einer Gemeinde haben sollte, wollte er alles daransetzen, um die praktische Anwendbarkeit und Bedeutung der Bibel zu vermitteln.

Ein anderer Beschwerdepunkt war, die Kirche sei leblos, langweilig und völlig ohne Überraschungen. Ein Mann sagte: »Ich muß nicht mehr zur Kirche gehen. Ich bin fünfzehn Jahre lang zum Gottesdienst gegangen und habe die ganze Routine herausbekommen. Ich war fünf Jahre lang nicht mehr dort, aber ich kann Ihnen genau sagen, wer wo sitzt, was der Chor am Muttertag singt, ich kenne den Gottesdienstablauf und weiß, was der Pastor höchstwahrscheinlich predigen wird. Wenn ich einen kleinen ›Schuß‹ Kirche brauche, setze ich mich einfach daheim hin und lasse das Ganze in meinem Gedächtnis ablaufen. So kann ich indirekt daran teilnehmen.«

Ein dritter Punkt richtete sich gegen die hochgestochenen Reden der Pastoren, die oft auf die Gemeindeglieder herabpredigten, sie anklagten und verurteilten und ziemlich hart oder sogar unbarmherzig seien. Eine geschiedene Frau sagte: »Mein Mann verließ mich mit einer Arbeitskollegin. Er ließ mich sitzen ohne Auto, mit einer Hypothek und drei kleinen Kindern. Ich ging weiterhin zur Kirche, weil ich dachte, dort Ermutigung zu finden, geistliche Stärke oder einen Schimmer Hoffnung. Statt dessen wurde ich nur ständig verdammt für eine Scheidung, die ich nicht mal wollte. Ich halte das nicht mehr aus.«

Ein Mann sagte: »Ich bekomme Tag für Tag auf der Arbeit Schläge versetzt. Ich kann es nicht vertragen, auch jeden Sonntag noch eine drüber zu bekommen. Das heißt nicht, daß ich mir einen Pastor wünsche, der nur predigt, was ich hören will, der mich nie herausfordert oder zur Verantwortung zieht. Ich wünsche mir ganz einfach jemanden, der so viel Zeit in Problemlösungen investiert wie in Problembeschreibungen.«

Der vierte Punkt richtete sich dagegen, daß Kirchen immer nur Geld sehen wollten. Die Argumentationskette sah etwa so aus: Wenn die Predigten bedeutungslos sind, die Gottesdienste leblos, langweilig, schematisch und ich jede Woche niedergeschlagener aus der Kirche herauskomme, als ich hineingegangen bin, wie kann dann jemand von mir erwarten, daß ich begeistert diese Kirche finanziell unterstütze?

Dr. Bilezikian hätte gesagt: »Das ist eine moderne Tragödie.« Die Hoffnung der Welt, die uns ein überaus weiser Gott zugedacht hat, erweist sich jetzt als bedeutungslos für das wirkliche Leben. Das ist unvorstellbar. Gottesdienste, die darauf abzielen, die Wahrheit über den Schöpfer zu offenbaren, gelten als leblos, langweilig und berechenbar. Das ist ein äußerster Widerspruch. Menschen kommen aus der Kirche heraus und tragen eine schwerere Last als bei ihrer Ankunft. Das ist eine Karikatur des Evangeliums. Das ist eine moderne Tragödie.

»Wie war es heute?« fragte ich Bill, wenn er von der Umfrage in der Gemeinde zurückkam. Ich mußte öfters darüber lächeln, welchen starken emotionalen Einfluß seine Gespräche mit kirchendistanzierten Menschen auf ihn hatten.

»Wenn ich jemals eine bedeutungslose Predigt halten sollte, wenn ich jemals Menschen mit dem Evangelium langweilen sollte, wenn ich jemals das Leben und die Hoffnung aus einem Menschen, der in Not ist, vertreiben sollte – dann zieh mich aus diesem Dienst raus. Laß mich nicht einfach weitermachen. Es tötet Menschen. Es bringt sie weg von dem einzigen Wesentlichen, das sie zum Glauben bringen kann.«

Eine Übergangsheimat

Das erste, was wir brauchten, um unsere neue Gemeinde zu gründen, war ein Gebäude. Bill entschied sich für das Kino von *Willow Creek*, weil es über eine günstige Verkehrsanbindung und ausreichende Parkmöglichkeiten verfügte. Außerdem hatte es 970 Sitzplätze, was bedeutete, daß wir so lange dort bleiben konnten, bis wir in der Lage waren, selbst Land zu kaufen und ein Haus zu bauen. Anders als die meisten Kinos hatte es eine große Bühne, die wie geschaffen war für unser Programm. Und es hatte einen großen Eingangsbereich, der unterteilt und für die Sonntagsschule verwendet werden konnte.

Der Manager des Kinos sagte Bill, daß der Besitzer deutlich antichristlich eingestellt sei und deswegen unter keinen Umständen einer Kirche das

Kino zur Verfügung stellen würde. Aber Bill machte ein paar Hausaufgaben und fand heraus, daß das Kino außerhalb der Vorführungszeiten überhaupt nicht genutzt wurde. Daraufhin rechnete er durch, welchen Nettogewinn der Besitzer bei unserer Monatsmiete von zweihundertfünfzig Dollar über drei Jahre haben würde. Dann präsentierte er dem Besitzer des Kinos persönlich unser Angebot und sicherte ihm zu, daß wir das Kino in besserem Zustand verlassen würden, als wir es angetroffen hatten. Der Mann fragte nach, um welche Art von Gemeinde es sich denn handeln würde. Bill sagte: »Eine Art von Gemeinde, in der Menschen einen Ausweg aus geistlicher Verwirrung finden, die Familien wieder zusammenbringt und Jugendliche auf einen geraden Weg führt.« Der Mann rief seinen Manager an und sagte: »Unterschreiben Sie den Vertrag.« In diesem Kino hielten wir Gottesdienste vom 12. Oktober 1975 bis zum 8. Februar 1981, bis wir am Ende schließlich drei Gottesdienste pro Sonntagvormittag hatten.

Bill entdeckte auch ein Lagerhaus, das wir für siebenhundert Dollar im Monat mieten konnten. Dort konnten wir Büros für die täglich anfallende Arbeit der Gemeinde einrichten. Wir richteten auch einen Konferenzraum ein, der fünfzig Menschen Platz bot und in dem wir zunächst unsere Gottesdienste unter der Woche abhalten konnten. Der Eigentümer war »etwas« skeptisch, ob wir auch unsere monatliche Miete zahlen konnten: Wir hatten die Gemeinde noch nicht gegründet, und Bill war arbeitslos. Doch Bill sagte: »Wenn wir die Miete nicht zahlen können, können Sie mich wegen der Mietschulden vor Gericht bringen, und auf die eine oder andere Weise werden Sie Ihr Geld bekommen. Dann können Sie den Raum doppelt vermieten.« Innerhalb von zwanzig Minuten hatte der Mann ein Mietdokument ausgestellt und Bill es unterschieben. Ich erfuhr erst Jahre später, daß Bill und ich persönlich für die Erfüllung dieses Mietvertrages haften mußten.

Mit freiwilligen Helfern und dem Geld aus dem Tomatenverkauf setzten wir Spanplattenwände, um die Büros voneinander abzutrennen. Jedenfalls hatten wir so wenig Geld, daß wir beschlossen, auf jeglichen Luxus zu verzichten. Zwei elektrische Kombigeräte oberhalb der Deckendämmplatten bliesen Wärme bzw. gekühlte Luft nach unten in die Räume. Für die nächsten sechs Jahre war die einzige Möglichkeit, die erhitzte oder gekühlte Luft in Umlauf zu bringen, die Dämmplatte unter dem Gebläse herauszunehmen. Mitarbeiter aus dieser Zeit sprechen noch heute von dieser einzigartigen Atmosphäre, die diese Löcher über unseren Köpfen erzeugten.

Im späten August 1975 begannen sich etwa dreißig von uns, einschließlich ehemaliger Leiter von *Son City* und Teamleiter von *Son City West*,

Sonntag vormittags zu treffen. Bill hielt eine kurze Andacht, wir sangen einige Lieder, und dann vermittelte Bill Woche für Woche die Vision einer dynamischen Gemeinde, die kirchendistanzierte Menschen erreichen sollte. Er forderte auch jeden heraus, soviel zu geben, wie er sich leisten konnte, um die Kosten der Gemeinde mitzutragen – und er sprach in diesem Zusammenhang nicht davon, nur den Zehnten zu geben! Er sprach davon, daß jeder von uns alles geben sollte, was über unsere absolut nötigen Lebenshaltungskosten hinausging. Und genau das taten wir auch – ehrlich. Vermutlich waren wir die »freudigsten Geber«, die eine Gemeinde jemals hatte. Wir hatten völliges Vertrauen, daß das Geld sinnvoll verwendet wurde – für die Kino- und Lagerhausmiete und für notwendige Ausrüstungsgegenstände –, und wir standen mit ganzer Überzeugung hinter der Sache. Wir waren der festen Überzeugung, daß wir hier die weiseste und wertvollste Investition unseres Lebens tätigten. Bill hielt das Scheckbuch in seinem Schreibtisch unter Verschluß und kümmerte sich äußerst sorgfältig um unsere Finanzen. Bis zu unserem ersten Gottesdienst im Kino im Oktober kamen wir mit den Beiträgen unserer kleinen Kerngruppe aus.

Völlig der Sache verschrieben

Wir werden oft gefragt, wie wir *Willow Creek* ohne bezahlte Mitarbeiter ins Leben rufen konnten. Was man zu oft vergißt, ist die Tatsache, daß wir eine riesige unbezahlte Mitarbeiterschaft hatten. Bill war der Hauptleiter und Kommunikator. Dave Holombo war Programmkoordinator und Musikdirektor. Randy BeMent war zuständig für die Organisation. Dave Swetman und später Don Cousins leiteten *Son City*. Rory Noland war für die Musik in *Son City* zuständig. Joel Jager erledigte die Produktion. Rick Wold leitete die Theatergruppe. Rick und Virginia Meredith waren zuständig für den Bereich Multimedia. Ich könnte die Aufzählung beliebig erweitern. Wir hatten einen unbezahlten Mitarbeiterstab von etwa fünfzehn bis zwanzig Personen. Viele von ihnen arbeiteten wöchentlich vierzig bis fünfzig Stunden für die Gemeinde. Um leben zu können, hatten sie Teilzeitjobs, arbeiteten Nachtschichten oder hatten Freunde, die sie regelmäßig unterstützten.

In dieser Zeit arbeitete ich weiter, um unseren Lebensunterhalt zu sichern. Unsere Vorstandsmitglieder, die auch aktive Mitglieder der Kerngemeinde waren, unterstützten uns, soweit sie konnten. Und Bill besserte unser mageres Einkommen weiterhin mit gelegentlichen Fahrten zum *Water Street*-Großmarkt auf. Dave Holombo war finanziell durch seine Frau abgesichert, eine begabte Lehrerin und wertvolle Stütze unseres Musikteams.

Dieses System funktionierte, weil die meisten Mitglieder der Kerngemeinde Singles waren. Die wenigen, die verheiratet waren, hatten noch keine Kinder. Deshalb waren wir verfügbar, wir hatten nichts, was uns zurückhalten oder binden konnte. Und die frische Erinnerung an das dreijährige Wunder von *Son City* machte uns zu Enthusiasten für unsere Sache.

Und wir waren uns unseres Anliegens bewußt. Unser Ziel, dem sich jedes Mitglied unserer Kerngruppe verpflichtet hatte, war es, kirchendistanzierte Erwachsene zu erreichen, sie zu Christus zu führen, ihnen zu helfen, hingegebene Nachfolger Jesu zu werden, und sie in eine Gemeinschaft des Glaubens, wie wir sie in *Son City* erlebt hatten, einzugliedern.

Wir waren begeistert von unserem Ziel und davon, es gemeinsam zu erreichen. Wir waren ein Team. Wir waren Kollegen, natürlich, aber wir waren auch Freunde. Wir waren gerne zusammen. Ob wir auf der Bühne standen oder hinter der Bühne arbeiteten, wir genossen unsere großartige Kameradschaft, Einheit und Übereinstimmung. Es gab eigentlich nichts, was wir lieber taten, als zusammen zu arbeiten.

Und ich meine wirkliche Arbeit. Wir hatten eine bemerkenswerte Arbeitsethik – eine Art mentalen Anfall, der sagte: »Gib nicht auf, bevor du die Aufgabe erledigt hast. Gib immer dein Bestes. Sage nie: ›Das ist nicht meine Aufgabe.‹ Wenn etwas getan werden muß, dann geh hin und hilf mit.«

Wir arbeiteten nicht nur hart, sondern auch schnell. Unsere Schnelligkeit kam nicht von irgendwelchen Seminaren, da keiner von uns jemals solche Seminare besucht hatte. Aber wir hatten alle ein tolles Training *on the job*. Wir hatten zahlreiche Jugendliche zu Christus geführt und sie entwickelten sich zu echten Jüngern Jesu. Und wir wußten schon, wie wir unsere Gaben und Begabungen einsetzen und einander ergänzen konnten, damit wir wirklich das beste herausholten.

Neben dem festen Leitungsteam hatten wir etwa hundert Jugendliche von *Son City*, die gerne bereit waren, alles zu geben, was sie hatten und wann immer sie Zeit hatten. Sie krempelten die Ärmel hoch und arbeiteten im Hintergrund. Sie wollten nicht im Rampenlicht stehen. Für sie war die Erfahrung, »Kirche zu sein«, so wichtig und wertvoll, daß sie diese Erfahrung auch ihren Freunden ermöglichen wollten. So praktizierten sie Freundschaftsevangelisation. Ohne sie hätten wir nur ein Programm gehabt, aber Programme erreichen keine Menschen, die weit weg sind von Gott.

Bill und ich waren bereit, eine Gemeinde ganz auf uns gestellt zu gründen, falls keiner mit uns gehen wollte, und ich denke, daß Gott sich über unsere Bereitschaft gefreut hat. Jedenfalls denke ich, Gott wußte, daß der große Einsatz vieler Menschen nötig sein würde, um *Willow Creek* ins Leben zu rufen, und so stellte er ein phantastisches Team zusammen. Wir sind zu der Überzeugung gelangt, daß jedes Unternehmen, das zum Ziel hat, einen besucherfreundlichen Gottesdienst ins Leben zu rufen, ein ähnlich zusammengestelltes Team braucht.

Ein unmißverständlicher Ruf

Aber selbst solch ein phantastisches Team ist nur ein kleines Rädchen im Getriebe einer Gemeindegründung, vor allem, wenn es schwierig wird. Wir hätten den Traum oft aufgeben können, wenn wir nicht tief im Innern gewußt hätten, daß wir von Gott dazu berufen waren, eine Gemeinde zu gründen. *Willow Creek* nicht zu gründen oder an einem scheinbar ausweglosen Punkt die Gemeindegründung aufzugeben, hätte Rebellion, Verrat und Ungehorsam bedeutet. Daher mußten wir eine Gemeinde für kirchendistanzierte Menschen gründen, wenn wir nachts noch ruhig schlafen wollten.

Wir hatten nicht nur den unmißverständlichen Ruf Gottes, wir hatten auch ein bedingungsloses Vertrauen in Gott. Wir kamen von *Son City* mit einem Glauben, der uns gelehrt hatte, daß bei Gott nichts unmöglich ist. Wir hatten hautnah erlebt, wie Gott das Unlogische, das Unerwartete, das Dumme und das Schwache gebrauchen kann, um seine Ziele zu verwirklichen. Wir wußten, daß es nicht unbedingt sinnvoll war, eine neue Gemeinde in einem Kino zu gründen. Es war nicht sehr sinnvoll, zeitgemäße Musik, Theater und Medien einzusetzen. Genausowenig machte es Sinn zu versuchen, erwachsene Menschen zu erreichen, wenn man selbst erst dreiundzwanzig Jahre alt war. Und es machte keinen Sinn, im Glauben voranzugehen ohne jegliche Unterstützung von außen. Aber mußte es Sinn machen?

In einer bedeutenden Stunde seines Lebens sagte Martin Luther: »Hier stehe ich, ich kann nicht anders.« Genauso fühlten wir uns damals.

Hallo, Welt!

»Was Sie schon immer über Sex wissen wollten, aber nie zu fragen wagten« war der Titel des Filmes auf der flimmernden Anzeigetafel. Aber die hundertfünfundzwanzig Menschen, die am 12. Oktober vormittags in das *Willow Creek*-Kino strömten, waren überzeugt davon, zur Kirche zu gehen.

71

Die meisten waren Jugendliche von *Son City*, ein paar hatten ihre Eltern mitgebracht, und ein paar Freunde und Verwandte, die als neugierige Sympathisanten kamen, damit diese enthusiastischen Abenteurer nicht zu enttäuscht wären.

Unser Lkw – ein alter Truck aus den Beständen von Bills Vater – kam um vier Uhr morgens vor dem Kino an, wie er es für die nächsten fünfeinhalb Jahre Sonntag für Sonntag tun sollte, und war beladen mit neuen Lautsprechern, Mikrophonen, Monitoren, Transformatoren, Sound- und Lichtanlage und einem Kilometer Kabel, das sich durch das ganze Kino schlängelte und mit silbrigem Klebeband sicher festgeklebt wurde. Joel Jager, Bills Freund aus Kindertagen, war der »König von Aufbau und Abbau«. An diesem Morgen verwandelten er und eine Handvoll Frühaufsteher ein dunkles und stilles Kino in die erste Heimat der *Willow Creek Community Church*.

Das Musikteam und die Theatergruppe unter der Leitung von Dave Holombo kamen um sechs Uhr für Proben und Soundchecks und eröffneten um neun Uhr den Gottesdienst mit den besten Stücken ihres Repertoires. Danach füllte eine mitreißende Diashow die gigantische Leinwand. Schließlich las Dr. Bilezikian die Schriftlesung und Bill predigte zum Thema »Neuanfänge«.

Im Lauf der Jahre wurde unser besucherorientierter Gottesdienst zunehmend reifer, wie wir auch, aber damals war alles, was wir taten, von der Energie und Kraft der Jugend geprägt. Die Musik war laut, die Theaterstücke derb (manchmal weit über die Grenze des Akzeptablen hinaus), und Bill lief auf der Bühne hin und her ohne Aufzeichnungen, ohne Kanzel – er hatte nur eine Bibel in der Hand und eine Gliederung im Kopf. Aber diese Gottesdienste waren wie elektrisiert durch die Kraft Gottes und unsere ernsthaften Wünsche.

Wir wollten unbedingt einen Raum schaffen, wohin kirchendistanzierte Menschen mit geistlichem Hunger kommen und die Wahrheit hören konnten, die ihr Leben verändern konnte, dieses Leben hier und das Leben in der Ewigkeit. Wir wollten zeitgemäße christliche Musik einsetzen, deren Texte geistliche Erfahrungen vermitteln, die an das wirkliche Leben angebunden sind. Manchmal spielten wir weltliche Lieder, die inhaltlich die Frustrationen und Sehnsüchte der Menschen ohne Gott ansprachen, Lieder wie »Desperado«, das eindringlich die geistliche Leere der siebziger Jahre beschreibt. Mit unseren Theaterstücken und Multimediashows wollten wir den suchenden Menschen zeigen, daß wir die Herausforderungen, Sehnsüchte, die Freuden und das Leid ihres Lebens verstanden. Die Kommentare von Dr. Bilezikian und die Predigten von Bill sollten ihnen zeigen, daß Gottes Wort klar und kraftvoll in jede Situation hineinsprechen kann.

Von Anfang an war unser Wunsch, Menschen in einen Augenblick der Wahrheit hineinzuführen, in dem sie sich für Gottes Weg entschließen, ihre Schuld bekennen, sich Christus, ihrem Erlöser, zuwenden und ein Teil der Gemeinschaft der Christen werden konnten.

Eine wachsende Herausforderung

In den folgenden Wochen kehrten die Neugierigen und Sympathisanten zu ihrer gewohnten Sonntagmorgenroutine zurück und unsere Besucherzahlen sanken. Viele sagten: »Diese Jugendlichen machen ja ganz interessante Sachen, aber für mich ist das nichts.« Viele Christen fühlten sich nicht wohl mit unserer einzigartigen Dienstphilosophie, und wir hatten unsere Glaubwürdigkeit noch nicht in der kirchendistanzierten Welt bewiesen. Wir waren also so etwas wie Niemandsland. Manchmal waren in diesem ersten Winter mehr Leute auf der Bühne als im Zuschauerraum.

Mit der Zeit verlor auch die Umgestaltung des Kinos am frühen Morgen den Glanz der Neuheit. An manchen Tagen versuchte Joel verzweifelt, einen launischen Lkw in Gang zu bringen. Manchmal mußten diejenigen von uns, die zu den Musikproben gingen, Popcorn im Vorraum zusammenkehren oder, schlimmer, Erbrochenes wegwischen oder die Toiletten putzen, die auch als Wickelraum genutzt wurden. Als immer mehr Familien mit kleinen Kindern kamen, wurde das Labyrinth der Raumteiler, mit denen wir die Sonntagsschulklassen abtrennten, immer undurchdringlicher und schwieriger aufzustellen. Als wir später mehrere Gottesdienste abhielten, mußten wir kämpfen, daß wir unsere ganze Ausrüstung vor der Nachmittagsvorstellung wieder aus dem Kino brachten. Oft mußten Mitglieder des Produktionsteams die Ausrüstung hinausschleppen und im Schnee stehen lassen, während andere den Lkw methodisch beluden und sorgfältig alle Kabel und Boxen und Ständer in ohnehin schon überfrachtete Ecken steckten.

Aber der besucherorientierte Gottesdienst war nicht unsere einzige Herausforderung. Im Januar 1976 wurde uns deutlich, daß die Kerngruppe, die so hart arbeitete und sich so stark investierte, dringend tieferes Bibelstudium und gemeinsame Zeiten von Lobpreis und Anbetung brauchte. Deswegen riefen wir die *New Community*, den unter der Woche stattfindenden Gottesdienst für Christen, ins Leben. Dave und Bill gestalteten auch in diesen Gottesdiensten das Programm. Beide waren zudem noch immer stark in

Son City und *Son Village* eingespannt und betreuten dort die jüngeren Leiter. Bill spielte noch in den Musikgruppen am Wochenende mit, das heißt, er mußte nahezu jede Woche an den Proben teilnehmen. Außerdem war er in den Bereichen Seelsorge und Jüngerschaft gefordert und trug fast die gesamte Verantwortung für die Finanzen der Gemeinde.

Es tut mir leid, wenn ich mich wiederhole, aber es erwies sich als weit schwieriger, eine Gemeinde zu gründen, als wir angenommen hatten.

Und doch gab es noch mehr im Leben, als eine Gemeinde zu gründen. Weniger als ein Jahr nach dem Start von *Willow Creek* wurden Bill und ich Eltern. Unsere Tochter Shauna kam am 7. August 1976 zur Welt. Ich spielte weiterhin in der Band mit und stellte Shauna in ihrem Kindersitz während der Bandproben um sechs Uhr dreißig neben mich auf die Bühne. Bill war zu den Proben auch da, und so wurde das Ganze für viele Jahre zur echten Familienunternehmung. Shauna war Gründungsmitglied der *Willow Creek*-Krabbelstube, und sie und ich wurden zu Pionieren in der Arbeit mit jungen Müttern. Als sie Jahre später das Alter für *Son City* erreichte, hatten wir das Gefühl, die Vergangenheit noch einmal zu erleben.

Es funktioniert!

In den ersten Jahren wurden wir sehr stark von traditionellen Gemeinden kritisiert, oft sogar öffentlich von der Kanzel herunter. Man nannte uns Betrüger und Scharlatane. Das Gerücht ging um, daß wir zur *Moon*-Sekte gehörten. Jugendleiter warnten ihre Jugendlichen vor der Sekte *Son City*.

Aber unter den kirchendistanzierten Menschen wuchs unsere Glaubwürdigkeit. Die Besucherzahlen nahmen ständig zu. Einige der Eltern der Jugendlichen von *Son City* wurden Christen und brachten ihre Freunde mit. Wir hielten Taufgottesdienste ab und feierten in ihnen Gottes Gnade und die Frucht unseres Einsatzes. Diese neuen Christen waren offen und begeistert, losgelöst von irgendwelchen früheren Erfahrungen mit der Kirche. Sie versuchten nicht, Kirche so zu gestalten, wie es schon immer war – die meisten von ihnen hatten ja auch keine Ahnung, wie es immer schon war.

Wie in *Son City* sprach Bill auch hier über die vertikale und die horizontale Dimension des christlichen Glaubens, das heißt, Menschen kamen zum Glauben an Christus und fanden gleichzeitig tiefe menschliche Beziehungen. Bald war es an der Zeit, die Gemeinde in kleinere Gruppen zu teilen, so wie die Teams von *Son City*. Wir nannten diese Gruppen »Zellen«. Am ersten Geburtstag der Gemeinde hatten wir sechs bis acht Zellen und fast an jedem Sonntag ein volles Haus.

Überall fühlte man sich wie in *Son City*, mit der zusätzlich aufregenden Komponente, daß erwachsene Menschen zum Glauben fanden, daß Ehen gefestigt wurden und Familien wieder neu zusammenfanden.

Unser gigantisches Glaubensprojekt schien sich auszuzahlen. Zu unserem zweiten Geburtstag füllten wir fast zwei Gottesdienste.

Die Herausforderung zur Jüngerschaft

Ja, es war wieder wie in *Son City*. Aber wie ich zuvor schon sagte, war es viel schwerer, mit Erwachsenen zu arbeiten als mit Schülern! Das Leben von Erwachsenen war so kompliziert und verwickelt, sie hatten so wenig Ermessensspielraum. Ihr geistliches Wachstum ging langsamer voran, und die emotionalen Sperren, die zu durchbrechen waren, erwiesen sich als härter. Schüler sehnen sich nach Gemeinschaft und stürzen sich kopfüber hinein; Erwachsene brauchen Gemeinschaft, fürchten sich aber gleichzeitig davor. Während das Team-Konzept in *Son City* ein absoluter Hit war, erwies es sich als extrem schwierig, in den Zellgruppen der Erwachsenen einen Gemeinschaftssinn zu etablieren. Die Leiter dieser Gruppen brachten heldenhafte Anstrengungen auf, um kreative Veranstaltungen zu organisieren, die die Einheit und das Miteinander fördern sollten, aber wir wußten nicht, wie wir tiefere Beziehungen fördern konnten, die sich bei den Schülern ganz natürlich entwickelt hatten.

Zu dieser Zeit hatten wir kein offizielles Jüngerschaftskonzept, aber Bill erkannte bald, daß Erwachsene, die sich bekehrt hatten, nur dann geistlich wachsen würden, wenn sie eine persönliche Zweierbeziehung mit einem reiferen Christen eingehen würden. Er erkannte auch, daß wir einen Kreis von starken, erwachsenen Leitern brauchten, wenn wir als *Willow Creek*-Gemeinde überleben wollten. Dank der guten Beziehung zu seinem Vater und seinem Geschäftshintergrund verstand es Bill, Beziehungen zu älteren Männern aufzubauen, besonders zu Leuten mit unternehmerischen Fähigkeiten, die in unserer Umgebung so zahlreich vertreten waren. Er verstand es auch, Leiterbegabungen aufzuspüren und die persönlichen Möglichkeiten eines Menschen wahrzunehmen. Daraufhin fing er umgehend an, sich privat mit einigen Männern der Gemeinde zu treffen.

Als in den siebziger Jahren Rackett das Ritual war, das Männer miteinander verband, verbrachte Bill Hunderte von Stunden mit Männern aus der Gemeinde auf dem Rackettplatz. Er organisierte Skiausflüge nach Colorado und lud geistlich wache Männer ein, bei denen er Leitungsgaben vermutete. Fast jeden Tag war er zum Frühstück oder zum Mittagessen verabredet. Bei diesen Treffen fragte er immer ganz direkt und mutig: »Wo stehen Sie geistlich? Wo möchten Sie hinkommen? Wie können wir Ihnen helfen?« Auf Papierservietten skizzierte er ihnen den »Plan der Erlösung« und schickte sie mit Fragen zum Nachdenken und mit neuen Herausforderungen an ihre Arbeitsplätze zurück. Viele dieser Männer waren ziemlich standhaft gegenüber geistlichen Veränderungen und brauchten vermutlich Bills direkte Konfrontation, um über geistliche Belange nachzudenken, aber ich machte mir regelmäßig Sorgen, wenn mir Bill von den Gesprächen mit seinen neuen Freunden erzählte. »Das hast du gesagt?« Ich konnte es nicht glauben, daß diese Leute wieder kamen und mehr davon haben wollten.

Als diese Männer mit der Zeit wahrhaftige und wachsende Christen wurden, wandelte sich die Frage »Wie können wir Ihnen helfen?« oft zu »Wie können Sie uns helfen?« und »Wir können diese Gemeinde nicht ohne Sie bauen.« Viele Männer, die heute Mitglied unseres Gemeindevorstandes sind, wurden auf diese Weise zu Christus geführt und hingegebene Christen.

Leider hatten nur wenige der jungen erwachsenen Leiter unserer Startgruppe die Lebenserfahrung oder die Fähigkeiten auf der Beziehungsebene, die nötig waren, um mit den erwachsenen Männern zu arbeiten, die zunehmend die Sitze des *Willow Creek*-Kinos füllten. Daraus entstand für Bill die große Herausforderung, Menschen in die Nachfolge Jesu zu rufen und in ihrer Jüngerschaft anzuleiten. Die immense Last dieser Verantwortung motivierte uns später, unser umfangreiches Konzept für Jüngerschaftsgruppen zu entwickeln.

Besondere Veranstaltungen

Eine der größten Hürden, die man bei jeder Gemeindegründung überwinden muß, ist, die nötige »kritische Masse« zu haben, um die laufenden Dienste zu unterstützen. In den Zeiten, in denen sich auf der Bühne normalerweise mehr Leute befanden als im Zuschauerraum, lernten wir, wie unser Überleben als Gemeinde davon abhing, ob es uns gelang, möglichst schnell neue Leute anzuziehen. Deswegen planten wir besondere Veranstaltungen wie Konzerte, Musicals oder besondere Gottesdienste an Karfreitag, Ostern und Weihnachten und ermutigten unsere Gemeindemitglieder, ihre kirchendistanzierten Freunde dazu einzuladen. Wir fanden heraus, daß viele Menschen, die an einem normalen Sonntag keinen Gottesdienst besuchen würden, offen waren, zu einer einmaligen Veranstaltung zu kommen.

Natürlich waren solche Veranstaltungen für viele zwar der erste, nicht aber der einzige Besuch. Andere folgten. »Ich kam an Ostern zusammen mit einem Freund und es gefiel mir. Ich wollte am nächsten Sonntag wiederkommen und komme seitdem immer hierher. Vor zwei Jahren bin ich schließlich Christ geworden.« Im Laufe der Jahre haben wir Geschichten wie diese immer wieder gehört.

In diesen ersten Jahren hielten wir oft wunderschöne Tauffeiern ab und entdeckten, daß kirchendistanzierte Freunde und Familienangehörige oft gerne mitkamen, um diese besondere Erfahrung mit einem neubekehrten Christen zu teilen. Viele von ihnen wurden angesprochen durch die Musik, die Botschaft der Gnade und die Berichte von verändertem Leben – und sie kamen wieder, um mehr darüber zu erfahren.

Wir veranstalteten Frauen-Essen und Männer-Frühstücke, bei denen besondere Redner über persönliches Wachstum aus christlicher Sicht sprachen, die Geschichte ihres Weges zum Glauben erzählten oder eine biblische Perspektive zu allgemein interessierenden Themen aufzeigten. Diese Veranstaltungen wurden so gestaltet, daß unsere Gemeindemitglieder Freunde dazu einladen konnten, die noch nicht »reif« waren, einen normalen Gottesdienst zu besuchen. Ich habe inzwischen von anderen Gemeindegründungen gehört, die Familienpicknicks, Marathonläufe, Radausflüge, Baseballunterricht, Seminare für Eltern, Sportabende und Jugendfeste veranstalten, um Anknüpfungspunkte zu kirchendistanzierten Menschen zu schaffen.

Für uns erwiesen sich solche besonderen Veranstaltungen als großer Segen, um Menschen anzulocken und in den christlichen Glauben und unsere Gemeinde einzuführen. Auf der anderen Seite forderten diese Menschen viel Zeit und Energie von einer kleinen Gruppe, die sich schon zu viele Dienste aufgebürdet hatte. Doch jedes Mal, wenn wir wieder die Geschichte eines »ersten Besuches« hörten, der schließlich zur Bekanntschaft dieses Menschen mit seinem Erlöser führte oder der durch eine Taufe besiegelt wurde, waren wir ermutigt, die nächste außerordentliche Veranstaltung zu organisieren.

Räumlichkeiten und Finanzen

Bevor wir 1981 in unser eigenes Gemeindehaus umzogen, fand unser Gemeindegottesdienst unter der Woche in ständig wechselnden Räumen und sogar an verschiedenen Tagen statt. Das Kino bot den Wochenend-Gottesdiensten eine zwar feste, aber wenig gastliche Heimat. Wenn wir versehentlich einen Teil unserer Ausrüstung im Kino vergessen oder ein anderes kleineres Vergehen begangen hatten, erhöhte sich die Miete und uns wurde mit der Kündigung gedroht. Zum Glück befand sich unter den ersten, die sich bekehrten, ein Geschäftsmann, der außerordentliches diplomatisches Geschick besaß. Öfter, als uns lieb war, mußte er sich für uns einsetzen und wegen der Miete für die nächste Woche verhandeln. Manchmal wußten wir am Freitag oder Samstag noch nicht, ob wir am Sonntag das Kino benutzen durften, und wir hatten natürlich wie immer keinen Plan B. Ein Jahr, nachdem wir ausgezogen waren, ging das Kino bankrott und wurde in eine Festhalle umgewandelt. Am fünfzehnten Geburtstag von *Willow Creek* hielten wir dort ein Festessen für alle Leiter und Mitarbeiter der »Kino-Tage« ab. Es war eine wunderschöne Gelegenheit, sich zu erinnern – und sich zu freuen, daß diese Tage weit hinter uns lagen.

Wie für viele Gemeinden in der Gründungsphase war für uns die Frage nach den Räumlichkeiten eher sekundär. Im Vordergrund standen die Finanzen. Ich übertreibe nicht, wenn ich sage, daß wir immer nur eine Woche vor dem finanziellen Ruin standen. Weil wir wußten, wie empfindlich kirchendistanzierte Menschen waren, wenn es um Geld ging, sammelten wir die ersten zwei Jahre keine Kollekte ein. Wir stellten einfach einen Korb auf einen Tisch im hinteren Raum des Kinos und druckten ins Programm einen Hinweis. Wer uns unterstützen wollte, konnte dies beim Verlassen des Gottesdienstes tun. Offensichtlich wollten dies nur wenige Neuankömmlinge, und bei den anderen wurde die Motivation, »ihre Spende in den Korb zu werfen«, durch die zunehmend überfüllte Eingangshalle erdrückt.

Durchschnittlich hatten wir etwa sechshundert Dollar pro Woche, davon zahlten wir zweihundertfünfzig Dollar Miete für das Kino und dreihundert Dollar für die Multimediashows. Im Rückblick erscheint es haarsträubend, mehr als die Hälfte unseres wöchentlichen Einkommens für Medien auszugeben, aber Mitte der siebziger Jahre war dies eine frische Kommunikationsform, die äußerst effektiv war, um Themen, Werte oder biblische Aussagen direkt in die Herzen der Menschen zu bugsieren. Sicher war dies keine sehr logische Ausgabe, aber Logik war nie eine unserer Stärken.

Schließlich sammelten wir auch in den Wochenend-Gottesdiensten eine Kollekte ein, aber immer mit dem Zusatz, den wir auch jetzt noch verwenden: »Wenn Sie nur zu Gast sind, betrifft Sie dieser Teil des Gottesdienstes nicht. Sie sind unser Gast. Fühlen Sie sich nicht verpflichtet, etwas zu geben.« Wenn die Kollekte so viel übrigließ, daß Bill ein Gehalt von fünfunddreißig Dollar pro Woche bekam, hatten wir das Gefühl, daß die Fenster des Himmels über uns weit offen standen.

Wie macht Ihr das?

Während der letzten Jahre von *Son City* und der ersten Jahre von *Willow Creek* besuchte Bill als Berater von Zeit zu Zeit Jugendgruppen. Eine Gruppe, zu der er regelmäßigen Kontakt hatte, war die Jugendgruppe der *Garden Grove Community Church* in Garden Grove in Kalifornien (heute die *Crystal Cathedral*). Anläßlich eines solchen Besuches bat ihn Dan Webster (der damalige Leiter der High-School von Garden Grove und spätere Mitarbeiter bei *Willow Creek*, wo er über ein Jahrzehnt *Son City* leitete), den Leitern der Schülerarbeit genau zu beschreiben, welchen Prozeß die Schüler durchlaufen hätten, bis sie von ungläubigen Schülern zu ernsthaften Nachfolgern Christi wurden.

Bill hatte eine Stunde Zeit, sich auf diese Präsentation vorzubereiten. Zurückgezogen in einem Büro in Südkalifornien, blickte Bill zurück auf die Jahre von *Son City* und versuchte, ein klares Bild des Prozesses zu entwickeln, der sich im Leben der Schüler vollzogen hatte. Auf einer Papierserviette skizzierte er, was er sah. Minuten später stand er vor den Leitern.

Zunächst beschrieb er, wie er die Jugendlichen von *Son City* herausgefordert hatte, Beziehungen zu kirchendistanzierten Jugendlichen aufzubauen. Er hatte ihnen gesagt, daß Menschen, die in Gefahr stehen, verloren zu gehen, Gott sehr wichtig sind und daß Christen sie deshalb kennenlernen müßten und lernen, sie zu lieben.

Danach erklärte er den Leitern, wie er die Jugendlichen von *Son City* ermutigt hatte, von ihrem Glauben zu reden und wie er sie gelehrt hatte, in einfachen Worten und ganz authentisch von der Realität Jesu Christi in ihrem Leben zu erzählen.

Wenn die Jugendlichen merkten, daß ihre Freunde daran interessiert waren, mehr über den christlichen Glauben zu erfahren, luden sie sie zu den wöchentlich stattfindenden evangelistischen Veranstaltungen von *Son City* ein. Woche für Woche bekamen sie dort Antworten auf ihre Fragen zur Bibel, zu Jesus und darauf, was es heißt, Christ zu werden.

Wenn sie Christen wurden, luden wir sie zu *Son Village* ein, damit sie durch intensivere Gottesdienste und Bibelstudien geistlich wachsen konnten.

Der nächste Schritt war, in verbindlichere Beziehungen zu den anderen Mitgliedern ihres Teams hineinzuwachsen und so zu lernen, die Predigten und Bibelstudien im praktischen Leben umzusetzen.

Schließlich wurden sie ermutigt, ihre geistlichen Gaben zu entdecken und sie für Gott und andere Menschen einzusetzen. Dienst galt als ein Akt des Gehorsams gegenüber Gott, aber andererseits erlebten die Jugendlichen durch die Zugehörigkeit zu einem Dienstteam Kameradschaft und ein besonderes Zusammengehörigkeitsgefühl.

Zuletzt wurden die Jugendlichen herausgefordert, aus Dankbarkeit für alles, was Gott in ihrem Leben getan hatte, ihre Zeit, ihre Energie und ihr Geld Gott zur Verfügung zu stellen.

Dann beschrieb Bill, wie die Jugendlichen, die diesen Prozeß der wachsenden Hingabe an Christus durchlaufen hatten, schließlich den Kreis dadurch wieder schlossen, indem sie selbst ihre kirchendistanzierten Freunde einluden und mit ihnen die Realität ihres Glaubens teilten.

So entstand die »Sieben-Schritte-Strategie« von *Willow Creek* – »Wie aus gottfernen Menschen ganz hingegebene Nachfolger Christi werden« – aus einer Gliederung, die in roter Tinte auf eine weiße Papierserviette geschrieben wurde. In ausführlicher Form finden Sie diese Strategie in Kapitel 11.

Allerdings lebte diese Strategie schon lange, bevor Bill sie in Worte faßte. Sie war aus gesundem Menschenverstand und der Führung des Heiligen Geistes heraus entstanden. Sie bestand aus einer Reihe von Schritten, die ganz natürlich aufeinander folgten. Es war ein ganz einfacher und pragmatischer Weg, um Jugendliche – und später Erwachsene – in das Reich Gottes hineinzulieben.

Eine von Gott inszenierte Begegnung

Im Herbst 1976 war Bill wieder in Garden Grove, diesmal zusammen mit den Mitarbeitern, den Zellgruppenleitern und anderen Leitern von *Willow Creek*, um an einer Pastorenkonferenz teilzunehmen. Während dieser Konferenz landete unsere gesamte Abordnung irgendwie im Büro von Robert Schuller, das sich zu dieser Zeit im obersten Stockwerk des »Gebetsturms« befand. Bill berichtete Dr. Schuller von unseren Bemühungen, eine Gemeinde für kirchendistanzierte Menschen aufzubauen, von unseren besucherfreundlichen Gottesdiensten und von unseren Plänen, Land zu kaufen, um darauf später ein eigenes Gebäude zu bauen. Bill fragte Dr. Schuller, ob er uns einen Rat für unsere nächsten Schritte geben könnte.

Robert Schuller antwortete ihm: »Wenn Sie Gott einen Fingerhut geben, wird er ihn vielleicht füllen. Wenn Sie ihm einen Zwanzig-Liter-Eimer geben, wird er ihn vielleicht füllen. Wenn Sie ihm ein Zweihundert-Liter-Faß geben, wird er vielleicht etwas Außergewöhnliches tun wollen und auch das füllen. Wenn Gott ein Wunder tun will, sollten Sie dafür bereit sein. Wenn Sie also Land kaufen, kaufen Sie keinen Fingerhut voll Land, sondern ein Zweihundert-Liter-Faß.«

War dieser Rat logisch? Es war für einen zusammengewürfelten Haufen junger Erwachsener wie uns schon lächerlich, auch nur von einem Fingerhut Land zu träumen. Und hier saßen wir, zusammengedrängt in einem Büro in schwindelnder Höhe, und waren dabei, uns dem Erwerb eines »Zweihundert-Liter-Fasses« zu verschreiben. Wurden wir durch einen cleveren Kommunikator hypnotisiert, der einen geschickten Appell an unsere Gefühle richtete? Wurden wir in einen Traum gelockt, der mehr aus unserer Selbstüberschätzung als aus dem Gehorsam gegenüber Gott gespeist wurde? Wurden wir »aufgeblasen« durch die Bestätigung eines so hoch geschätzten Mannes – des einzigen glaubwürdigen »Erwachsenen«, der uns ermutigte? Wurden wir Opfer unseres eigenen jugendlichen Enthusiasmus?

Wenn ich jetzt nach so vielen Jahren zurückblicke, denke ich, daß sich an diesem Tag genau das ereignete, was an der Zeit war: eine von Gott arrangierte Begegnung. Wir kehrten wie verwandelt nach Hause zurück. Wir hatten einen Schimmer unserer Zukunft sehen können, wir hatten ein ganz neues Gefühl von göttlicher Vorsehung, das uns geradezu vorwärtskatapultierte. Wir wurden demütig, wenn wir an die Verantwortung und an die möglichen Herausforderungen dachten, aber genauso waren wir begeistert von den Möglichkeiten, die sich dadurch eröffneten, und wir waren aufs neue von unserer unbezweifelbaren Berufung überzeugt.

Wir erinnerten uns wieder an die Worte des alten Kirchenliedes »Vertraue und gehorche«, und wir glaubten fest daran, daß wir – egal, wie absurd es auch erschien – im Glauben vorwärtsgehen und uns auf das mögliche machtvolle Wirken der wunderbaren Kraft Gottes vorbereiten sollten. Wir mußten nur noch ein »Zweihundert-Liter-Faß« finden.

Auf dem Weg zum Unmöglichen

Etwa sechs Monate nach Gründung der Gemeinde bildete Bill aus einigen Erwachsenen einen Ausschuß, der in Finanzangelegenheiten beraten, bei Entscheidungen helfen und generell für die Finanzen der Gemeinde mitverantwortlich sein sollte. Als Bill begann, sich nach einem Grundstück umzusehen, spielte dieser Ausschuß eine wichtige Rolle. Diese cleveren Geschäftsmänner hatten alle Erfahrungen mit Gesetzen, Finanzen und Grundbesitz, die Bill fehlten. Aber in ihrem noch jungen und eifrigen Christsein teilten sie seinen unverrückbaren Glauben – »mit Gottes Hilfe ist nichts unmöglich« – und seinen Optimismus, diesen Schritt im Glauben zu gehen. Als Bill also erfuhr, daß ein Grundstück von zweiundvierzig Hektar nur siebzehn Kilometer vom *Willow Creek*-Kino entfernt für 600 000 $ verkauft werden sollte, besichtigten diese Ausschußmitglieder das Land, beteten um Führung und gaben schließlich ihre Zustimmung. Das Grundstück lag an einer Hauptstraßenkreuzung in dem Chicagoer Vorort South Barrington.

Robert Schuller kam uns dann sehr entgegen und sprach an einem Samstagabend im Juni 1977 bei unserem Bankett, das wir im Ballsaal des *Sheraton*-Hotels in Des Plaines in Illinois veranstalteten. An diesem Abend wollten wir zu Spenden für unseren Grundstückskauf aufrufen. Wir hatten hierfür eine Multimedia-Präsentation vorbereitet, die kurz die Geschichte unserer Gemeinde darstellte und einen Blick auf unsere Vision für die Zukunft warf. Extra für diesen Anlaß hatte Dave Holombo einen Song geschrieben: »Was könntest du dir besseres wünschen, als mitzuhelfen, daß zerbrochene Leben wieder ganz werden? Was könntest du dir Besseres wünschen, als in Augen zu schauen, die einst blind waren und nun sehen?«

Wir sangen diese Worte immer und immer wieder und verpflichteten uns aufs neue dem Traum, den Gott uns gegeben hatte, dem Traum, eine ständige Heimat für eine nach biblischen Maßstäben funktionierende Gemeinschaft zu bauen, die kirchendistanzierte Menschen erreichen und ihnen helfen wollte, zu völlig hingegebenen Nachfolgern Christi zu werden. Robert Schuller bestärkte vor den etwa tausend Anwesenden den Wert und die Möglichkeiten dieses Traumes. Schließlich eröffnete Bill den Anwesenden, daß wir zur Verwirklichung dieses Traumes 600 000 $ brauchten, um zweiundvierzig Hektar Land an der Kreuzung *Barrington* und *Algonquin Road* zu kaufen.

Wir waren uns bewußt: Als Ziel für eine junge Gemeinde mit einer Handvoll junger Leute in der Leitung konnte man das eigentlich nicht ernst nehmen. Aber wir waren dennoch überzeugt, daß die Leute bereitwillig spenden würden. Vor diesem Bankett hatte unser Finanzausschuß mit einer örtlichen Bank vereinbart, daß die Bank jedem, der sich an diesem Spendenprojekt beteiligen wollte, ein Niedrig-Zins-Darlehen in Höhe von tausend Dollar anbot, das innerhalb von zwei Jahren rückzahlbar sein sollte. Diejenigen von uns, die sowieso schon alle ihre Ersparnisse in die Gemeinde gesteckt hatten, waren die ersten, die sich um ein Darlehen bemühten. Bill und ich nahmen jeweils Darlehen über 2 000 $ auf. Andere Leitungsmitglieder gaben 1 000 $ oder 3 000 $. Später sagte einer sehr treffend: »Die Frage war nicht: ›Kann ich oder soll ich?‹, die Frage war: ›Wieviel kann ich?‹«

Wir konnten uns nur vorstellen, was Erwachsene mit einer »richtigen« Arbeit spenden würden, besonders, wenn sie von diesem Darlehensangebot hörten. Am Freitag schwirrten durch das Gemeindebüro die wildesten

Spekulationen: »Ich denke, wir erreichen …« « Nein, ich denke, es wird …«
Wir waren überzeugt, das Ziel zu erreichen, und planten schon eine Siegesfeier im Sonntagsgottesdienst.

Bauchlandung in der Wirklichkeit

Nach dem Bankett fuhr Bill ins Büro und zählte das eingegangene Geld und die Karten mit den Geldzusagen. Es waren insgesamt 425 000 Dollar. Bill war am Boden zerstört. Dies war der erste große Rückschlag, den er in seinem Dienst erlebte. Was sollte das bedeuten? Wo hatte er Fehler gemacht? Was sollte er nun machen? Er war völlig durcheinander, aber er wußte, daß er sich den Luxus nicht leisten durfte, sich dieser Verwirrung hinzugeben. Irgendwie mußte er mit seiner eigenen Verzweiflung zurechtkommen, damit er andere aus ihrer Enttäuschung herausführen konnte. Er mußte sich selbst und die anderen wieder auf die Wahrheit ausrichten, die in *Son City* so offensichtlich war und an die er glauben wollte: Gott hat die Kontrolle, und er ist absolut vertrauenswürdig.

Am nächsten Tag verkündete Bill, daß wir unser Ziel nicht erreicht hätten und nicht in der Lage seien, das Grundstück jetzt zu kaufen. Wir würden neu überlegen und die nächsten Schritte entscheiden. Es fiel ihm schwer, diese Worte auszusprechen, und er hatte Mühe, seine Tränen zurückzuhalten.

Die Stimmung war in dieser Woche alles andere als elektrisiert. Bill regte sich nicht über die Leute auf. Es hatte sich nur gezeigt, daß nicht so viel Geld zusammengekommen war, wie er gedacht hatte. Natürlich gab es auch Überraschungen. Leute, von denen er gedacht hatte, daß sie nichts geben könnten, nahmen große Darlehen auf. Aber andere, von denen er hoffte, 10 000 $ oder 15 000 $ oder 20 000 $ zu erhalten, gaben nur 5 000 $ – oder auch gar nichts.

Gleich nach dem Sonntagsgottesdienst, in dem Bill verkündete, daß wir das Ziel nicht erreicht hätten, kam ein Geschäftsmann der Gemeinde auf Bill zu und sagte: »Das ist ein guter Anfang. Haltet den Spendenaufruf aufrecht, und wir werden die Summe in ein paar Wochen zusammenhaben.«

Bill sagte: »Sie verstehen das nicht. Jeder von uns hat seinen letzten Pfennig gegeben.«

»Nein«, sagte der Mann, »das glaube ich nicht.«

Der Mann hatte vermutlich recht, aber in diesem Augenblick konnten wir das nicht sehen. Wir konnten uns nicht vorstellen, daß noch jemand Rücklagen hatte. Uns kam nicht einmal annähernd der Gedanke, daß nicht alle Menschen genauso bedingungslos ihren Glauben leben konnten, wie wir es taten. Im Laufe der Jahre lernte Bill, daß es unrealistisch ist, eine so riesige Summe innerhalb einer Abendveranstaltung aufzubringen. Menschen halten sich natürlicherweise anfangs etwas zurück und geben dann um so großzügiger, wenn sie genug Zeit haben, die Vision aufzunehmen und den Bedarf einzuschätzen. Aber Bill war 1977 noch in allem ein Anfänger.

Gedemütigt

Die Frau, die das Grundstück verkaufte, wollte Bargeld sehen. Sie weigerte sich, eine Anzahlung anzunehmen, und bestand auf dem vollen Betrag. Was bedeutete das für unseren Traum? Wie sollten wir reagieren? Was wollte Gott uns dadurch sagen?

Wir lernten ziemlich bald, was Gott uns dadurch sagen wollte: Er liebte uns mehr, als wir uns vorstellen konnten, und wollte, daß unser Traum – sein Traum – in Erfüllung ging. Wenn er also einschreiten mußte, um uns und den Traum zu schützen, würde er dies tun – und er tat es, auch wenn wir es nicht verstanden.

Kurz nachdem der Grundstückskauf geplatzt war, erfuhren wir, daß dieses Stück Land vom Staat zum Naturschutzgebiet erklärt worden war. Hätten wir das Land gekauft, hätten wir zwar unser Geld zurückbekommen, aber möglicherweise erst nach einigen Jahren und nicht mehr den vollen Betrag! Ich kann diese Geschichte nicht erzählen, ohne innerlich noch einmal den Gefühlssturm zu spüren, den wir damals erlebten. Wir wurden uns erschrocken bewußt, daß Gott hier souverän eingegriffen hatte. Wir erkannten, wie liebevoll wir bewahrt worden waren. Wir fühlten große Dankbarkeit. Hoffnung. Wir fühlten uns gedemütigt durch die Bestätigung der Berufung, die dem Zweifel auf dem Fuß folgte.

Nach einigen Monaten erfuhren wir, daß ein Grundstück, das vergleichbar mit dem ersten war, für 660 000 $ verkauft wurde. Der Besitzer wollte eine Anzahlung und einen Vertrag über die Restzahlung. Am 26. November 1977 um 14 Uhr, gerade sechs Wochen nach dem zweiten Geburtstag von *Willow Creek*, wurden wir Besitzer von sechsunddreißig Hektar Hügelland, Wiesen und Wald in der *East Alonquin Road* 67 in South Barrington in Illinois. Wir hatten große Ehrfurcht vor dem mächtigen Handeln Gottes.

Das Wunder von *Son City* schien sich fortzusetzen.

Kapitel 4

Schiffbruch

1979

»Für mich waren die Tage von Son City und die ersten Jahre von Willow Creek berauschend. Der Zeitaufwand und die harte Arbeit wurden in den Schatten gestellt durch die tiefe Freude, die das Bewußtsein bereitete, dies alles gemeinsam zu tun und zu erleben. Aber 1980 verließ ich Willow Creek. Obwohl ich nur sieben Minuten von dem neuen Gemeindehaus entfernt wohnte, betrat ich das Gelände über drei Jahre lang nicht. Ich fühlte mich wie nach einer schmerzhaften Scheidung. Die Rückkehr dauerte lange und war sehr schmerzvoll.«

Nancy Beach
Programmdirektorin von *Willow Creek*

Die ehrenamtlichen Mitarbeiter und Leiter, die vom Leitungsteam von *Son City* zum Leitungsteam von *Willow Creek* gewechselt waren, genossen ein außergewöhnliches Gemeinschaftsgefühl. Wir fühlten uns zueinander hingezogen durch eine großartige Sache, die wir uns zu eigen gemacht hatten. Wir waren wie Soldaten im Schützengraben, die die Schlacht gegen den Teufel kämpften; wir wußten um den Einsatz, aber wir glaubten daran, daß wir gemeinsam die Herausforderung annehmen könnten.

Aber unsere Beziehungen gingen noch darüber hinaus. Wir waren Freunde, wir waren Familie und wir genossen unsere Beziehungen, die von Liebe, Vertrauen und Offenheit geprägt waren. Wir verbrachten auch außerhalb der Gemeinde viel Zeit miteinander, ganz einfach, weil wir gerne zusammen waren.

Die Hingabe an den gemeinsamen Traum und unsere echte Freundschaft schufen einen richtigen Teamgeist. In *Son City*, South Range, waren Bill und Dave ganz klar die Leiter des Dienstes gewesen, aber nie in einem autoritären Sinn. Sie waren zusammen und an der Seite der Jugendlichen in diesen Dienst einbezogen und die Lehre Dr. Bilezikians über »Dienende

Leiterschaft« bestärkte dieses Leitungsverständnis. Ein Leiter war nicht »Herr über alles«, sondern er sollte die anderen ermutigen und unterstützen.

Das Ergebnis unseres Verständnisses von Freundschaft, Teamarbeit und dienender Leiterschaft war, daß wir bei der Gründung von *Willow Creek* keinen Hauptpastor ernannten. Bill hatte den Titel des Pastors für Organisation. Er war dafür verantwortlich, die Arbeit der anderen Mitarbeiter zu koordinieren. »Koordinieren« war ein locker definierter Begriff, der keinerlei Autorität ausdrückte. Es gab tatsächlich keinerlei Autoritätsstruktur unter den Mitarbeitern. Genausowenig gab es einen leitenden Ältestenkreis. Das heißt, die Gemeinde wurde von einem Mitarbeiterteam geleitet, in dem es keine formalen Verantwortlichkeiten oder Autoritäten gab.

Heute klingt das unglaublich naiv, aber es hatte in *Son City* funktioniert. Drei Jahre lang leiteten Bill und Dave in die Richtung, in die sich jeder von Gott geführt fühlte, und sie schienen letztlich immer in dieselbe Richtung zu gehen. Alle übrigen folgten ihnen auf dem Fuß, und alles funktionierte wunderbar.

Ungefähr zum zweiten Geburtstag von *Willow Creek* merkte Bill, daß dieses System seine Zeit gehabt hatte. Weil niemand irgend jemandem Rechenschaft schuldig war, gab es keine Verbindlichkeit. Bill konnte die Arbeit der übrigen Mitarbeiter koordinieren, wenn sie das wollten; wenn sie es nicht wollten, konnte er nichts machen. Und er hatte zunehmend das Gefühl, daß sie es nicht wollten. Leute schienen in alle Richtungen gleichzeitig zu laufen. Wenn ein Anruf für einen bestimmten Mitarbeiter ins Büro kam, konnte es vorkommen, daß niemand wußte, wo die betreffende Person zu finden war – manchmal für Stunden, manchmal aber auch für einige Tage. Ein Mitarbeiter konnte eine Anschaffung für die Gemeinde tätigen, für die kein Geld da war. Ein anderer Mitarbeiter konnte eine wichtige Aufgabe nicht bewältigen oder zeigte die Anzeichen von geistlicher Verwirrung oder Selbstverurteilung. Bill konnte eine Mitarbeiterversammlung einberufen und einen wichtigen Tagesordnungspunkt vorbereiten, um dann mit Leuten zu kämpfen, die sich nur um ihre eigene innere Uhr kümmerten. Wenn Bill versuchte, einen dieser Punkte anzusprechen, hieß es: »Wer bist du? Du hast keinerlei Autorität. Wir glaubten doch, einander vertrauen zu können.«

Der Preis des Erfolges

Es lag nicht daran, daß die Mitarbeiter ihre Hingabe an den gemeinsamen Traum aufgegeben oder die Begeisterung für den Dienst verloren hätten. Im Gegenteil stieg die Begeisterung noch durch den ständigen Strom von Bekehrungen und durch die Steigerung der Zahl der Gottesdienstbesucher am Wochenende auf fast 2 000. Wir waren stolze Besitzer eines Grundstückes und konnten von den umfangreicheren Diensten träumen, die eine dauerhafte Heimat gewährleisten würde. Der Traum war so großartig und farbenfroh wie immer.

Aber was der Traum von uns forderte, richtete uns nahezu zugrunde. Die Mitarbeiter arbeiteten härter als je zuvor. Das Tempo unseres Lebens war völlig ungesund. Von Anfang an hatten wir mit der Spannung zwischen unserem Privatleben und dem Dienst zu kämpfen. In dieser Zeit nahm die Spannung ständig zu, weil der Dienst mühelos jede freie Minute unseres Terminkalenders belegte. Unser Privatleben zog den kürzeren – falls es ein Privatleben gab. Zu oft gab es keines.

Bill und ich führten unsere Ehe meistens nur auf dem Papier – und traurigerweise ging es uns noch besser als einigen anderen Ehepaaren im Leitungsteam. Mit Freundschaften verhielt es sich nicht anders als mit den Ehen; es gab eigentlich keine Zeit mehr, um zusammen Freizeit zu verbringen oder gemeinsam zu essen. Bills morgendliche Besprechungen mit den übrigen Mitarbeitern fielen seinen Treffen mit verschiedenen Männern der Gemeinde zum Opfer. Die fröhlichen Feste von Freunden, die hart zusammen gearbeitet hatten, um ein Ziel zu erreichen und Gottes Segen bezeugt hatten, waren zum unerschwinglichen zeitlichen Luxus geworden, den wir uns nicht länger leisten konnten. Es zählte nur noch der nächste Termin, das nächste Programm, das nächste Bedürfnis, alles spielte eine größere Rolle als die Freude des Augenblickes. Sogar Zeit mit Gott zu verbringen, wurde zum unerschwinglichen Luxus. Für viele ersetzten die gewaltigen Anforderungen, eine öffentliche Veranstaltung über Gott zu planen, die Gelegenheit, selber eine persönliche Zeit mit Gott zu verbringen.

Bill sah die gefährliche Zersplitterung des Mitarbeiterteams. Er spürte auch das zunehmende Gewicht von Sorgen, um die er sich in *Son City* überhaupt nicht hatte kümmern müssen: Grundstück, Gebäude, Hypotheken, Budgets in Millionenhöhe. Wenn er Leute bat, sich zeitlich und finanziell einzubringen, wollten sie wissen: »Wer ist hier verantwortlich? Wer hat das Sagen? Wer hat den Schwarzen Peter?«

Eine radikale Veränderung

Im Frühjahr 1978 mietete Bill einen Konferenzraum in einem örtlichen Hotel und rief alle Teilzeit- und Vollzeitmitarbeiter zusammen. »Wir gehen langsam aus dem Leim«, sagte er. »Wir gehen in zu viele verschiedene Richtungen. Wir brauchen eine Organisationsstruktur für unsere Mitarbeiter. Egal, für welche Form wir uns entscheiden und mit der wir alle einverstanden sind, sollten wir auf alle Fälle jemanden haben, der an der Spitze steht. Wir müssen einen Leiter ernennen.« Er schlug vor, diesen Leiter aufgrund seiner Begabung auszuwählen. »Wer von uns hat die stärkste Leitungsbegabung?« fragte er. Schweigen. »Gut, ich denke, das bin ich.«

Dann zeichnete Bill ein mögliches Organigramm auf. Es gab einige Diskussion, aber keiner konnte einen besseren Vorschlag machen, dem alle zustimmen konnten. Einige Mitarbeiter stimmten Bills Vorschlag aus vollem Herzen zu; andere akzeptierten ihn mit einem finsteren Schweigen. Bill war sich bewußt, daß es zum Bruch kommen würde, ja, er rechnete schon mit dem Zusammenbruch der ganzen Gemeinde. Er glaubte tatsächlich, daß der ganze Traum zugrunde gehen würde, wenn er nichts dagegen täte. Bill verließ das Hotel als Hauptpastor der *Willow Creek Community Church* – aber offensichtlich ohne ein von allen mitgetragenes Mandat.

Im nachhinein lassen sich bessere und viele andere Möglichkeiten finden, wie Bill mit dieser Krise hätte umgehen können. Aber er war sechsundzwanzig Jahre alt und trug das Gewicht der möglichen Zerstörung eines Traumes mit sich herum, in den Hunderte von Menschen ihre Zeit, ihre Gaben und ihr Geld gesteckt hatten. Er hatte niemals ein Seminar über Verhandlungsmethoden besucht. Er hatte nie gelernt, in Begriffen von unparteiischen Vermittlern oder Managementberatern zu denken. Er wußte nur, daß es da ein ernsthaftes Problem gab, und daß er es lösen mußte – und zwar schnell.

Wenn Bill heute bei Leiterkonferenzen betont, wie wichtig es ist, einen Leiter zu ernennen, eine klar definierte Mitarbeiterstruktur und feste Verantwortlichkeiten zu haben, bevor man eine Gemeinde gründet, liegt das daran, daß er selbst erfahren hat, wie schmerzvoll es sein kann, solche Strukturen nicht zu haben. Andernfalls fordert die unvermeidliche Zersplitterung des Mitarbeiterkreises schließlich die zwangsweise Übernahme einer Struktur, und daraus entsteht ein schwieriger Übergangsprozeß, wie wir alle sehr wohl inzwischen gelernt haben.

Einige Mitarbeiter betrachteten die Veränderung als natürlichen und notwendigen Fortschritt und begrüßten sie. Andere akzeptierten sie nie. Sie unterwarfen sich ihr, aber nahmen sie nicht an. Aus ihrer Sicht hatte Bill Vertrauensbruch begangen, ihnen Zuständigkeiten entrissen und Freundschaften unterminiert. Das waren eben nicht mehr »wir«.

Und so hielten die Spannungen an. Einige Monate lang spürte man nur ein unterschwelliges Rumoren. Bill hätte es direkt ansprechen sollen, aber er fand nie Zeit dazu. Das Leben ging weiter. Der Dienst ging weiter. Programme mußten geplant werden. Entscheidungen mußten getroffen werden. Predigten wollten geschrieben sein. Die Geschwindigkeit hielt an und nahm noch zu. Nach einiger Zeit wird die Spannung vorbeigehen, dachte Bill. Jeder wird mitmachen. Es wird kein Problem sein. Sein natürlicher Optimismus beruhigte seine Befürchtungen. Die Anforderungen, die die Gemeinde an ihn stellte, zwangen ihn dazu vorwärtszugehen.

Vorwärtszugehen hieß für Bill, im Bereich der Predigt einige wenige subtile Veränderungen einzuführen. Nachdem er Aufnahmen von John MacArthur gehört hatte, war er überzeugt, daß er sich in der *New Community* mehr auf ein vertiefendes Bibelstudium verlegen sollte. Zuvor hatte er meist über irgendwelche Themen gelehrt, aber ab dem 15. März 1978 begann er mit der Auslegung des ersten Korintherbriefes, womit er sich für den Rest des Jahres beschäftigte.

Vorwärtszugehen hieß auch, die geistliche Leitung der Gemeinde zu klären und offiziell einzusetzen. Unter den bestehenden Zellgruppen- und sonstigen Leitern wählte Bill drei Leute aus, die einen außergewöhnlichen Grad an geistlicher Reife zu haben schienen. Bei einem Treffen der Zellgruppenleiter schlug er diese Leute als mögliche Älteste vor, und die Zellgruppenleiter wählten Gilbert Bilezikian, Dick Swetman, Laurie Pederson und Bill zu den ersten Ältesten der *Willow Creek Community Church*. Obwohl Bill diese Aktion für sehr weise hielt, hatte er keinerlei Vorstellung davon, welche Schwierigkeiten die Ernennung dieser Ältesten im kommenden Jahr bereiten würde. Weder er noch irgend jemand sonst ahnte die bevorstehende Katastrophe.

Das soll das Paradies sein?

Kurz nach der Gründung von *Willow Creek* schenkte Bills Vater der Gemeinde achtzig Hektar Waldland am Tahquamenon River in Michigan. Unberührte Natur, nur mit dem Boot zu erreichen, ohne Elektrizität und andere Spuren der Zivilisation – es sah aus wie eine perfekte Reklame für ein Abenteuerlager. Unter der Leitung von Bills Kindergartenfreund Tim

VandenBos und mit gespendeten Baumaterialien und freiwilligen Arbeitskräften bauten wir rustikale Hütten und einen Speise-und Aufenthaltsraum und liehen uns von der nächstgelegenen Stadt den Namen, der der Wirklichkeit ziemlich nahe kam: Paradise, Michigan.

In den ersten Jahren von *Willow Creek* veranstalteten wir jedes Jahr in der Woche vor dem »Tag der Arbeit« in *Camp Paradise* eine Freizeit für Leiter, zu der alle Mitarbeiter, Zellgruppen- und sonstigen Leiter sowie deren Ehepartner eingeladen waren. Dort war Zeit für Erholung, für Bibelarbeiten, für Beziehungspflege und strategische Planung. Für die Nicht-Camper unter uns war es eine große Herausforderung, aber es war immer eine erfrischende Zeit – auch ohne die Zerstreuungen des »normalen« Lebens.

Aber das Camp zum »Tag der Arbeit« 1978 zerstörte den Charme unserer jährlichen Freizeiten. Am Freitagabend entdeckte Bill, daß ein Mitglied des Leitungskreises in etwas verwickelt war, das sowohl seine persönliche Stabilität als auch die Integrität des gesamten Leitungskreises beeinträchtigte. Einige Monate zuvor fielen Bill an dieser Person schon Verhaltensmuster auf, die in dieselbe Richtung deuteten; er hatte dies angesprochen und wurde daraufhin heftig beschuldigt, übermäßig mißtrauisch und verurteilend zu sein und zu einer Gesetzlichkeit zu neigen, der wir alle entkommen wollten. Bill wollte das Beste glauben und lenkte ein, aber seine Vermutungen erwiesen sich als richtig.

Ich werde nie vergessen, welche Qual Bill litt, als er im Dunkeln in unserer Hütte hin und her lief und mir erzählte, was er soeben erfahren hatte. Im Schock des Augenblickes konnte er nur die absolute Katastrophe sehen. »Der Traum ist vorbei«, sagte er.

Sofort nach unserer Rückkehr nach Hause rief Bill die kürzlich ernannten Ältesten zusammen und eröffnete ihnen die tragische Wahrheit. Persönliche Gefühle wie Traurigkeit oder Ärger wurden mit Macht beiseite geschoben, als diese unerfahrenen Ältesten sich einem unerwarteten Problem gegenübersahen: Was machen wir jetzt?

Es handelte sich um ein zerstörerisches, fortdauerndes Verhalten, das nicht einfach unter den Tisch gekehrt werden konnte. Aber diese Person war ein lieber Freund, ein Mitglied des Teams, das eine gemeinsame Vision teilte, ein hingegebener Diener, der sich für den Dienst aufgeopfert hatte. Natürlich mußte man wegen dieses Verhaltens etwas unternehmen. Aber weder Bill noch die Ältesten konnten sich eine Zukunft des Dienstes vorstellen, wenn nicht das gesamte Team intakt war. Natürlich war der Gemeinschaftsgeist, der uns Jahre zuvor miteinander verbunden hatte, schwächer geworden, aber unter der Oberfläche hielt sich das Gefühl, daß wir hier zusammengehörten. Sicher gab es Risse durch Frustration oder sogar Feindseligkeit. Aber wir konnten das durchstehen. Und am Ende würden wir alle gemeinsam wie die Western-Helden dem Sonnenuntergang entgegenreiten – zumindest hatten wir schon immer diese Einstellung. Jeder davon abweichende Gedanke war unvorstellbar.

Um die Privatsphäre der betroffenen Person zu wahren, entschieden sich die Ältesten gegen eine öffentliche Aussprache; weder Mitarbeiter noch Leiter wurden von diesem Problem in Kenntnis gesetzt. Der Person wurde gestattet, weiterhin mitzuarbeiten, unter der Bedingung, daß sie eine professionelle Beratung in Anspruch nehmen und sich der Aufsicht der Ältesten unterstellen würde.

Das ist schlecht, dachte Bill, aber es kann alles gut gehen. Es wird an uns vorüberziehen. Wir werden wieder auf dem Weg sein, bevor wir es merken.

Zu beschäftigt, um zu trauern

Drei Wochen später ereignete sich eine Tragödie an einer anderen Front. Auf einer Fahrt nach Chicago, wo er Waren einkaufen wollte, erlitt Bills Vater einen schweren Herzinfarkt. Man fand ihn tot über dem Steuer seines Lkws zusammengesackt. Er war dreiundfünfzig Jahre alt. Bill eilte in die Stadt, um sich dem traurigsten Verlust seines Lebens zu stellen. Bills Vater war ein energiegeladener, exzentrischer Mann gewesen, mit einem Charakter, der voller Dynamik war. Er hatte jeden Tag dieselbe Kleidung getragen – eine schwarze Hose und ein weißes Hemd ohne Krawatte –, aber sein Leben hatte keine Routine gekannt. Aus einer Laune des Augenblicks heraus konnte er rund um den Globus fahren, nur mit einer Zahnbürste und seinem Paß im Gepäck. Einmal hatte er Bill mit zum Flughafen genommen und ihm gesagt: »Laß uns das nächste Flugzeug nehmen, egal, wohin es fliegt.« Der nächste Flug ging nach Jamaica. Drei Tage Karibik …

Wohlhabend, mit seinem eigenen Flugzeug, einem Sommerhaus und einer seetüchtigen Yacht, fuhr Bills Vater Gebrauchtwagen und fühlte sich am wohlsten in einem vollbeladenen Lkw. Aber er war mehr als nur ein exzentrischer Geschäftsmann gewesen. Fast jeden Sonntag hatte er eine Gesangsgruppe geistig zurückgebliebener Frauen im staatlichen Krankenhaus von Kalamazoo in Michigan geleitet, oft mit Bill oder einem seiner Geschwister im Schlepptau. Er war außerdem – und ich kann dies nicht hoch genug bewerten – Bills größter Cheerleader gewesen, er war der Mensch, der an Bills Möglichkeiten geglaubt und mehr Vertrauen in seine Fähigkeiten gezeigt hatte als irgend jemand sonst. Als Bill das Familienunternehmen verließ, um in den vollzeitlichen Dienst zu gehen, war sein Vater zwar enttäuscht gewesen, aber er hatte Bills Wahl respektiert und ihm unentwegt seine Unterstützung angeboten. Gerade jetzt, als die Welt düster aussah und Bill die Unterstützung seines Vaters mehr denn je gebraucht hätte, starb sein Vater.

Ich würde jetzt gerne sagen, daß ich in diesen schwierigen Wochen und Monaten für Bill ein starker Halt war, aber ich war es nicht. Ich trauerte wirklich mit ihm, aber ich war im vierten Monat schwanger, fühlte mich extrem schlecht, hatte ein Kleinkind zu versorgen und focht deswegen meine eigenen Kämpfe aus. Einen Monat nach dem Tod von Bills Vater fand ich mich im Haus meiner Eltern in Michigan wieder, so krank, daß ich Shauna nicht mehr versorgen konnte. Einen verzweifelten Anruf und eine mitternächtliche Fahrt später fand sich Bill an einem Bett in dem Krankenhaus wieder, in dem er sechsundzwanzig Jahre zuvor geboren worden war. Unser winzig kleiner Sohn wurde tot geboren.

Ein Verlust folgte dem nächsten. Aber Trauern braucht Zeit, und das war etwas, was keiner von uns hatte. Wie Bill später sagte: »Es mußte weitergehen. Die Gemeinde brauchte meine Leitung. Es erschien mir unpassend, dazusitzen und über den Zustand meines Herzens nachzudenken.« Ich entschied mich auch dafür, »daß es weitergehen mußte«. An unser Gemeindebüro kam eine dringende Anfrage: Eine Ehe war zerbrochen und hinterließ zwei unbeaufsichtigte kleine Kinder. Innerhalb weniger Tage wurde ich inoffiziell Pflegemutter für ein dreijähriges Mädchen und einen achtjährigen Jungen, die fast sechs Monate bei uns blieben. Shauna war damals gerade zwei Jahre alt. Das Leben ging weiter.

Zusammenarbeiten oder auseinanderleben?

Als ich heute vormittag Bills Dienstkalender von 1978 durchsah, entdeckte ich ein »unwichtigeres« Thema, das ich bei den Ereignissen des vergangenen Herbstes zu schildern vergessen hatte. Von Mitte September bis Ende Oktober war Bill mit der zweiten Serie Hausbesuche dieses Jahres beschäftigt. Sechs Wochen lang hielt er sechs Tage pro Woche an jedem Abend zwei Treffen in Privathäusern mit kleinen Gruppen von Gemeindegliedern ab, um die Vision für ein eigenes Gemeindehaus zu vermitteln und um auf den damit verbundenen finanziellen Aufwand hinzuweisen. Er glaubte, daß es wichtig war, die Vision und die Finanzen in einem intimen Rahmen vorzustellen, in dem die Leute in einer Frage-und-Antwort-Runde offen ihre

Einwände und Fragen vorbringen konnten. Ihm war auch bewußt, daß sich Menschen in einem persönlicheren Rahmen leichter eine Sache zu eigen machen und die Bedeutung ihres persönlichen Beitrages klarer erkennen können. Bei einer durchschnittlichen Gottesdienst-Besucherzahl von 2 000 denken Menschen zu leicht, daß ihre persönliche Spende weder gebraucht noch vermißt würde. In Wirklichkeit waren wir darauf angewiesen, daß wirklich alle zusammenarbeiteten. Und Bill wollte sicherstellen, daß dies auch alle wußten.

Nach sechs Wochen Hausbesuchen beraumten wir eine Extraspenden-veranstaltung an. An einem Samstagabend nach Ladenschluß mieteten wir ein Einkaufszentrum, stellten im Atrium Tische und Stühle für 1 500 Leute auf, ließen ein Abendessen servieren und präsentierten ein Konzert des *Willow Creek*-Orchesters und -Chores. Danach stellte Bill noch einmal die Vorteile dar, die ein eigenes Gemeindehaus haben würde, und forderte die Besucher auf zu spenden. Wir zählten 735 000 Dollar. Bills Eintragung für *New Community* lautete in den vorhergehenden Wochen einfach »Gebet«. Die Eintragung für die folgenden Wochen war »Lob und Dank«.

Die nächsten Monate waren für Bill ein einziger Wirbel: Treffen mit Architekten; Bildung eines Vorstandes, eines Bauausschusses und einer Lagerleitung; weiterhin persönliche Treffen mit Männern aus der Gemeinde, um sie zu aktiven Christen zu machen (dazu gehörten gelegentliche Skiausflüge und andere verbindende Aktivitäten); Wiederherstellung des Leitungsteams; Predigten in beiden Sonntagsgottesdiensten und den Gottesdiensten unter der Woche; Hochzeiten (in einer wachsenden Gemeinde mit vielen jungen Leuten gab es fast jede Woche eine Hochzeit); Gastredner und Beraterverpflichtungen bei Jugenddiensten im ganzen Land.

Und mitten im Wirrwarr von bereits den Terminkalender strapazierenden Verpflichtungen gab es noch zahlreiche spätabendliche Treffen mit den Ältesten, um der fortwährenden Zersetzung des Mitarbeiterkreises Einhalt zu gebieten. Der Mitarbeiter, der schon früher angesprochen wurde, hatte mit seiner schwierigen Verhaltensweise noch nicht klar gebrochen und schien sich zunehmend der Verantwortung gegenüber anderen zu entziehen. Nur wenige Mitarbeiter waren sich der Ursache der Spannung bewußt, aber sie spürten sie ganz deutlich; einige nahmen an, es handele sich nur um die Machtpolitik von Bill und den Ältesten. Dies warf diese Mitarbeiter wieder zurück in die extreme Autonomie, die unser Verhalten in früheren Jahren gekennzeichnet hatte. Organisationsstrukturen, Aufgabenbeschreibungen, Terminkalender – dies alles hielten sie für unnötige und übertriebene Errungenschaften.

Unterschiedliche Anschauungen unter den festen Mitarbeitern zeichneten sich ab. Wohin sollten Mittel und Energie der Mitarbeiter fließen? In Jüngerschaft? In Kleingruppen? Erwachsenenbildung? Verstärkte Kreativität bei der Programmgestaltung? Evangelisation durch künstlerische Ausdrucksformen? Bei solchen Fragen gab es nur wenig Übereinstimmung.

Die Spannung wurde verstärkt durch unterschiedliche Persönlichkeitstypen. Das Gründungsteam von *Willow Creek* bestand überwiegend aus jungen »Pferden«, deren Natur es widersprach, gezügelt zu werden. Sie waren starke und unabhängige Freidenker – und sie waren nötig, um eine Gemeinde wie *Willow Creek* zu gründen –, aber jetzt waren sie wundgescheuert von der zunehmenden Verantwortlichkeit, die eine wachsende und komplexer werdende Gemeinde von ihnen forderte.

Bills Umschwung zur grundlegenden Bibelarbeit in *New Community*, begleitet von einem eindringlicheren Ruf nach mehr Hingabe und rechtschaffenem Lebensstil, trug zusätzlich zu Meinungsverschiedenheiten unter den Mitarbeitern bei. Einige begrüßten die Veränderung; andere fühlten sich verraten durch einen Ansatz, der ihnen »zu extrem, zu negativ und zu schwerfällig« erschien.

Noch war die Spannung unter den Mitarbeitern nicht stark genug, um unsere Dienste für kirchendistanzierte Menschen in unserer Gemeinschaft zu schwächen. Nur eine Handvoll Insider war davon wirklich betroffen, und deren Hingabe an die Sache war stark genug, um sie bei der Stange zu halten. Im April kamen über 3 000 Menschen zu unserer Osterfeier, die genauso war wie immer: eine mitreißende Mischung aus praktischer biblischer Verkündigung und hochqualitativem Programm. Es war eine erstklassige Illustration, wie Gottes Weisheit die Gaben eines außergewöhnlichen Teams vereinigen kann. Wie früher war die Kraft da. Energien, die zusammenwirkten. Und ganz offenkundig war der Heilige Geist am Werk.

Das verändernde und kraftvolle Wirken des Geistes wurde auch am 31. März 1979 offensichtlich, als siebzehn Mitglieder des Gemeindevorstandes, die meisten von ihnen waren relativ jung im Glauben, eine Summe von 1,7 Millionen Dollar flüssig machten, um einen Dreimillionenkredit zum Bau unseres geplanten Gemeindehauses abzusichern. Mit anderen Worten: Diese Menschen hafteten persönlich, falls die Gemeinde nicht in der Lage war, den Kredit zurückzuzahlen. Sie stellten der Gemeinde und der Bank ihr persönliches Vermögen zur Verfügung und setzten so buchstäblich ihr gesamtes Hab und Gut aufs Spiel.

Natürlich waren Bill und ich äußerst dankbar für die Hingabe und Großzügigkeit der Vorstände. Aber damals hielten wir es für selbstverständlich. Wir waren jung und naiv. Ich denke nicht, daß wir realisierten, wie ungewöhnlich es für harte, dynamische und erfolgreiche Geschäftsleute war, ihr Vermögen aufs Spiel zu setzen. Viele solche Leute reden nur übers Geben, aber wenn es zur Sache geht, sind sie meistens nicht in der Lage, sich mit dem zu beteiligen, was ihr Erfolgssymbol ist. Ich schaue voll Ehrfurcht auf diese Gruppe von ernsthaften, hingegebenen Männern zurück, die sich an einem Montagabend im Hinterzimmer eines Country-Clubs trafen, um auf der punktierten Linie zu unterschreiben. Was bewegte sie dazu? Warum hatten sie sich entschlossen, gemeinsame Sache mit einem Haufen von Mittzwanzigern zu machen?

Einer dieser Männer gab Jahre später die einzig mögliche Erklärung: »Es war so deutlich, daß Gott dabei war.«

Ein Traum wird zum Alptraum

Am 6. Juni 1979 wurde der Grundstein für die zukünftige Heimat von *Willow Creek* gelegt. Am 20. Juni zogen Bill und ich in die Nähe des Gemeindebesitzes um, damit Bill sich an der Bauaufsicht beteiligen konnte. Und schließlich wurde an diesem Tag auch unser Sohn Todd geboren. Ich ging aus einem Haus ins Krankenhaus und kehrte vom Krankenhaus in ein anderes Haus zurück. Das Chaos herrschte, aber nach neunmonatiger, beständiger Übelkeit war ich einfach begeistert, wieder gesund zu sein. In diesen Monaten mußten Shauna und ich oft zu meinen Eltern nach Michigan gehen; Bills Terminplan ließ ihm weder die Zeit noch die Energie, sich auch noch um eine kranke Frau und ein Kleinkind zu kümmern. Aber jetzt konnten wir endlich zusammen sein. Und wir konnten eine Familie sein.

Aber schon bald sehnte ich mich danach, wieder in Michigan zu sein – nicht um von Bill wegzukommen, sondern um den wachsenden Spannungen innerhalb der Gemeinde zu entfliehen. Den Höhepunkt erreichte die Situation Anfang September, als die Ältesten den besagten Mitarbeiter mit seinem fortdauernden, sündhaften Verhalten und seiner unbußfertigen Haltung konfrontierten. Er wollte die Situation nicht besprechen, sondern lieber seinen Rücktritt erklären. Die Ältesten akzeptierten seinen Rücktritt.

Am nächsten Tag gab ein Ältester den Rücktritt dieses Mitarbeiters bekannt. Er nannte als Grund »unterschiedliche Dienstauffassungen« und wünschte ihm alles Gute für sein neues Betätigungsfeld. Die Ältesten nahmen an, daß die Gemeinde diese teilweise Erklärung akzeptieren würde, aber sie irrten sich gründlich. Nach dem Ende des Gottesdienstes waren alle leitenden Mitarbeiter in Aufruhr: »Sagt uns die Wahrheit! Erklärt uns, was hier wirklich los ist!«

Die Ältesten versuchten, in möglichst positiven Begriffen die unterschiedlichen persönlichen Anschauungen zu erklären, die es erforderlich gemacht hatten, »auf getrennten Wegen weiterzugehen«. Aber um die Privatsphäre des zurückgetretenen Mitarbeiters zu schützen, versteckten sie die wahren Gründe hinter einer schillernden Mauer von Geheimnistuerei. Und auch der ehemalige Mitarbeiter selbst verweigerte jede klare Auskunft.

Bisher war Bills Darstellung der Mitarbeiterstruktur für die Gemeinde nicht wahrnehmbar gewesen. Der Teameinsatz für den Dienst war noch zu offensichtlich. Jedoch teilte sich die Mitarbeiterschaft zunehmend in zwei Parteien, in diejenigen, die die neue Struktur mit Verantwortungs- und Autoritätsebenen unterstützten, und diejenigen, denen die frühere Autonomie lieber war. Als letztere über den plötzlichen Rücktritt mit einigen Leitern in Schlüsselpositionen sprachen, ebneten die unbeantworteten Fragen allen möglichen Vermutungen den Weg. Während viele Leute der Entscheidung der Ältesten vertrauten und auf weitere Erklärungen verzichteten, füllten andere das Informationsloch mit ihren eigenen Erklärungen: Bill war entmachtet. Die Ältesten wurden beschuldigt, naive Gehilfen bei Bills Fehlentscheidungen zu sein.

Während die Gemeinde größtenteils dieses Problem überhaupt nicht wahrnahm, waren Mitarbeiter, Vorstand, Leiter und Älteste schwer angeschlagen. Über Nacht wurden wir in einen alptraumhaften Kreis von Anschuldigungen und Mißtrauen, von Verrat und Feindschaft verwickelt. Jahre später ist es unzweifelhaft schwer für Außenstehende zu verstehen, warum die Ältesten weiterhin den wahren Grund verschwiegen, der diese ganzen Mißverständnisse ausgelöst hatte. Heute würden sie anders – und auf biblischere Weise – damit umgehen, aber damals erschien es ihnen wie ein Verrat an einer Freundschaft und als unnötige Ungerechtigkeit gegenüber Unschuldigen, wenn man ein Fehlverhalten publik gemacht hätte. Und so dauerten die Verwirrung, die Entzweiung und der Schmerz weiter an. Nachts riefen bei mir Leute an, die mich über die egoistischen und machtgierigen Machenschaften meines Mannes informierten. Die Ältesten trafen sich Abend für Abend und versuchten etwas von dem Traum zu retten, der ihnen unter den Händen wegzusterben schien.

»Ihr kennt nicht die ganze Geschichte«

Aber das Leben ging weiter. Der Dienst ging weiter. Die eigentliche Misere begann, ausgelöst durch den Rücktritt, mit dem 9. September, einem

Sonntag. Für den Abend dieses Tages hatten wir schon lange zuvor einen »Tag der offenen Tür« auf unserem Gemeindegrundstück geplant, auf dem ja schon der Grundstein zum neuen Gemeindehaus gelegt war. Es gab ein großes Lagerfeuer und überall bildeten sich kleine Gebetsgruppen. Aber sie beteten nicht um Spenden oder für das neue Gemeindehaus, weil es weit wichtigere Gebetsanliegen gab. Zwei Tage später startete Bill seine dritte Runde Hausbesuche in diesem Jahr. Es war wesentlich leichter, Fragen zu Finanzen und zum Neubau zu beantworten, als mit den fortwährenden Fragen zu Bills offensichtlichem Bestreben, »selbst das größte Stück vom Kuchen zu bekommen«, umzugehen.

»Ihr kennt nicht die ganze Geschichte«, entgegnete er, aber dadurch entstanden noch mehr offene Fragen.

Nach einem Hausbesuch sagte ein großzügiger Spender: »Wenn du dieses Mitarbeiterteam auseinanderfallen läßt, wirst du am Ende mit einem weißen Elefanten auf diesem Hügel an der South Barrington Road dasitzen.« Er war nicht der einzige, der dieses Gefühl hatte. Die positive Energie, die aus dem ständigen Vorwärtsgehen und dem Wachstum entstanden war und unsere Erfahrungen im Dienst von Anfang an geprägt hatte, wurde ersetzt durch die negative Energie umherschwirrender Gerüchte und zunehmender Spannungen. Am 14. Oktober feierten wir den vierten Geburtstag von *Willow Creek*, aber uns war nicht nach Feiern zumute.

Es gab zum Glück noch viele Leute bei den Hausbesuchen, deren Begeisterung für die Zukunft ungebrochen war trotz der Entzweiung des inneren Leitungskreises. Ihr Enthusiasmus hielt Bill über Wasser, aber reichte nicht aus, um dem Gefühl eines drohenden Verhängnisses entgegenzuwirken, das die Spendenveranstaltung am 20. Oktober durchzog. Monate zuvor hatten wir bereits geplant, einen Pendelzug zu chartern, um fast 1 500 Mitglieder von *Willow Creek* nach Chicago zu bringen. Dort warteten dreißig Busse auf sie, um sie zum *Navy Pier* zu bringen, wo ein Konzert von Chuck Girard stattfand, dessen Musik uns in den frühen Jahren von *Son City* so inspiriert hatte.

Die Leute bestiegen den Zug, in dem Leiter aus der Gemeinde in Bahnuniformen das Essen ausgaben. Das Ganze sollte eine festliche Angelegenheit sein, und das war es wohl auch für die meisten der Leute, aber auf Leiterebene war es sehr ungemütlich. Die Ältesten wußten nicht, wer ihnen freundlich auf die Schultern klopfen und wer sie in einer Ecke zusammenschlagen würde. Bill wußte nicht, welches Lächeln ehrlich war und hinter welchem sich unausgesprochene Anklagen verbargen. Wir waren zusammengekommen, um Spenden für eine gemeinsame Sache zu sammeln, aber wer war wirklich noch an Bord? Wer saß wirklich noch in diesem fahrenden Zug?

Entgleist

Es ist unnötig zu sagen, daß unser Spendenergebnis sich weit entfernt vom gesteckten Ziel befand. Viele Leute, mit denen Bill gerechnet hatte, waren desillusioniert und zunehmend über die Zukunft von *Willow Creek* verunsichert. Einige Vorstandsmitglieder hatten ihren Rücktritt erklärt. Unser größter Spender überlegte sich, die Gemeinde zu verlassen. 1978 hatte er eine Viertelmillion Dollar gespendet. Zu einem Zeitpunkt, an dem Mitarbeiter und junge Leiter Hypotheken auf ihre Häuser aufnahmen, um zwei-, drei- oder viertausend Dollar spenden zu können, schien der Verlust eines Spenders sechsstelliger Summen das Todesurteil für *Willow Creek* zu besiegeln.

Innerhalb von sechs Monaten verließ uns nahezu der halbe Mitarbeiterstamm. Das Team war zerstört, und wir erkannten immer mehr, daß der Traum nicht gewesen war, eine Gemeinde zu gründen, sondern *gemeinsam* eine Gemeinde zu gründen.

Ich erinnere mich daran, wie ich nachts, als die Kinder im Bett und Bill bei einem Ältestentreffen war, alleine dasaß und dachte: Das hatte Gott nicht vor. So sollte es nicht werden. Sünde hat seinen Plan zerstört. Wir haben seinen Plan zerstört. Das ist falsch. Wirklich falsch. Alles schien so sinnlos tragisch zu sein. Warum mußte es passieren?

Unter den scheidenden Mitarbeitern befanden sich auch Dave und Sue Holombo. Auch wenn ich den Verlust jeden Mitarbeiters betrauerte, konnte ich absolut nicht akzeptieren, daß Dave und Sue gegangen waren. Dave und Sue waren ohne Bill und Lynne nicht vorstellbar – und umgekehrt. Dave war Bills bester Freund, Sue war meine beste Freundin. In den ersten Jahren, als Bill und Dave mit ihrem Dienst »verheiratet« waren, waren Sue und ich jeweils unsere gegenseitige Überlebenshilfe. Oft waren wir spätabends in den benachbarten Schnellimbiß gegangen und hatten unsere Einsamkeit in einem Eisbecher mit heißen Himbeeren und im Trost der Freundin ertränkt.

Sue war voller Lebensfreude und spontan, der Mittelpunkt jeder Party – ein Kontrast zu meinem eher zahmen Auftreten –, aber wir ergänzten einander perfekt und waren gerne zusammen. Meine Gefühle, die ich durch den Verlust Sues empfand, ähnelten denen, die Bill nach dem Verlust von Dave überfielen. Wären wir in der Lage gewesen, in die Zukunft zu schauen, hätten wir bei der Aussicht Trost finden können, daß sich unsere Wege in künftigen Jahren wieder kreuzen würden. Damals aber empfanden wir nur tiefe Traurigkeit über einen weiteren Verlust.

Schneller ist nicht immer besser

Was ist los? fragten wir uns immer wieder. Warum passiert das alles? Aber als der Schmerz größer wurde und die Abwehrmauern zusammenbrachen, trat die Realität klarer zutage. Wären wir älter und reifer gewesen, hätten wir den Zusammenbruch zweifellos kommen sehen. Wir fuhren von der Gründung der Gemeinde an auf Kollisionskurs.

Eines von Bills Zielen in den ersten Jahren der Gemeinde war, die Gemeinde an den Punkt zu bringen, an dem sie sich selbst erhalten konnte, an dem genug Leiternachwuchs und eine angemessene finanzielle Grundlage da war. Er kannte sich gut genug im Geschäftsleben aus, um zu wissen, daß jedes Unternehmen eine Startphase hat, in der die Leiter absolut alles in die Sache investieren müssen. Bill war wie jedes andere Mitglied im Leitungsteam bereit, mehr als alles zu geben. Unsere Einstellung war: Wir werden alles tun, egal, was es kostet, um diese Gemeinde zu gründen. Wenn es für uns heißt, eine Zeitlang ein ungesundes Lebenstempo vorzulegen, soll es so sein. Es kann sich ja nur um ein oder zwei Jahre handeln, in denen wir auf des Messers Schneide leben. Das werden wir überleben.

Aber aus einem oder zwei Jahren wurden drei oder vier. Und wir überlebten es nicht.

Zuerst ging unser Gemeinschaftsgefühl zugrunde, das wir in *Son City* so genossen hatten. Früher hatten wir zusammen gearbeitet, zusammen gespielt, zusammen geträumt und zusammen gebetet. Persönliche Verantwortlichkeit erwuchs ganz natürlich aus der Vertrautheit unserer Beziehungen. Unsere Gefühle und Beziehungen waren ganz normale Gesprächsthemen. Aber als das Tempo zunahm, nahm im gleichen Maß unsere Vertrautheit ab. Wir hatten kaum noch Zeit, uns mit den Dienstverantwortlichkeiten der anderen zu beschäftigen, und erst recht nicht mit unserem persönlichen Leben. Wir vermuteten nur, daß wir uns geistlich noch alle im selben Boot befanden. Und daß unsere persönlichen Leben und unsere Ehen in Ordnung wären.

Aber beide Annahmen waren falsch. Bei einigen kamen Fragen und Zweifel auf, die ihren Glauben schwächten, und da sie keinen Raum mehr für richtige Gespräche hatten, blieb der Glaube auf der Strecke. Hätten wir davon gewußt, hätten wir uns vielleicht alle gemeinsam um ein tieferes Verständnis von wahrem christlichem Glauben bemüht. Aber wir hatten nicht einmal die Zeit, davon zu wissen. So kämpften Menschen mit ihren Zweifeln alleine, müde und desillusioniert, und einige verloren den Kampf.

Andere verloren ihre Ehe. Traurigerweise folgte auf den Rücktritt einiger Leiter und Mitarbeiter deren Scheidung. Und wie hätte es auch anders sein können? Schwerer zu verstehen ist, daß einige Ehen überlebten. In diesen Jahren liebte ich die Gemeinde wie immer; ich wollte, daß sie überlebte, und ich haßte den Gedanken, etwas zu tun, was ihr Wachstum behindern könnte. Aber wir und viele andere bezahlten einen hohen und immer höher werdenden Preis in unseren Ehen. Forderte Gott diesen Preis?

Heute würde ich sagen, daß unser Preis weit über Gottes Anforderungen hinausging, aber damals wußte ich einfach nicht, was ich denken sollte. Ja, Bill und ich schienen uns gefährlich auseinanderzuleben, und in unseren Herzen – zumindest in meinem – schien mehr Feindseligkeit als Liebe füreinander zu sein. Aber wie konnte ich meinen kleinen Traum einer gesunden Ehe über den gigantischen Traum der Gemeinde stellen? Ich hatte das Gefühl, gegen Gott zu kämpfen. Wie konnte ich da gewinnen? Und wollte ich überhaupt gegen Gott kämpfen? Natürlich nicht. Ich wollte schließlich eine geistliche Frau sein, eine gottesfürchtige Ehefrau und eine hingegebene Nachfolgerin Jesu. Ich wollte jeden erforderlichen Preis für die Arbeit im Reich Gottes bezahlen, genau wie Bill es tat. Genau wie wir alle es taten.

Und so bezahlten wir in unseren Ehen immer zu zweit den Preis. Bill und ich waren die Vorbilder; andere folgten getreu unserem Beispiel.

Bill und ich schauen auf diese Jahre voller Traurigkeit und Bedauern zurück. Wie sehr hätten wir uns gewünscht, ein besseres Vorbild zu sein. Viele Dinge hätten anders laufen können, wenn wir auf lange Sicht gedacht und uns nicht nur auf die Begeisterung und die Dringlichkeit des Augenblickes konzentriert hätten. Ein besseres Verständnis seiner eigenen Sucht, Frucht zu bringen, hätte Bill und den anderen Leitern vieles erspart. Wir beklagen, daß unsere Jugend und Unreife zu solchen Auswüchsen führte.

Ich verstehe bis heute nicht völlig, warum unsere Ehe überlebte, während andere Ehen zu Bruch gingen. Natürlich war es ein Unterschied, ob man Kinder hatte oder nicht; keiner von uns hätte den Gedanken ertragen können, daß unsere Kinder für unsere Frustration und unsere Fehler bezahlen müßten. Auch unser Verantwortungsgefühl gegenüber der Gemeinde war anders; wir waren beide nicht bereit, das Wirken Gottes in unserer Mitte in Gefahr zu bringen. Darüber hinaus gibt es für uns nur die Erklärung, daß wir unsere Ehe wohl der außergewöhnlichen Macht des Gebetes, unserer Beharrlichkeit und dem gütigen Schutz Gottes verdanken.

Dieser Kuchen ist zu klein

Das Tempo unseres Lebens war nicht unser einziges Problem. In diesen ersten Jahren hielt Bill nichts mehr auf Trab als die finanzielle Belastung, die die Gemeindegründung mit sich brachte. Jede Woche rechnete er durch, wie hoch die Kollekte am Sonntag sein mußte, um die Gemeinde über Wasser zu halten, und unweigerlich blieb die Kollekte unter diesem Betrag. Irgendwie ging es immer weiter, aber nur mit extremen Einschränkungen. Einmal schimpfte Bill ernstlich mit einem Mitarbeiter, der in einem Schreibwarengeschäft für 8,50 $ Kugelschreiber und Bleistifte für die Gemeinde gekauft hatte, ohne vorher um Erlaubnis zu fragen. Die Gemeinde konnte Ausgaben wie diese einfach nicht tragen und überleben.

Es gab ständige Spannungen, wie wir unsere Gelder zwischen Programmen, Mitarbeitergehältern, Grundstück und Gemeindehaus aufteilen sollten. Da wir uns der Evangelisation durch »Offene Gottesdienste« verschrieben hatten, versuchte Bill, das Programmbudget so hoch wie möglich zu halten. Andererseits war es ihm genauso wichtig, sobald wie möglich ein eigenes Gemeindehaus zu haben. Durch die steigenden Besucherzahlen und die Programme der verschiedenen Dienste kamen wir schließlich an den Punkt, daß wir jede Woche fünf verschiedene Gebäude anmieten mußten, was den ständigen Auf- und Abbau der Licht- und Tonanlage mit sich brachte und mit der Zeit lästig und frustrierend wurde. Der ständige Wechsel unserer Räumlichkeiten verschaffte uns auch das negative Image von Unbeständigkeit, das viele Menschen wieder aus unserer Gemeinschaft vertrieb. Und wir waren ständig von Kündigungen bedroht. Konsequenterweise versuchten wir also, so viel Geld wie möglich für unser Grundstück und das eigene Gemeindehaus zu verwenden.

Wer kam also zu kurz? Die Mitarbeiter. Aber wir waren alle voller Eifer bei der Sache und zudem bereit, jeden Preis zu zahlen, und so beschwerte sich niemand. Ehefrauen arbeiteten, die Mitarbeiter der Gemeinde nahmen Nebenjobs an. Wir alle konnten uns einschränken, weil wir entweder Singles oder jungverheiratet waren, keine Hypotheken abzahlen oder Kinder versorgen mußten. Aber das Fehlen angemessener Gehälter kam zu den Belastungen unseres sowieso schon überlasteten Lebens dazu.

Schließlich erhöhten ausgezeichnete Programme und eine ständige Bleibe die Gemeindewachstumsrate, dadurch entstand naturgemäß eine breitere finanzielle Basis, die wiederum angemessenere Mitarbeitergehälter gewährleistete, als die meisten von uns sich je vorzustellen wagten. Aber zu dieser Zeit verließen uns viele Mitarbeiter, die sich aufgeopfert hatten. Wir waren bereit, den Preis zu bezahlen, aber war das weise?

Mitarbeiter gesucht

Auch im Bereich der Mitarbeiterauswahl siegte die Zweckdienlichkeit über die Weisheit. Die Kehrseite einer erfolgreichen Gemeindegründung ist, daß man am Ende mit einer Gemeinde aus lauter »Babychristen« dasitzt. Verstehen Sie mich nicht falsch: Es ist wunderbar, inspirierend und begeisternd. Aber es stellt eine gewisse Herausforderung dar, wenn man neue Leiter finden muß.

Wir dachten immer, genug Leitungspotential in unserer Gründungskerngruppe zu haben, aber wir hatten nicht mit dem schnellen Wachstum der Gemeinde in den ersten zwei Jahren gerechnet. Plötzlich brauchten wir mehr Musiker und mehr Sonntagsschullehrer, mehr Vorstandsmitglieder und mehr Zellgruppenleiter. Wer stand zur Auswahl? Eine Reihe frischer junger Christen. Gut, kein Problem. Sie waren begeistert, lernfähig und vor allem verfügbar.

Und so schulten wir sie in Leiterschaft.

Aber nur wenige von ihnen waren auch reif für ein Leitungsamt. Sie waren ernsthaft bei der Sache und wuchsen an ihr, aber letztlich waren sie geistlich noch unreif. Im allgemeinen waren sie um die dreißig Jahre alt, bewältigten schwierige Probleme in ihrem persönlichen Leben oder in ihrer Ehe und hatten keinerlei Leitungserfahrung. Sie waren bereit, sich zu investieren, aber sie hatten keine feste Grundlage, von der sie so viel geben konnten. Zu dieser Zeit traten auch die Spannungen unter den Mitarbeitern auf, schwierige Fragen waren zu bewältigen und viele dieser neuen Leiter standen kurz vor dem *Burnout* und waren schlecht darauf vorbereitet, auf dieses Durcheinander in reifer Weise zu reagieren. Viele blieben, wuchsen und sind heute aktive Mitglieder oder Leiter von *Willow Creek*. Aber viele verließen verletzt und desillusioniert die Gemeinde. – Einige verloren den Glauben.

Eine Frage der Ausgewogenheit

Bill war mit einem klaren Bewußtsein bestimmter wichtiger biblischer Aussagen aufgewachsen: Gott ist heilig. Gott ist gerecht. Wir sind Sünder. Es gibt eine Hölle. Diese Aussagen waren in dicken schwarzen Lettern in seinen jugendlichen Verstand eingegraben. Erst nach seiner Bekehrung im Alter von sechzehn Jahren lernte er folgende Wahrheiten: Gott ist Liebe. Vergebung ist durch Christus möglich. Erlösung ist Gnade. Auf dem ehrfurchtgebietenden Hintergrund von Gottes Heiligkeit und Gerechtigkeit überwältigte ihn die strahlende Wirklichkeit von Gottes Liebe. Sie bedeutete für ihn Leben, Licht, Freiheit und Hoffnung.

Das war auch die gute Nachricht, die die Herzen von Hunderten von Jugendlichen in *Son City* öffnete. Gott ist heilig und gerecht, und wir verdienten eigentlich die Hölle. Aber Gott liebt uns. Durch Christus können wir Vergebung und ewiges Leben erlangen. In *Son City* wurde von Gottes Liebe immer nur in Zusammenhang mit seiner Heiligkeit und seiner Gerechtigkeit gepredigt. Gott war die Liebe, ja sicher, aber Sünde war Sünde, und Gott haßte die Sünde, also mußten auch wir die Sünde hassen. Bills Predigten waren ausgewogen; sie zogen Jugendliche zu Gottes Liebe hin, aber hatten auch einen prophetischen Blick und enthielten den klaren Ruf zur Nachfolge.

In den ersten Jahren von *Willow Creek* fiel es Bill schwerer, eine biblische Ausgewogenheit zwischen Gottes Heiligkeit und Gottes Liebe zu halten. Es war für einen Dreiundzwanzigjährigen weit schwerer, den Lebensstil oder die Werte eines doppelt so alten Geschäftsmannes zu hinterfragen, als Schüler herauszufordern, ihre Beziehungen an biblischen Maßstäben zu orientieren. Es war hart, ein Prophet zu sein, wenn die Leute einen mit »Hallo, Junge, wie geht's?« begrüßten. Bills Unsicherheit vor erwachsenen Menschen zu predigen, schwächte die Schärfe und Herausforderung seiner Predigten. Er konfrontierte weniger und tröstete mehr.

»Es ist völlig egal, wer du bist«, sagte er, »Gott liebt dich. Egal, was du tust, Gott wird dir vergeben. Egal, wie schwer du gegen seine Gebote verstößt, er wird dich wieder mit offenen Armen aufnehmen.« Bill predigte voller Überzeugung von der Liebe Gottes und vertraute darauf, daß diese Wahrheit die Herzen der Zuhörer so erweichen würde, wie sie sein Herz weich gemacht hatte.

Aber die kirchendistanzierten Menschen, die zu unseren »Offenen Gottesdiensten« kamen, hörten viel zu selten die Wahrheit über Gottes Liebe, wie Bill sie gehört hatte: auf dem Hintergrund von Gottes Gerechtigkeit und Heiligkeit. Ohne eine angemessene Ausgewogenheit wurde *Willow Creek* zum Nährboden für geistliche Sorglosigkeit. Leute dachten: Ich kann hier ein wenig betrügen. Ich kann dort ein wenig mit der Sünde spielen. Na und? Gott vergibt mir sowieso. Gnade wurde viel zu oft zur Erlaubnis, mehr zu sündigen.

Auch einige Leiter und Mitarbeiter übernahmen diese freizügige und unbekümmerte Haltung gegenüber der Sünde. Manche, die die moralischen Aspekte hinter den ganzen Mitarbeiterquerelen entdeckten, schienen sich nur wenig daran zu stören. Na ja, dachten sie, niemand ist vollkommen. Wir haben alle unsere Fehler. Wie können wir uns also zum Richter aufspielen?

Am seidenen Faden

Aus allen diesen Punkten zusammen – ungesundes Lebenstempo, finanzielle Engpässe, unreife Leiter und unausgewogene Predigt – entstand eine Situation, die reif für die Katastrophe war. Wenn die Ältesten der Gemeinde die ganze Wahrheit über das Verhalten des Mitarbeiters gesagt hätten und so den biblischen Weg gegangen wären, der die Sünde ernst nimmt, aber zugleich die Tür zu Umkehr und Wiederherstellung geöffnet hätte, wäre der Schaden vielleicht zu begrenzen gewesen. Aber ihr Fehlverhalten an diesem Punkt setzte den Dominoeffekt in Gang und führte schließlich unaufhaltsam zu dem, was wir den »großen Schiffbruch von 1979« nannten.

Im Lauf der Jahre sind unsere Ältesten mit vielen anderen brenzligen Situationen weise und liebevoll umgegangen und haben unsere Gemeinde oft vor Spaltung oder Enttäuschung bewahrt. Aber der Weg, auf dem sie sich ihre Umsicht angeeignet hatten, war schmerzhaft und schrecklich. Dr. Bilezikian, der eine große Bandbreite an Erfahrungen mit Gemeinden hatte, vertraute darauf, daß die Gemeinde den »großen Schiffbruch« überleben würde, aber die Ältesten mit weniger Erfahrung waren sich da nicht so sicher. Es schien ihnen und vielen anderen, als ob unsere Gemeinde am seidenen Faden hängen würde.

Jede Woche, die ohne weitere Zwischenfälle vorbeiging, gab uns etwas mehr Kraft. Aber dann kam eine neue Enthüllung sündhaften Verhaltens, ein weiterer Mitarbeiter, der zurücktrat, ein Leiter, der seinen Hut nahm, und unser Vertrauen brach wieder zusammen.

Dazu kamen die finanziellen Probleme. Als die Spenden zurückgingen, erfuhr der Vorstand gleichzeitig, daß das Gemeindehaus eine Million Dollar mehr kosten würde, als veranschlagt war. Wir lagen schon einige Hunderttausend Dollar über der ursprünglichen Schätzung. 1979 lag der Zinssatz bei einundzwanzig Prozent, unser Baukredit lag zwei Prozent über diesem Satz. Als wir 17 000 $ pro Monat an Zinsen zahlten, brachte uns ein zusammengebrochener Träger drei Monate in Rückstand. Drei Monate zu 17 000 $ pro Monat!

Als eine weitere Welle von Mitarbeitern und eine weitere Reihe von wichtigen Spendern die Gemeinde verließ, kam ein Vorstandsmitglied auf Bill zu und sagte: »Wir haben einen 3,5-Millionenkredit. Wir lassen ein

Bauprogramm von sechs Millionen Dollar laufen. Wir können diese Ausgaben nicht tragen, wenn weiterhin Leute die Gemeinde verlassen. Ich habe 250 000 Dollar aufs Spiel gesetzt, um der Bank Sicherheiten zu geben. Wenn du dieses Team auseinanderbrechen läßt, werde ich alles verlieren. Ich kümmere mich nicht darum, was sich irgend jemand hat zu Schulden kommen lassen, und du hältst dieses Team zusammen.«

Erinnerung an einen Traum

An diesem Punkt war Bill nervlich völlig am Ende. Der Traum ist aus. Ich habe alles falsch gemacht. Die Hälfte der Mitarbeiter ist gegangen, die andere Hälfte ist völlig ausgebrannt. Die Leitungspositionen sind falsch besetzt. Wir haben ein Bauprojekt, das wir nicht finanzieren können. Es ist hoffnungslos. Wir gehen zugrunde und wir nehmen die Lebensersparnisse von fünfzehn Männern und meine eigenen mit uns in den Untergang. Was habe ich getan?

An diesem Abend wurde unser Haus am Alder Drive ein Haus der Tränen und des Gebetes. Mit dem Gesicht auf dem gelbgefaßten Teppich unseres Wohnzimmers schüttete Bill Gott sein Herz aus. Er weinte über seine vergeblichen Versuche, zu organisieren und die Mitarbeiter angemessen anzuleiten und ein besserer Freund zu sein, wenn er sah, daß Mitarbeiter anfingen, sich treiben zu lassen. Er bereute seinen ungesunden Lebensstil und seine unausgewogene Verkündigung. Er bekannte persönliche Sünden, die er nicht ernst genommen hatte. »Oh Gott, ich habe so sehr versagt. Bitte vergib mir.«

Er lag mit dem Gesicht auf dem Fußboden in einer Welle von Verzweiflung, und in ihm glimmte nur noch ein Funke Hoffnung. Doch da stieg durch die trüben Wasser der Verzweiflung die Erinnerung an den Traum hoch. Er konnte den Gedanken nicht abschütteln, daß *Willow Creek* im Herzen Gottes noch lebte, daß *Willow Creek* immer noch im Willen Gottes stand, »Kirche zu sein«, »die Gottfernen zu erreichen« und »völlig hingegebene Nachfolger Christi hervorzubringen«.

Bill begann ernsthaft, für eine zweite Chance zu beten: Wenn du nur irgend etwas tust, um uns hier durchzubringen, will ich nie mehr so sorglos und sündhaft sein. Ich will die Wahrheit lehren, die in deinem Wort steht, und sorgfältig darauf achten, ausgewogen zu predigen. Ich werde bessere Strukturen einrichten. Ich will das Tempo senken. Ich verdiene keine zweite Chance, aber wenn du mir eine gibst, will ich von ganzem Herzen versuchen, es richtig zu machen.

Spät in der Nacht wartete Bill auf eine Antwort von Gott. Würde Gott seine Gnade fließen lassen? Würde er uns aus unseren Sünden und Irrtümern befreien? Wollte er überhaupt, daß der Traum weiterlebte? Schließlich kam die Antwort. Ein Skeptiker kann sie für die Projektion von Bills Wünschen halten, aber Bill glaubte in seiner Seele, daß es eine Botschaft von Gott war: Gib nicht auf! Geh voran. Du hast unschätzbare Lektionen gelernt. Jetzt steh auf und wende sie an. Mach es richtig. Geh voran.

Danach hatte Bill das Gefühl, die Sache abgegeben zu haben: Die Situation lag in Gottes Hand. Er wollte Gottes Führung, so gut er konnte, folgen. Das Ergebnis war Gottes Angelegenheit.

Bill traf sich mit dem Vorstand und entschuldigte sich für die Fehler, die er als Leiter gemacht hatte, und für seine unausgewogene Predigt. »Ich habe Menschen nicht zur Heiligung angeleitet«, sagte er, »und das war mein Fehler. Sünde zieht Konsequenzen nach sich. Das hätte ich stärker betonen sollen. Gottes Gnade ist Realität, aber sie ist kein Freibrief zur Sünde.« Er sagte ihnen auch, daß er vorwärtsgehen wolle und hoffe, daß sie mit ihm gehen würden. »Dies wird Gottes Gemeinde werden, und zwar nach Gottes Maßstab.«

Für Bill war es eine schreckliche und qualvolle Zeit, aber auch von großem, geistlichem Tiefgang. Er konnte sich nicht an seinen Vater wenden. Ich konnte ihm nicht die Hilfe anbieten, die er gebraucht hätte. Also machte er die Sache mit Gott aus.

Kapitel 5

Der Aufbau

1980-1987

»Bevor wir Schiffbruch erlitten, waren wir eine Handvoll junger Leute, die an einem Strang zogen. Demut war nicht unbedingt unsere größte Charakterstärke. Wir hielten uns einfach für unbesiegbar. Deshalb verursachte der ›große Schiffbruch‹ so unglaublichen Zerbruch. Doch so schmerzhaft es auch war, diente es den Zielen Gottes. Aus völligem Zerbruch kann echte Frucht entstehen.«

Laurie Pederson
Älteste von *Willow Creek*

Anfang der achtziger Jahre war es Bill ein Anliegen, daß jedem Mitarbeiter von *Willow Creek* klar war, welchen Gefahren die Kirche im allgemeinen und *Willow Creek* im besonderen ausgesetzt war. Im Januar 1980 hielt er in *New Community* eine Predigtreihe zu Offenbarung, Kapitel 2 und 3 mit dem Titel »Das Schicksal von vier Gemeinden«. Im Februar lehrte er über »Das Schicksal vier weiterer Gemeinden«. Darauf folgte eine Predigtreihe über fünf Wochen zum Thema »Ein Blick auf die gegnerische Partei«. Mit seinen Studien des 1. Korintherbriefes versuchte er 1979 Gottes Haltung gegenüber Sünde und die Bedeutung eines rechtschaffenen Lebens zu beleuchten. Aber im Vergleich zur Kraft der Predigten von 1980 erschienen die Herausforderungen des vergangenen Jahres nur als heiteres Geplänkel.

»Es gab keine Mäßigung«, gab er später zu. »Ich war fest davon überzeugt, daß ich den Weg aus unserem Durcheinander hinaus freipredigen mußte. Und so predigte ich mit ganzer Kraft.«

Leider hatten viele Leute das Gefühl eines Rachefeldzuges. »Auf wen bist du eigentlich so böse?« fragten sie ihn, als Bill eine Predigt nach der anderen über Sünde, Enttäuschung und die Notwendigkeit eines untadeligen Lebens losließ.

Nach sechs Monaten predigte er etwas gesetzter, aber er konzentrierte sich noch immer nahezu ausschließlich auf die Themen Heiligkeit und Sünde. Verständlicherweise weckte er damit bei vielen Leuten Bedenken. Die meisten dieser Leute konnten die Aussagen seiner Predigten im allgemeinen schon akzeptieren; sie machten sich nur Sorgen um die Ausgewogenheit. Es schien, als ob das Pendel von einem Extrem ins andere geschwungen wäre.

In diesem Jahr vertraute Bill mir an, daß er jedes Mal, wenn er zur *New Community* ging, das Gefühl hatte, in den Krieg zu ziehen. Bei jeder Predigt fühlte er sich wie bei einer Gerichtsverhandlung. Im Lauf dieses Jahres verließen weiterhin Mitarbeiter die Gemeinde, gefolgt von verstimmten Gemeindemitgliedern, die sagten: »Wir verstehen, warum diese Mitarbeiter ihre Gemeinde verlassen. Bill versucht, Willow Creek in eine traditionelle, fundamentalistische und gesetzliche Gemeinde umzuwandeln – genau die Art Gemeinde, von der wir alle wegkommen wollen.«

Auch Bills Sonntagspredigten veränderten ihren Charakter. Sein Ziel war es, daß jeder Besucher genau wußte, wofür die *Willow Creek Community Church* stand. Der erste Gottesdienst im neuen Jahr war gleich ein Taufgottesdienst. Bill predigte über »Wie Christus widerspiegeln« und daran anschließend vier Wochen lang darüber, was es hieß, Christ zu werden. Danach predigte er Vers für Vers über die Seligpreisungen. Er predigte acht Wochen zum Thema Familie, danach ganz freimütig über Reue und beschloß das Jahr mit einer Predigtreihe zum Thema »Ruf zur Nachfolge«, in der er über große Männer der Bibel sprach: Noah, Abraham, Jakob, Josef und David.

Dieser Wandel im Predigtmenü war mehr, als die Leute verdauen konnten. Sie hatten ihre Zähne an eine ständige leichte Kost der Gnade gewöhnt und als die Predigten biblischer und ausgewogener wurden, verließen nicht wenige von ihnen die Gemeinde. Aber es kamen auch viele neue Leute und reagierten positiv auf die Predigten. Und in der Tat kamen gerade in dieser Zeit viele Menschen zum Glauben, die noch heute starke und beständige Leiter und Diener in *Willow Creek* sind.

Bill führte noch weitere Änderungen ein. Es hatte sich erwiesen, daß unser Zellgruppensystem zwar eine gute Gelegenheit für zwischenmenschliche Beziehungen bot, aber nicht das hervorbrachte, was wir am nötigsten brauchten: geistlich reife Leiter. Deswegen endete mit dem Jahr 1979 auch unser Zellgruppensystem. Jetzt lag die Betonung auf Zweierschaften und Jüngerschaftsgruppen. Im vergangenen Jahr hatten Bill und ich informell eine Jüngerschaftsbeziehung zu Quigley und Diane Fletcher aufgebaut, aber am 27. Januar 1980 fand zum ersten Mal bei uns zu Hause am Sonntagabend eine Jüngerschaftsgruppe statt mit drei weiteren Ehepaaren aus der Gemeinde. Anhand einer Studienhilfe von den »Navigatoren« zum Thema Jüngerschaft riefen Mitarbeiter und Leiter in der ganzen Gemeinde ähnliche Jüngerschaftsgruppen ins Leben.

Auch Bills Kalender für dieses Jahr läßt einige Änderungen erkennen. Mitarbeiterbesprechungen und persönliche Treffen mit einzelnen Mitarbeitern hatten für ihn höchste Priorität. Größere Zeitabschnitte waren mit Predigtvorbereitung belegt, weil sein neuer Predigtstil intensiveres Studium von ihm verlangte. Ältestentreffen wurden wöchentlich nach *New Community* angesetzt, damit die Ältesten auftretende Probleme sofort angehen konnten. Und an mehr Abenden als je zuvor lautete die Eintragung in seinem Kalender »zu Hause«. In jedem Bereich seines Lebens und Dienstes bemühte sich Bill um eine gesündere Ausgewogenheit.

Von Motocross zu erstaunlicher Gnade

Ausgewogenes Leben beinhaltet auch Entspannung und Sport, besonders dann, wenn das Leben von Verantwortung und Streß belastet ist. Also entschied sich Bill für den wirklich ausgleichenden Motocross-Sport, der ihm die Gelegenheit gab, den gesamten Frust seines Lebens mit hoher Geschwindigkeit in einem verbeulten Lkw mitten auf dem Acker eines Bauern auszulassen. Im Juli 1980 gab er ihm außerdem die Gelegenheit, einige Zeit ruhig im Krankenhaus zu verbringen, sich von einer gequetschten Niere zu erholen und über das vergangene Jahr nachzudenken. Obwohl es angesichts der wachsenden Anforderungen seines Dienstes völlig unangebracht schien, das Arbeitstempo zurückzunehmen, war diese Zeit der Auswertung für ihn unschätzbar wertvoll. Im darauffolgenden Monat sprach Bill in *New Community* über »Kurskorrekturen« und stellte seine Überlegungen vor, die zu den Veränderungen in der Gemeinde geführt hatten. Einige Wochen später erläuterte er im Detail für *New Community* die gegenwärtige Leitungsstruktur und betonte die zunehmend wichtige Rolle des Vorstandes.

Auch wenn Bill auf die Krise von 1979 so schnell wie möglich reagiert und notwendige Veränderungen eingeführt hatte, gab es natürlich nicht über Nacht eine dramatische Rückkehr zur Stabilität. Während der ersten Monate von 1980 hatten wir noch immer das permanente Gefühl, an einem seidenen Faden zu hängen, noch immer die Angst, daß hinter der nächsten Ecke die nächste unschöne Überraschung lauerte, noch immer diese überwältigende finanzielle Belastung, noch immer die Sorge der Ältesten, Schuld nicht aufgedeckt zu haben, noch immer von Zeit zu Zeit Austrittswellen.

Aber als der Frühling langsam in den Sommer überging, schien sich die angespannte Lage allmählich zu bessern. Der größte Teil der Gemeinde stimmte der neuen Predigtrichtung allem Anschein nach zu. Es wurden Mitarbeiterrichtlinien erstellt, jeder konnte sich entscheiden, und diejenigen, die schließlich blieben, schienen die gleichen gemeinsamen Werte und Ziele zu teilen. Wir begannen, etwas leichter zu atmen.

Dann schlug eine neue Bombe ein. Wir erfuhren, daß die *Chicago Tribune* einen Leitartikel über *Willow Creek* plante. Kurz zuvor hatte die *Sun Times* einen verleumderischen Artikel über uns verbreitet, der uns mehr als Sekte denn als Kirche bezeichnete. Zu der Zeit, in der das Massaker von Jonestown die Angst vor Sekten zu einem neuen Höhepunkt trieb, war dieser Artikel natürlich ziemlich abträglich. Und jetzt die *Tribune*. Warum machten sie das? Mit welcher Tendenz schrieben sie? Wir waren erschüttert bei dem Gedanken an eine Veröffentlichung des Durcheinanders, das wir im letzten Jahr durchlebt hatten. Wochenlang beteten wir für diesen Artikel, beständig in der Angst, daß eine weitere negative Berichterstattung das endgültige Ende all dessen bedeuten würde, was Bill und die Ältesten im vergangenen Jahr zu retten versucht hatten.

Endlich kam der Erscheinungstag. Voller Angst blätterten wir die Seiten des Sonntagsmagazins durch, nur um eine sensible Darstellung der geistlichen Veränderung einer kirchendistanzierten Familie zu finden, eine bewegende Beschreibung eines Wochenend-Gottesdienstes und eine durchdachte Besprechung unserer Motivation für diesen Dienst und unserer Pläne für die Zukunft.

Es war Sonntag, der 13. September 1980, genau ein Jahr und eine Woche nach dem Rücktritt des ersten Mitarbeiters. Ob das von Gott so geplant war oder nicht: Die Ältesten und viele Mitarbeiter, die dieses letzte schreckliche Jahr durchlitten hatten, sahen in diesem Artikel eine Bestätigung von Gott, einen Wegweiser, auf dem stand: Geht weiter. Ihr habt die richtige Richtung eingeschlagen. Bleibt bei mir und gehorcht mir. Sucht weiter nach der Wahrheit, und ihr werdet das Licht am Ende des Tunnels finden.

In Anknüpfung an diese Ermahnung, weiterhin die Wahrheit zu suchen, begann Bill im Oktober mit einer Predigtreihe mit dem Titel »Die Lehren des christlichen Glaubens«. Am 12. Oktober feierten wir den fünften Geburtstag von *Willow Creek*, voller Dankbarkeit, das letzte Jahr überlebt zu haben. Im November machte Bill eine weitere Runde Hausbesuche, in dem Bewußtsein, daß für fünfzehn Vorstandsmitglieder – einschließlich uns –

noch immer das gesamte Vermögen auf dem Spiel stand und deshalb der Spendenaufruf am Jahresende von entscheidender Bedeutung war. Der Dezember begann mit einer zweiwöchigen Predigtreihe über »Sorgen überwinden«, ein Thema, zu dem Bill in den vergangenen Monaten viel gelernt hatte, und endete mit einer zweiwöchigen Predigtreihe mit dem Titel »Der Tag der Abrechnung«, die das Jahr mit einer weiteren Erinnerung daran abschloß, daß das Leben kurz und die Hölle real ist, und wir besser daran täten, Gott im Hier und Jetzt ernst zu nehmen.

Bis zum Dezember 1980 hatte etwa die Hälfte der jungen Erwachsenen, mit denen wir die Gemeinde gegründet hatten, eine beträchtliche Anzahl von Leitern und etwa die Hälfte der Mitarbeiter die Gemeinde verlassen. Aber die *New Community* stabilisierte sich langsam, die Plätze in den Wochenend-Gottesdiensten, die sich in den letzten Monaten von 1979 geleert hatten, füllten sich mit einer neuen Gruppe von kirchendistanzierten Menschen, und unter den verbleibenden Mitarbeitern war ein erneuerter Gemeinschaftssinn spürbar. Als die Gemeinde am Jahresende großzügig spendete und wir unser Finanzziel erreichten, das uns erlaubte, an unserem neuen Gemeindehaus weiterzuarbeiten, waren wir überzeugt, von ganz außerordentlicher und erstaunlicher Gnade heimgesucht worden zu sein.

Die unwiderstehliche Berufung

Jahre später wurde Dr. Bilezikian gebeten, das deutlichste Beispiel für Gottes Schutz während der Zeit des »großen Schiffbruchs« zu beschreiben. »Daß Bill unter dem ganzen Druck nicht zusammenbrach«, erklärte er. »Als ich sah, daß er die Reserven und die Stärke hatte, um auch trotz enormen Widerstandes weiterzugehen, wußte ich, daß die Standhaftigkeit dieses Mannes versucht worden war und wir deshalb mit Gottes Gnade vorangehen konnten.«

Auch wenn sich Bill gerade in diesen schwierigen Jahren nicht an seinen Vater wenden konnte, glaube ich, daß er sehr stark von den Lektionen profitierte, die ihn sein Vater über Beharrlichkeit, hartes Arbeiten und Risikobereitschaft gelehrt hatte. In dieser Zeit erwies sich die Erinnerung an die verfaulten Kartoffeln und die Erkenntnis, daß er auch im Leben »nur einen Sack auf einmal« in Angriff nehmen mußte, als unschätzbar wertvoll.

Aber sein Durchhaltevermögen wurde von weit mehr als nur der Erinnerung an die Lehren seines Vaters gestärkt. Da war Gottes Berufung.

Wieder einmal wünschte ich, ich könnte die Macht dieser Berufung in Worte fassen, die *Willow Creek* von Anfang an bestimmt hat, aber ich weiß, daß ich es nicht kann. Sogar in mir gibt es etwas von dieser Berufung, das ich nicht erklären kann. Die Berufung schien für sich alleine zu stehen, und das einzige Wort, das wert zu sein scheint, neben ihr zu stehen, ist das Wort »unwiderstehlich«. Ich glaube nicht, daß wir Marionetten an einer Schnur sind, die nur auf vorgegebene Weise reagieren können. Aber andererseits schienen wir nie die Möglichkeit zu haben, uns von dieser Berufung abzuwenden. Wenn die Versuchung ihren häßlichen Kopf erhob, haben wir sie nicht jedesmal niederschlagen müssen. Es war eher so: Die Versuchung, die Berufung aufzugeben, wurde nie so stark, daß wir sie hätten bekämpfen müssen. In einem Interview erklärte Bill viele Jahre später, daß ihn unter anderem mein ungebrochenes Festhalten an dieser Berufung ermutigt hatte, diese Zeit zu überstehen: Ich hatte ihn nie gebeten, aufzugeben, hatte nie die Vermutung laut werden lassen, daß der Traum vielleicht aus sei.

Wenn ich heute zurückschaue, kann ich mir nicht erklären, warum ich so daran festhielt. In mehr als einer Hinsicht war diese Zeit miserabel für mich. Ich war junge Mutter eines Säuglings und eines Kleinkindes. Die Großeltern lebten in einem anderen Bundesstaat, Babysitter kosteten mehr Geld, als wir normalerweise zur Verfügung hatten, und Bills Zeit und Energie waren nahezu völlig durch die Belastungen des Dienstes verbraucht (auch wenn er zu Hause war, war er nur körperlich anwesend). Zudem fühlte ich mich als die einzige im Leitungskreis mit kleinen Kindern oft ausgeschlossen, oft von Bills Leben und vom Gemeindeleben isoliert. Dazu kamen unsere persönlichen Verluste – die bereits erwähnte Fehlgeburt, und später noch eine Zwillingsfehlgeburt –, um die ich viel zu wenig trauern konnte. Aber es kam mir niemals in den Sinn, wir sollten aufgeben. Widerstand, Mißverständnisse, Anklagen – sogar tiefe persönliche Enttäuschung – schienen klein im Vergleich mit der Berufung. Und schließlich waren da noch die vielen veränderten Menschen, die wir ständig vor Augen hatten.

Ich versuche damit nicht zu erklären, daß es nie eine Gelegenheit gibt, eine Berufung aufzugeben. Im Gegenteil, ich glaube, daß man einigen Initiativen, Diensten und sogar Gemeindegründungen erlauben sollte, einen würdigen Tod zu sterben. Vielleicht wurden sie ohne göttliche Berufung ins Leben gerufen. Vielleicht waren übereifrige Leiter zu früh losgegangen. Vielleicht waren Strategien und Pläne aus Unkenntnis oder Unerfahrenheit schlecht konzipiert. Vielleicht hatte die Sünde zu viel Raum einnehmen können. Vielleicht ist es die weiseste Möglichkeit, die vom Geist geleitete Entscheidung, aufzugeben, sich neu zu gruppieren und später neu zu beginnen. Weder Bill noch ich würden sagen, daß es ein besonderer Verdienst ist, hartnäckig an einem Traum zu hängen, der vorbei ist, oder an einem Dienst, der erwiesenermaßen uneffektiv ist. Wir würden jedenfalls beide sagen, daß die Berufung diejenigen von uns, die Ende 1980 den Kern von *Willow Creek* bildeten, eingeholt und neu gepackt hatte. Wir konnten ihr nicht entkommen.

Wir wußten, daß Gott seinen Segen von *Willow Creek* wegnehmen könnte und *Willow Creek* in diesem Fall sterben würde. Aber das war ihm überlassen, nicht uns. Und trotz der Fehler, der Zerbrechlichkeit unserer Bemühungen und der cleveren Wege, die Satan fand, um unsere Bemühungen zum Schiffbruch zu führen, griff Gott ein. Er rettete uns aus unserer eigenen Sünde und Unreife und vor den finsteren Plänen der Dunkelheit.

Am Wendepunkt

Am Sonntag, dem 15. Februar 1981, feierten wir unseren ersten Gottesdienst im neuen Gemeindehaus. Der Bürobereich war noch nicht fertig, daher behielten wir die Büros in der *Vermont Street* noch weitere sechs Monate bei und warteten, bis wir genug Geld hatten, um die Materialien zu kaufen, mit denen freiwillige Helfer aus der Gemeinde die Büros dann fertigstellen konnten. Aber es bestand keine Notwendigkeit, das große Auditorium, das bereits fertig war, ungenutzt zu lassen, nur weil wir noch auf unsere Büros warteten. An diesem denkwürdigen Wochenende predigte Bill über den »Zeugen eines Wunders«. Er sprach darüber, wie Josua das Gelobte Land betrat und ließ in seinen Worten die Worte des alttestamentlichen Leiters anklingen, als er sagte: »Gott gebührt die Ehre für alles, was wir hier heute sehen.«

Euphorie ist das einzige Wort, das die Stimmung im Auditorium an diesem Vormittag treffend charakterisieren kann. Viele von uns, die an der Gründung der Gemeinde beteiligt gewesen waren, kamen früher. Im ganzen Auditorium verteilt weinten wir und staunten ehrfurchtsvoll über das Mauer-und-Mörtel-Wunder, das Gott vollbracht hatte.

Aber der Erwerb eines sechsunddreißig Hektar großen Grundstückes und der Bau eines geräumigen Auditoriums waren nicht die einzigen Wunder, die wir an diesem Tag feierten. Wir hatten einen Schlag Satans überlebt. Wir hatten eine ganz neue Chance für unseren Dienst bekommen, eine Gelegenheit, uns wieder auf die Grundwerte zurückzubesinnen, die uns fast ein Jahrzehnt zuvor motiviert hatten, als wir *Son City* gründeten. Wir saßen ein Jahrzehnt zuvor motiviert hatten, als wir *Son City* gründeten. Wir saßen im Auditorium, blickten auf die schneebedeckten Hügel und den zugefrorenen Teich und dankten Gott für alles, was er gemacht hat.

Wir zogen ein in unser neues Gemeindehaus, traten ein in eine neue Ära und waren voller Demut. Der »große Schiffbruch« hatte den Stolz und alle jugendliche Naivität gebrochen, die durch den explosionsartigen Erfolg der Wunderjahre gefördert worden waren. Nie wieder konnten wir sagen, daß alles, was wir berührten, zu geistlichem Gold werden würde. Der Zerbruch unserer Seele und schmerzvolle Bekenntnisse hatten in uns ein tiefes und anhaltendes Bewußtsein unserer Schwäche und Abhängigkeit von Gott eingepflanzt. Gnade war für uns nicht länger eine lockere Angelegenheit. Vertrauen auf die Bibel war nicht mehr nur ein Gesprächsthema. Wir waren mit unserer Verletzlichkeit konfrontiert worden; wir wußten, daß uns nur ein paar Ausrutscher in gegenseitiger Verurteilung, in der Ausgewogenheit der Lehre oder in unseren Beziehungen zurück in den Schmelzofen werfen konnten.

Weil wir inzwischen gelernt hatten, was passieren kann, wenn die Mitarbeiter einer Gemeinde nicht unter der Aufsicht von gottesfürchtigen und kritischen Menschen stehen, deren Ziel es in erster Linie ist, die Vision der gesamten Gemeinde zu schützen, wurden die Leiter der Gemeinde von Mitarbeitern zu Ältesten ernannt, wodurch dieses Gremium auf einmal einige neue Mitglieder bekam. Bill, der weiterhin die Weichen für die Mitarbeiter stellte, wurde unter die Autorität der Gemeindeältesten gestellt und blieb auch selbst noch Ältester.

Die Ältesten gewannen mit der Zeit ein sehr hohes Profil. Einige Male pro Jahr zogen sie sich zu zwei- oder dreitägigen Treffen zurück und besprachen Probleme, Nöte und zukünftige Pläne. Im Gebet ließen sie sich zeigen, wie »gesund« die Gemeinde war, gerade auch in ihrer Hingabe an Gott. In jedem Bereich analysierten sie die Leitung und die Effektivität der Programme und Dienste.

Frühere Fehler hatten sie gelehrt, in Fällen, die Gemeindezucht erforderten, sofort zu reagieren – und wenn es sein mußte, auch öffentlich. Wenn Gemeindemitglieder sündige Verhaltensmuster annahmen, die auch andere in der Gemeinde beeinflußten, oder wenn ihr Verhalten Streit oder Teilung förderte, griffen die Ältesten ein, zuerst im persönlichen Rahmen und dann öffentlich, je nachdem, wie sie es nach biblischen Maßstäben für erforderlich hielten. Wenn Leiter in Sünde fielen, erfuhren die Menschen, die sich in ihrem Einflußbereich befanden, die Wahrheit. In der Vergangenheit hatte die Heimlichtuerei den Prozeß der Wiederherstellung eher behindert als gefördert.

Die Lektionen, die sie während des »großen Schiffbruchs« gelernt hatten, leisteten unseren Ältesten in den folgenden Jahren gute Dienste. Im Lauf der Jahre sprachen sie Enttäuschungen offen an, schlichteten Streit, gingen mit vielen heiklen Disziplinarfällen weise und integer um und bewahrten so die Gemeinde vor Häresie, Spaltung und Durcheinander.

Seit 1980 kümmerten sich die Ältesten auch intensiver um den Bereich Predigt. Als kritische Menschen, die an das Wort Gottes hingegeben waren und auch die Bedürfnisse der Gemeinde kannten, trafen sie sich mit Bill und anderen Predigern der Gemeinde, um über Predigtthemen und -reihen zu sprechen. Sie begannen damit, Bills Predigten auszuwerten – was sie bis heute machen – und gaben ihm nach jeder Predigt schriftlich Feedback zu Inhalt, Ton und Ausgewogenheit.

Die Ältesten wurden dafür verantwortlich, wesentliche inhaltliche Entscheidungen zu treffen, die die Richtung der Gemeinde bestimmen sollten. Liegt dieser Dienst im Rahmen der Ziele unserer Gemeinde? Ist diese Evangelisationsform wirklich biblischen Maßstäben angemessen? Sind wir als Gemeinde bereit, diese Verantwortung zu übernehmen? Scheint der Heilige Geist uns in diese Richtung zu führen?

Ebenfalls in den Zuständigkeitsbereich der Ältesten fiel es, neue Mitarbeiter zu finden. Die Ältesten trafen sich mit jedem potentiellen Mitarbeiter, um mit ihm über seine Hingabe an Christus, seine Integrität und Arbeitsethik und sein Familienleben zu sprechen und zu überlegen, ob seine persönlichen Gaben, Begabungen und Neigungen mit der Beschreibung der ins Auge gefaßten Aufgabe zusammenpaßten. Integrität war auf persönlicher Ebene, auf Mitarbeiterebene und auf Gemeindeebene von großer Bedeutung. Begabung und Leistungsstandard waren nicht ganz unwichtig, aber an erster Stelle standen Charakter und Gottesfürchtigkeit. Im Lauf der Jahre waren viele kompetente und begabte Leute zu Mitarbeitern oder Leitern, Musikern oder Schauspielern ernannt worden, weil man ihre Kompetenz höher bewertet hatte als ihre Hingabe an Christus.

Die Ältesten trafen sich als gesamtes Gremium wenigstens einmal im Monat und in kleineren Gruppen nach Bedarf, und sie begannen, einmal pro Monat für die Kranken zu beten. Außerdem richteten sie ein formales Verfahren zur Erlangung der Gemeindemitgliedschaft ein. Früher hielten wir formale Mitgliedschaft für unnötig, aber mit der Zeit wurde deutlich, daß wir ein Mittel brauchten, um diejenigen herauszufinden, die ernsthaft an geistlichem Wachstum und Jüngerschaft interessiert waren, und um mögliche Kandidaten für Dienste oder Leitungspositionen identifizieren zu können. Zu dieser Zeit trafen sich die Ältesten mit jedem persönlich, der offiziell Gemeindemitglied werden wollte.

Leitung und Anbetung

Unter der Leitung der Ältesten trat die Gemeinde in eine Phase der Konsolidierung ein. Da in dieser Zeit die Besucherzahlen der Wochenend-Gottesdienste beständig zunahmen, lag die Betonung der Mitarbeiter und Ältesten auf der Integration derer, die schon in der Gemeinde waren, und auf dem Aufbau verschiedener Dienstbereiche. Es wurde eine ausgedehnte Singlearbeit entwickelt, dazu besondere Dienste für Frauen und eine umfangreiche Seelsorgearbeit. Unsere Jugendarbeit explodierte geradezu, als wir mit dem *Sonlight Express* ein Angebot für jüngere Schüler einrichteten sowie mit der Ausweitung von *Promiseland*, unserer Sonntagsschularbeit, die durch die räumlichen Einschränkungen im alten Kino sehr erschwert worden war.

Mit jedem neuen Dienst, der ins Leben gerufen wurde, entstand neuer Leiterbedarf. Bill hatte in den ersten Jahren gelernt, daß Leiter in Jüngerschaftsbeziehungen ausgebildet werden, und deswegen lag in den frühen achtziger Jahren eine starke Betonung auf einer Erweiterung der Jüngerschaftsgruppen, die das Zellgruppensystem der Kinotage ersetzt hatten. Viele Leiter und Mitarbeiter, die *Willow Creek* durch die Jahre des Aufbaus getragen haben, waren »Eigenprodukte« unserer zweijährigen Jüngerschaftsgruppen.

Bill predigte in der *New Community* weiterhin, indem er Texte auslegte. Das Thema des »Strebens nach Reinheit«, das seine Reaktion auf den »großen Schiffbruch« charakterisierte, bekam einen neuen Energieschub, als Bills Wege die von Dr. R. C. Sproul kreuzten. Im Frühjahr und Sommer 1982 verbrachten Bill und ich drei verschiedene Wochen im *Ligonier Valley Study Center* in Pennsylvania und hörten Dr. Sprouls farbige und herausfordernde Verkündigung. Bill und Dr. Sproul hatten fast einen verbalen Schlagabtausch wegen ihrer auseinandergehenden Meinungen zu Evangelisation, aber es ist nicht übertrieben zu sagen, daß Dr. Sprouls Lehre über die Heiligkeit Gottes zentral in Bills geistlicher Entwicklung war, sowohl theologisch als auch aus persönlicher Erfahrung.

Das Thema, das Bill in jenem Jahr für die Mitarbeiterfreizeit zum »Tag der Arbeit« auswählte, entstand aus seinen Gesprächen mit Sproul. Wenn Gott so hoch und hocherhaben war, wie Bill ihn erlebt hatte, dann verdiente er auch unsere Anbetung. Bill sprach in dieser Woche darüber, wie sehr wir es nötig hätten, anbetende Menschen zu werden und unser Leben, persönlich und gemeinsam als Gemeinde, Gott als angenehmes Opfer hinzugeben. Jeder hatte in dieser Woche die Aufgabe, ein Stück Holz zu finden und seinen Namen darauf einzuschnitzen. Am letzten Abend im Lager entzündeten wir ein riesiges Lagerfeuer mit unseren Holzstücken. Unsere Lieder drückten aus, was wir empfanden und die in der schwarzen Nacht lodernden Flammen schienen uns ein wunderbares Symbol für Hingabe und Anbetung zu sein.

Am Sonntag, dem 23. Oktober 1982, hielt Dr. Sproul ein Seminar zum Thema »Heiligkeit« für die Leiter von *Willow Creek*. Bill schloß daran in der *New Community* eine Predigtreihe an, die sich an Sprouls Lehre orientierte. »Die wesenhafte Anbetung Gottes« war die erste Predigt dieser Reihe. Damit begann in *Willow Creek* eine neue Phase der Anbetung. Seit 1975 hatten wir unsere Gottesdienste in der *New Community* als Anbetungsgottesdienste konzipiert, aber plötzlich merkten wir, daß wir nicht einmal die Bedeutung von Anbetung und Lobpreis kannten, geschweige denn die Größe Gottes auch nur annähernd wirklich erfaßt hatten. Die Anbetung in der *New Community* sollte Jahre später einen weiteren tiefergehenden Wandel erleben, als von Dr. Jack Hayford und anderen gottesfürchtigen Männern und Frauen Bill ein neuer, geisterfüllter Zugang zur Anbetung vermittelt wurde. Aber zum ersten Mal wurde die Anbetung durch den Dienst von Dr. Sproul in *Willow Creek* zum Leben erweckt.

Verantwortlichkeit

Einer der wichtigen Werte, die aus dem »großen Schiffbruch« erwachsen waren, war der Wert der Verantwortlichkeit. Vor 1979 hatten wir Gemeinschaft ohne Verantwortlichkeit erlebt. *Willow Creek* war am Anfang ein herrenloses »Kalb«, das von energiegeladenen »Rennpferden« geleitet wurde, die bereit waren, volle Kraft voraus zu rennen. Jedes beanspruchte Freiheit und Unabhängigkeit. Jedes hatte eine klare innere Vorstellung, wohin es mit seinem jeweiligen Dienst gehen wollte, und glaubte, daß das allerletzte, was sie brauchten, jemand wäre, der ihnen über die Schulter schauen würde. Die Tatsache, daß sie in gesetzlichen Gemeinden aufgewachsen waren, in denen jeder Schritt aus der Reihe verurteilt wurde, gab ihrem Wunsch nach Eigenständigkeit und Freiheit Nahrung. Ihr hektisches Lebenstempo machte Verantwortlichkeit unmöglich, selbst wenn sie es gewollt hätten, und die Arroganz und Naivität ihrer Jugend machten sie unverwundbar.

Aber, wie ich vorher schon erwähnt habe, wandte sich dieses Bewußtsein der Unverwundbarkeit in den achtziger Jahren ins Gegenteil. Bill, die Ältesten, alle Mitarbeiter und Leiter wußten eines ganz genau: Wir sind verwundbar, als einzelne und als ganze Gemeinde. Das erste Gegenmittel gegen unsere Verwundbarkeit war Verantwortlichkeit. Aber wie genau sieht Verantwortlichkeit aus? Wie konnten wir Verantwortlichkeit in unseren Beziehungen leben?

Gott gab uns die Antwort auf diese Fragen durch einen Bundesrichter aus Oregon. Als Bill Mike Hogan zum ersten Mal bei einem gemeinsamen Freund traf, war er von der Art und Intensität beeindruckt, mit der Mike Beziehungen lebte. »Was ist gerade in deinem Leben los?« fragte Mike und wollte keine oberflächliche Antwort akzeptieren. Über lange Zeit hinweg zeigte Mike Bill, was für Möglichkeiten in Männerfreundschaften stecken.

Unter anderem lernte Bill von Mike, daß er den Wert und die Tiefe von Kommunikation, die nötig sind, um gesunde Freundschaften zu erhalten und Verantwortlichkeit zu fördern, völlig falsch beurteilt hatte. Er lernte, daß auf die unvermeidliche Reibung, die entsteht, wenn zwei Menschen miteinander leben oder arbeiten, die einzige Antwort ist, einander in allem schonungslos die Wahrheit zu sagen. In den stressigen ersten Jahren wurden Probleme in Beziehungen unter den Mitarbeitern oft mit optimistischen Versicherungen abgetan: »Die Zeit heilt Wunden« oder: »Wenn ich so tue, als ob nichts wäre, geht es von selbst vorbei« oder: »Es geht mich nichts an« oder: »Ich habe keine Zeit nachzufragen, aber ich bin sicher, es geht ihm gut«. Mike lehrte Bill, harte Fragen auszulösen und zu stellen und harte Antworten anzunehmen und selbst zu geben.

Kurz nachdem er Mike kennengelernt hatte, fing Bill an, sich regelmäßig mit drei Männern aus dem Gemeindevorstand zu treffen – mit Don Albrecht, Rich Schmidt und Quigley Fletcher. Im Oktober 1981 veranstaltete Bill mit ihnen seinen ersten Ausflug »nur für Männer« – ein Ereignis, das regelmäßig wiederholt wurde. In den nächsten Jahren erlebte ich, wie Gott vier unabhängige »Jungstiere« nahm und sie zu miteinander verbundenen Brüdern machte. Ich erlebte, wie die vier einander herausforderten in ihren Ehen, ihren Berufen, ihrem Verwalteramt und in ihren Zukunftsplänen. Ich erlebte, wie Rich, Quig und Bill miteinander weinten, als ein Gehirntumor Don unbarmherzig das Leben nahm. Ich erlebte, wie Bill im Lauf der Jahre andere Menschen zu seinen engen Freunden machte und einem nach dem anderen erlaubte, ihn zu prägen, jeder in seiner besonderen Weise.

Durch Mike Hogan lernte Bill die Vorzüge von brüderlichen Beziehungen kennen, und die Freunde seiner ersten Männergruppe vertieften Bills Verständnis von Beziehungen, beeinflußten die Richtung, die die Kleingruppendienste nahmen und wurden schließlich zum Thema einer Predigtreihe für die Wochenend-Gottesdienste.

Heute spürt man das Konzept der Verantwortlichkeit in allen Dienstbereichen von *Willow Creek*, von der Tiefe und Intensität, mit der die Ältesten mit potentiellen Mitarbeitern sprechen, über die Ausgewogenheit, die alle finanziellen Entscheidungen durchdringt, bis hin zum Teilen des persönlichen Lebens, das zum festen Bestandteil der wöchentlichen Leitungsteam-Treffen gehört.

Fester Boden und neues Ansehen

Im Januar 1983 begann Bill in den Wochenend-Gottesdiensten mit einer Predigtreihe zu den Zehn Geboten. Obwohl er insgeheim die Befürchtung hatte, daß die Besucherzahl in diesen Wochen des »Du-sollst-nicht« zurückgehen würde, stieg sie während dieser Predigtreihe tatsächlich von 4 100 auf 4 600 Besucher. Bill erklärte nicht nur das »Was« der Gebote, sondern darüber hinaus auch das dahinterstehende »Warum«. Und so bekamen viele kirchendistanzierte Menschen, die biblische Gebote gewöhnlich für hart und unterdrückend hielten, einen ersten Eindruck von der dahinterstehenden Liebe und Weisheit Gottes. Für viele Menschen wurde diese Predigtreihe zum Katalysator für eine tiefgreifende Veränderung ihres Lebens.

Da Bill sich in den Jahren 1982 und 1983 mehr auf die Wochenend-Gottesdienste konzentrierte, füllte sich der Predigtkalender der *New Community* mit Namen wie John MacArthur, Stuart Briscoe, Jill Briscoe, Warren Wiersbe, J. Allen Peterson, Ron Carlson, Dr. Bilezikian und vielen anderen. Auch wenn diese begabten Prediger wirklich ausgezeichnet waren, so litt die *New Community* doch zunehmend daran, keinen ständigen Lehrer und Prediger zu haben, der die besonderen Bedürfnisse dieser Gemeinde kannte und verstand.

Die Ältesten beschlossen, daß Bill der Hauptprediger für die Gemeinde-Gottesdienste unter der Woche sein sollte, aber seine Verpflichtungen für die Wochenendpredigten und die Gemeindeleitung ließen ihm wenig Zeit, sich *New Community* zu widmen. Die Lösung dieses Dilemmas kam in der Person von Don Cousins, der Teamleiter in den Tagen der Jugendarbeit von Park Ridge und Leiter von *Son City* in unseren Kinotagen war. Don hatte bereits die Jugendarbeit verlassen und arbeitete in der Gemeindeleitung mit. Er war reif genug und bereit, zusätzliche Leitungsverantwortung zu übernehmen, damit Bill mehr Zeit und Energie in die Predigtarbeit investieren konnte, und wurde so Schritt für Schritt zum Copastor von *Willow Creek*. In den folgenden Jahren betreute Don die Entstehung neuer Dienstbereiche, baute ein ausgedehntes Jüngerschaftskonzept auf und etablierte sich als effektiver Prediger für *New Community* und die Wochenend-Gottesdienste.

Von Anfang 1984 bis Ende 1987 wuchs die Besucherzahl am Wochenende von fast 5 000 auf über 9 000 Besucher, nachdem wir im Oktober 1987 einen dritten Wochenend-Gottesdienst am Samstagabend eingeführt hatten. Die jährliche Spendensammlung am Jahresende erlaubte es uns, einen Flügel für Unterrichtsräume und eine Kapelle anzubauen, wodurch die Gemeinde besser in der Lage war, die Veranstaltungen der verschiedenen Dienstbereiche unter einen Hut zu bringen.

Als die Organisation der Gemeinde und die Verantwortungsbereiche der Leiter zunehmend komplexer wurden, schien es notwendig zu sein, mehr und mehr Mitarbeiter von außerhalb der Gemeinde zu gewinnen, um einen größeren Bestand an erfahrenen Experten zu erschließen. Die Vergrößerung des Mitarbeiterstabes machte es erforderlich, ständig die Organisationsstrukturen anzupassen und in neue Bereiche aufzuteilen. Don wurde zum täglichen Mitarbeiterleiter. Bill und Don fühlten sich beide zunehmend herausgefordert von ihrer Aufgabe, eine so schnell wachsende Gemeinde zu leiten, aber wie in den ersten Jahren war erfrischend zu sehen, daß so viele Menschen Christen wurden und in ihrer Hingabe an Christus wuchsen.

Und schließlich schien *Willow Creek* auch sein Image als schwarzes Schaf unter den christlichen Gemeinden abgelegt zu haben. Bill wurde eingeladen, auf Pastorenkonferenzen im ganzen Land, bei Seminaren und Konferenzen angesehener Gemeinden zu sprechen. Inzwischen besuchten Hunderte von Pastoren regelmäßig die Leiterkonferenzen in *Willow Creek*. Immer mehr Gemeinden schienen für das Anliegen, kirchendistanzierte Menschen zu erreichen, offen zu werden. Wir waren ganz deutlich in eine aufregende, neue Phase eingetreten, in welcher der Dienst unserer Gemeinde lokale und nationale Bedeutung bekam.

Kapitel 6

Die Welt entdeckt Willow Creek

1988-1991

»Es war, als ob jemand einen Scheinwerfer auf uns gerichtet hätte. Wir gingen unserer ganz normalen Arbeit nach und verrichteten unseren Dienst in Willow Creek. Und ganz plötzlich strömten von überall her Reporter nach Willow Creek, und Kamerateams zogen durch alle Korridore. Nun bekam alles, was wir taten, noch mehr Gewicht und Verantwortung – und egal, wie sehr wir uns anstrengten, konnten wir nie mit dem ständig zunehmenden Wachstum der Gemeinde Schritt halten.«

Lee Strobel
Lehrpastor von *Willow Creek*
und Leiter der Öffentlichkeitsarbeit

Ende der achtziger Jahre entdeckten die nationalen Medien *Willow Creek,* und unser erst kürzlich erworbenes Ansehen in der evangelikalen Welt bahnte den Weg für eine totale Faszination, die das Konzept der »Megagemeinde« auf die säkularen Medien ausübte, vom *Time Magazine* bis zur *NBC Today Show*. In den meisten Fällen schauderte uns, wenn wir Reportagen hörten oder lasen, die das, was in *Willow Creek* geschah, mit Begriffen aus dem Geschäftsleben beschrieben. Aus der Gemeinde wurden »Konsumenten«. Kirchendistanzierte Menschen wurden zu »potentiellen Kunden«. Unsere Umfrage von 1975 wurde zur »demographischen Analyse« erhoben. Effektive Wege zu finden, um an den Bedürfnissen der Menschen anzuknüpfen, wurde zu »Marketingstrategien«. Wir waren erschüttert, wenn weniger über die Umgestaltung von Leben als über Bills »adrette Geschäftsanzüge« berichtet wurde.

Aber viele Christen und Gemeindeleiter schlossen ganz richtig, daß an der Geschichte mehr war, als in den Medien berichtet wurde. Als die Berichterstattung zunahm, rotierte die Zentrale von *Willow Creek*. Informationspakete über *Willow Creek* wurden an Gemeinden in der ganzen Welt verschickt, und die Teilnehmerzahl an unseren Pastorenkonferenzen nahm sprunghaft zu. Große Denominationen waren begierig darauf, etwas über »besucherorientierte« Dienste zu erfahren, und so nahmen Bills Verpflichtungen außerhalb von *Willow Creek* zu, als er durch die Vereinigten Staaten, nach Europa, Indien und Australien reiste.

Unsere Ältesten sahen diese neue Entwicklung mit Sorge, aber letztlich spürten sie, daß Gott sie dahin führte, Bill zu seinem Dienst außerhalb von *Willow Creek* zu ermutigen. Auch ich war einverstanden. Auch wenn ich nicht unbedingt begeistert davon war, daß Bill noch häufiger nicht zu Hause sein würde, schien es für mich eindeutig zu sein, daß Gott Bills Leitungs- und Lehrfähigkeiten in einem breiteren Kontext einsetzen wollte. Da Bill weiterhin Hauptprediger für die Wochenend-Gottesdienste und für *New Community* blieb, übernahm Don Cousins mehr Verantwortung im Bereich der Mitarbeiterleitung und predigte von Zeit zu Zeit.

Zwischenzeitlich stiegen die Besucherzahlen in *Willow Creek* weiterhin und stellten uns vor eine neue Herausforderung. Von Anfang an kamen Besucher in erster Linie »am Arm eines gläubigen Freundes«, der ihnen half, sich in das Gemeindeleben zu integrieren. Plötzlich jedoch hatten wir einen Zustrom von kirchendistanzierten Menschen, deren einzige Bindung an *Willow Creek* in einem Zeitungsartikel bestand, den sie bei ihrem Morgenkaffee gelesen hatten, oder in einem Spot über »Menschen unserer Zeit«, den sie in den Abendnachrichten gesehen hatten. Wir freuten uns sehr über sie, aber leider sahen wir keinerlei Weg, um sie in die Gemeinde einzugliedern. Alle unsere Eingangstüren waren groß: große Wochenend-Gottesdienste; große *New Community*-Gottesdienste; große Veranstaltungen der einzelnen Dienstbereiche.

Die einzigen Kleingruppen, die wir anboten, waren unsere Jüngerschaftsgruppen, die eine zweijährige Verpflichtung und ein intensives Studienprogramm bedeuteten. Die meisten Neuankömmlinge zögerten, sich so lange zu binden, da sie erst wenig über Gott, den christlichen Glauben oder über *Willow Creek* wußten. Die mutigen Seelen, die bereit waren, sich auf so eine Verpflichtung einzulassen, mußten sich sechs Monate lang mit einem Platz auf der Warteliste begnügen, weil wir zu wenige ausgebildete Leiter für Jüngerschaftsgruppen hatten.

Es wurde offensichtlich, daß *Willow Creek* seine Stärke im kleinen ausbauen mußte, wenn es weiteres Wachstum verkraften wollte. Wir legten unseren Schwerpunkt auf kleinere Veranstaltungen und kleinere Gruppengrößen, die mehr persönliche Interaktion erlaubten. Beim Übergang in die neunziger Jahre wurde das Problem, im kleinen zu wachsen, immer drückender, und so begannen wir mit einer völligen Umstrukturierung unserer Kleingruppenarbeit.

Eine Möglichkeit zu finden, im kleinen zu wachsen, war nicht die einzige Sorge, die wir durch den sprunghaften Anstieg der Besucherzahlen hatten. Ganz plötzlich hatten wir zu wenig Räume für die Kinderarbeit, zu wenig Büroräume für die Mitarbeiter, und alle Räumlichkeiten war bei den Wochenend-Gottesdiensten zum Platzen gefüllt. So nahmen wir im Frühjahr 1989 ein 23 Millionen Dollar schweres Bauprojekt in Angriff, von dem der Gemeindevorstand und die Ältesten hofften, daß es der Gemeinde bei beiden Herausforderungen helfen würde: größer zu werden und im kleinen zu wachsen.

Der Anbau mit einer Fläche von 2 000 Quadratmetern hatte eine Turnhalle für unsere Jugendarbeit und für evangelistische Sportveranstaltungen, Unterrichtsräume für Kinder und Erwachsene, Konferenzräume für Seminare und Workshops, Räume für Kleingruppentreffen und ein zentral gelegenes Atrium mit Tischen, Stühlen und einem komplett ausgestatteten Restaurantbereich. Dieser einladende, lichtdurchflutete Raum bot den ganzen Tag Gelegenheit, sich vor oder nach den Diensten und Veranstaltungen aufzuhalten, und war ideal für Kleingruppentreffen, Bibelstudien oder gemeinsame Mahlzeiten. Es war das »große Zimmer« von *Willow Creek*, ein Ort, an dem Leute sich treffen, kennenlernen, sich aufhalten, entspannen und einfach »Teil der Familie« sein konnten.

Mitarbeiterzahl, Gemeinde und Terminkalender – Tendenz wachsend

Der neue Anbau würde zwar einigen Herausforderungen begegnen, die das starke Wachstum von *Willow Creek* mit sich gebracht hatte, aber es gab einige frustrierende Bereiche, die mit Steinen und Mörtel nicht zu verbessern waren. Die Neuorganisation der Leitungsämter, die durch Bills häufige Abwesenheit nötig geworden war, untergrub langsam die Moral der Mitarbeiter. Mitarbeiter, die von Anfang an bei *Willow Creek* dabei waren – »die alte Bande, die jahrelang um Bills Lagerfeuer saß« –, hatten plötzlich nahezu keinen Zugang mehr zu ihm.

Die rasche Aufnahme neuer leitender Mitarbeiter, die meistens nicht aus den Reihen der Gemeinde kamen und ohne Bills direkte Beteiligung eingesetzt wurden, brachte unterschwelligen Ärger und Widerstand. Plötzlich schien es zwei getrennte Mitarbeiterkreise zu geben. Auf der einen Seite standen die, die miteinander fast zwanzig Jahre Erinnerungen teilten. Diese Veteranen von *Willow Creek* hatten während der schwierigen Startphase

Zeit, Geld und Energie geopfert, als jede Veränderung ein Glaubensschritt war. Sie wußten, was es bedeutete, von der Gemeinschaft der Christen wie ein ungezogenes Kind behandelt zu werden; sie hatten sich durch den »großen Schiffbruch« durchgekämpft; sie waren »erwachsen« geworden als Diener und Helfer in den Jahren des Aufbaus; sie hatten sich die Berufung in fast zwei Jahrzehnten zu eigen gemacht.

Auf der anderen Seite standen die Neuankömmlinge, die hochtrainierten Spezialisten, denen ein gutes Gehalt angeboten worden war, um sie für ein im ganzen Land berühmtes Team zu gewinnen. Mit guten Absichten und ernsthaftem Eifer für Gott und den Dienst brachten diese Neuankömmlinge die »frischen Beine« und die »neuen Erkenntnisse« mit, die *Willow Creek* brauchte, um in die nächste Phase eintreten zu können. Aber es war für die »alte Bande« und die »frischen Beine« nicht einfach zusammenzuarbeiten. Es brauchte Zeit, bis sie die Gemeinsamkeiten ihrer unterschiedlichen Perspektiven entdeckten und ein gegenseitiges Gefühl der Wertschätzung des einzigartigen und wichtigen Beitrages jeder der beiden Gruppen entwickelten.

Während einzelne Mitarbeiter mit der Beziehungsseite einer schnell wachsenden Mitarbeiterschaft kämpften, mußten sie auch noch radikale organisatorische Veränderungen verdauen. Das tröstende Band einer gemeinsamen Geschichte und die wohltuende familiäre Atmosphäre wurden abgelöst von neuen Leuten, neuen Organisationsstrukturen, neuen Verfahren und einem unwillkommenen Gewirr aus Mitteilungen, logistischen Kreisen und offiziellen Anweisungen. Was zuerst recht persönlich zu sein schien, wurde schließlich ganz plötzlich völlig unpersönlich. Die Weihnachtsfeier für alle Mitarbeiter, die lange Jahre ein von allen geliebtes Vorstandsmitglied ausrichtete und die jedes Jahr damit endete, daß alle Mitarbeiter rund um das Klavier standen und Weihnachtslieder sangen, wurde abgelöst von einer sorgfältig vorbereiteten Weihnachtsveranstaltung in einem Konferenzraum der Gemeinde für dreihundert Mitarbeiter, von denen sich die meisten fremd waren. Die jährliche Mitarbeiterfreizeit in *Camp Paradise*, bei der die Mitarbeiter mit Bill Wasserski fuhren und buchstäblich gemeinsam um ein Lagerfeuer saßen, wurde abgelöst von eintägigen Arbeitstreffen in einem Haus am Ort, bei denen sich die Mitarbeiter mit ihrem Dienstbereichsleiter trafen. Für die Veteranen der ersten Jahre war diese Entwicklung vom kleinen Mitarbeiterkreis zum Mega-Mitarbeiterkreis, als ob sie ihre Familie verlören, und viele von ihnen durchlebten eine Zeit der Trauer.

Erschwert wurde diese Zeit, in der die Zahl der Mitarbeiter ständig zunahm und in der komplexere Strukturen nötig waren, dadurch, daß die

Termine in Bills Reisekalender zunahmen und er immer seltener persönlich erreicht werden konnte. Die normale Leitung der Mitarbeiter lag in den sehr fähigen Händen von Don Cousins, aber viele Mitarbeiter fühlten sich etwas verunsichert ohne Bill, der von Anfang an die Rolle übernommen hatte, die einende Vision zu vermitteln.

Bill spürte das Gewicht dieser Frustration, aber er war zerrissen. Seine Verpflichtung galt in erster Linie natürlich *Willow Creek*, aber Gott schien seinen ausgedehnten Dienst zu segnen. Er versuchte, beides unter einen Hut zu bringen. Am meisten Probleme machte ihm dabei sein Predigtdienst in *Willow Creek*. Wenn er außerhalb sprach, brauchte er nur wenig Zeit zur Vorbereitung, aber wenn er zu Hause am Wochenende predigte, mußte er neue Themen vorbereiten. Es war 1989 für Bill nichts Außergewöhnliches, am Mittwochabend in der *New Community* zu predigen, dann auf einer zweitägigen Konferenz irgendwo in den Vereinigten Staaten (oder anderen Ländern) am Donnerstag und Freitag zu sprechen, seine Wochenendpredigt um vier Uhr morgens in einem Hotelzimmer oder um Mitternacht im Flugzeug vorzubereiten, um dann am Samstagabend und zweimal am Sonntag zu predigen. Am Montagvormittag begann er mit der Vorbereitung seiner nächsten Predigt für die *New Community*. Dieser Terminplan überschritt das Maß des Gesunden spätestens dann, als es nötig wurde, eine zweite *New Community* am Donnerstagabend einzurichten. Don Cousins predigte in *Willow Creek*, wenn Bill länger unterwegs war und einen Gottesdienst unter der Woche oder am Wochenende versäumte, aber Bill blieb weiterhin der Hauptprediger.

Zusammenbruch!

Im Dezember 1989 arbeitete Bill sieben Tage pro Woche und kam nur nach Hause, um sich soweit zu erholen, daß er weiterarbeiten konnte. Aber er erreichte den Punkt, an dem er völlig am Ende war. An einem Samstag, nur wenige Stunden vor dem Abendgottesdienst und einige Minuten, bevor er den Hochzeits-Gottesdienst eines Freundes feiern sollte, legte Bill seinen Kopf auf die Tischplatte und schluchzte unkontrolliert, physisch, emotional und geistlich völlig am Ende seiner Kräfte. Später sagte er: »An diesem Tag zerbrach irgend etwas in mir. Ich weiß nicht, was es war, aber es erschreckte mich. Ich hatte das Gefühl, aus den Nähten zu gehen.«

Irgendwie kam er durch die nächste Woche, predigte in den Weihnachts-Gottesdiensten und fuhr dann mit uns in den Familienurlaub. Liebe

Freunde hatten uns einen ruhigen Platz an der Sonne angeboten, doch leider wurde die Ruhe durch den Ferientrubel gestört, und wir fanden nicht die Erholung, die wir so nötig gehabt hätten. Als wir zurückkamen, war Bill in schlechterem Zustand als bei unserer Abreise. Er rief die Ältesten zusammen und sagte: »Ich weiß nicht, was mit mir im Moment los ist, aber ich bin damit ganz sicher noch nicht fertig. Ich muß noch einmal wegfahren.« Ich habe oft erlebt, daß Bill das Maß weit überschritten hatte – sein »Erholungsbedarf« war in unserer Familie zum geflügelten Wort geworden –, aber ich war immer wieder erstaunt, wie schnell er meistens fast über Nacht neue Energie bekam. Ich hatte ihn aber nie zuvor so erschöpft erlebt, daß er an einem Punkt angekommen war, an dem er sich nicht wieder selbst »aufladen« konnte.

Als die Kinder wieder in der Schule waren, zog sich Bill für drei Tage auf eine einsame Hütte in Wisconsin zurück. Er bewegte sich in diesen Tagen langsam, genoß geruhsame Mahlzeiten in kleinstädtischen Restaurants und schlenderte ruhige, von Bäumen gesäumte Straßen entlang. Er ging zum Friseur und sagte: »Lassen Sie sich Zeit, ich habe es nicht eilig.« Viele Jahre war ein Freund von uns ins Haus gekommen, um Bill zwischen zwei Veranstaltungen in der Gemeinde schnell einen neuen Haarschnitt zu verpassen. Und so war es sehr erfrischend für ihn, beim Friseur keinen Zeitdruck zu haben.

Aber das entspannte Tempo endete abrupt. Die Predigtreihe, mit er im Januar 1990 in den Wochenend-Gottesdiensten begann, hatte das Thema »Den Irrgarten des Lebens überwinden«. Wenn jemals eine Predigtreihe aus Bills eigenen Kämpfen heraus entstanden ist, dann war es diese. Der Monat verging mit den üblichen Vorstandstreffen, Mitarbeiterbesprechungen, den Predigten in der *New Community* und einem Vortrag in Kalifornien. Am Ende des Monats wußte Bill, daß er es nicht mehr schaffte.

Er fuhr für eine Woche in das Haus eines Freundes in den Südstaaten in der Hoffnung, sich dort ausreichend für den Blitzkrieg im Februar erholen zu können: Januar-Verpflichtungen, die er abgesagt hatte, Finanzentscheidungen für den Anbau, eine dreitägige Pastorenkonferenz in *Willow Creek*, verschiedene Vortragsverpflichtungen in Kalifornien, Oregon und Texas und ein Autoausflug mit unserem Sohn von Kalifornien nach Chicago. In den Wochenend-Gottesdiensten dieses Monats predigte er über »Den härtesten Wettkampf der Christenheit«. In der dritten Woche dieser Predigtreihe, als er über »Moral« predigte, hatten wir mit 15 200 Besuchern den höchsten Besucherstand in einem regulären Gottesdienst. Als die Begeisterung und der Energiepegel in *Willow Creek* ihren Höhepunkt erreichten, glitt Bill immer tiefer in einen Zustand der Erschöpfung und Verzweiflung.

Von Monat zu Monat hatte er weniger Energie für persönliche Beziehungen oder Wechselbeziehungen zu anderen Mitarbeitern. Entscheidungen zu treffen, früher eine seiner Stärken, wurde nun zu einer Last, und mehr als einmal verließ er Besprechungen vorzeitig, weil er von den Anforderungen, die Wachstum und Veränderungen mit sich brachten, überwältigt wurde. Und am besorgniserregendsten von allem war, daß er fast nicht mehr in der Lage war zu predigen. Immer häufiger bat er Don Cousins, Dr. Bilezikian oder andere Prediger von *Willow Creek*, ihn zu vertreten. Trotzdem blieb er weiterhin Hauptprediger.

Eine radikale Lösung

Bill litt eindeutig an extremer Erschöpfung, aber was genau bedeutete das? Warum war er an diesen Punkt gelangt? Als er einen genaueren Blick auf sein Leben warf, wurde ihm deutlich, daß er viel zuviel predigte. Bills ausgeprägteste Gaben waren Leitung, Evangelisation und Lehre. Aber er hatte es zugelassen, daß sein Dienst so strukturiert wurde, daß er viel mehr Zeit und Energie in die Predigt steckte, was ihn Energie kostete, als in Leitung oder Evangelisation, was ihm beides neue Energie gab. Er mußte alle zwei oder drei Tage predigen und sich immer neue Themen aus den Fingern saugen.

Emotional fühlte er sich wie ein Soldat, auf den die nächste Schlacht gleich hinter der nächsten Ecke lauerte. Der Adrenalinspiegel stieg ständig an. Geistlich hatte er das Gefühl, sein Herz und seine Seele würden immer mehr schrumpfen. Er fühlte sich mehr unter dem Gesetz als unter der Gnade. Er wußte um die Pflichten des Dienens, aber er spürte nicht die Freude der Sohnschaft. Er fühlte sich unmotiviert und niedergedrückt. Es wurde deutlich, daß er sich selbst zerstören würde, wenn er nicht lernen würde, sich so ausgewogen im Dienst einzubringen, wie Gott es für ihn gedacht hatte. Er mußte seine Dienstverpflichtungen so umorganisieren, daß er weniger predigen mußte.

Seine Lösung? Teampredigt.

Als Bill auf die Idee kam, sich mit einem weiteren Prediger die Verantwortung des Hauptpredigers zu teilen, rieten ihm christliche Leiter aus dem ganzen Land davon ab. »Es wird die Gemeinde spalten.« »Dadurch werden persönliche Parteinahmen entstehen.« »Es wird alles zerstören, was du während der letzten fünfzehn Jahre aufgebaut hast.« Aber Bill merkte, daß er keine andere Wahl hatte. So wie er im Moment für das Wirken Gottes arbeitete, zerstörte er das Wirken Gottes in sich selbst. Er mußte eine andere Möglichkeit finden.

Im Juni 1990 stellten die Ältesten Jim Dethmer an, einen Pastor aus Baltimore, der mit Bill im Team predigen sollte. Bill war außer sich vor Freude. Als wir im Juli in unseren Sommerurlaub fuhren, konnte Bill das Licht am Ende des Tunnels sehen. Er begann, sich zu entspannen. Er hatte das Gefühl, ein destruktives Verhaltensmuster durchbrochen zu haben, und spürte in seinem Leben wieder die wohltuende Gegenwart des Heiligen Geistes.

Krisenmanagement

In diesem Sommer nutzte Bill die ruhigen Vormittage fernab von allen Dienstverpflichtungen, um die Verhaltensmuster seines Lebens genauer unter die Lupe zu nehmen. Ihm wurde klar, daß der übermäßige Einsatz seiner Lehrbegabung nicht sein einziges Problem war. Das durchschnittliche Tempo seines Lebens, das sich in der zweiten Hälfte der achtziger Jahre dramatisch verschärft hatte, trieb ihn in einen chronischen Zustand, den er selbst als »Lebensstil des Krisenmanagements« bezeichnete. Wenn man jede wache Minute eines Tages unter angsterzeugendem Druck damit verbringt auszutüfteln, wie man alle Ansprüche und Verpflichtungen des Lebens unter einen Hut bringen kann, ist das Krisenmanagement.

Jeder ist von Zeit zu Zeit dazu gezwungen, aber wenn es zu einem anhaltenden Lebensstil wird, wirkt es zerstörerisch. Es gibt keine Zeit mehr zum ruhigen Nachdenken. Keine Zeit, die emotionalen Batterien wieder aufzuladen. Keine Zeit zur Entspannung. Keine Zeit, um sich mit der eigentlichen Wurzel der Probleme auseinanderzusetzen. Man berührt Beziehungen nur an der Oberfläche, legt auf klaffende emotionale Wunden Hilfsverbände und findet einen eiskalten Kern aus Ungeduld, wo normalerweise Mitleid sein sollte.

Eine Passage in Dallas Willards Buch »Der Geist der Disziplin« nahm Bills Aufmerksamkeit in dieser Zeit gefangen:

> *»Wie viele Menschen fühlen sich ganz und gar und ständig von Gott zurückgestoßen, weil sie Christen erleben, die gefühllos, steif, unnahbar, langweilig, ohne Leben, zwanghaft und unzufrieden sind? Solche Christen gibt es überall, und ihnen fehlt ganz einfach jene gesunde Dynamik, die einem ausgewogenen Leben in der Freiheit von Gottes liebender Herrschaft entspringt.*

Diese Unfähigkeit, ein wirklich zufriedenstellendes Leben zu führen, hat immer zur Folge, daß man sündhaftem Handeln einen positiven Anstrich vermittelt. Genau hier liegt die Stärke der Versuchung. Und dies gilt genauso, wenn unser Unvermögen aus unseren Bemühungen um das entsteht, was wir ›geistlich‹ nennen. Gewöhnlich fällt es uns leichter, die Versuchung zu überwinden, wenn wir glücklich in unserem Leben sind. Wenn wir aber den Spaß und die Freude aus unserem Leben vertreiben, weil wir sie mit unserem menschlichen Leben als ›ungeistlich‹ einstufen, kann das letztlich dazu führen, daß wir geschwächt werden in unseren Anstrengungen, das Richtige zu tun. Wir werden unfähig, Stärke vom Guten und Rechten zu unterscheiden.«[1]

Auch nicht unter Aufbietung aller Vorstellungskraft konnte Bill sein rasendes Leben als »zufriedenstellend« bezeichnen, und auch wenn er keine sichtbaren Sünden begangen hatte, die viele andere christliche Leiter ins »Aus« befördert hatten, so konnte er doch nicht leugnen, daß er zunehmend mit sündigen Haltungen wie Bitterkeit und Ärger kämpfte. Er hatte immer mehr das Gefühl, in seinem Leben ungerecht behandelt zu werden. Wenn er Menschen sah, die ihr Leben genossen, fühlte er einen Ärger in sich aufsteigen, den er weder erklären noch rechtfertigen konnte. Wenn ihm Freunde ihre tollen Ferienerlebnisse erzählten, kämpfte er vergeblich gegen seine Eifersuchtsgefühle an. Er mochte das Leben nicht, das er lebte. Er mochte die Sünden nicht, gegen die er ankämpfte. Er mochte das quälende Nebeneinander seiner wachsenden Gemeinde und seines schrumpfenden Herzens nicht.

Bill setzte sich als Ziel für diesen Sommer, diese ungesunden Verhaltensmuster zu durchbrechen. Er verbrachte viel Zeit alleine, um seine leeren Energiereserven wieder aufzufüllen; er las, was ihm Spaß machte; er unternahm lustige und entspannende Aktivitäten mit den Kindern und mir; er genoß die zwanglose Unterhaltung mit engen Freunden; er lebte langsam. Es zahlte sich aus. Er fühlte sich langsam erfrischt. Ihm war bewußt, daß der Heilungsprozeß erst begonnen hatte, aber er fühlte sich schon gesünder – als Ehemann, als Vater, als Christ und als Pastor.

Im September 1990 startete Bill in den Wochenend-Gottesdiensten eine neue Predigtreihe mit dem Thema »Ein größeres Herz«, die aus dem Gefühl heraus entstanden war, daß sein eigenes Herz wieder begonnen hatte zu wachsen. Jim Dethmer predigte in der *New Community*, und mit ihm bekam die Gemeinde eine neue Stimme mit einer frischen Perspektive. Im Oktober feierten wir den fünfzehnten Geburtstag von *Willow Creek* mit einer fröhlichen evangelistischen Veranstaltung unter dem Titel »Auf großer Fahrt«. Für Bill war dieser Geburtstag wirklich ein Fest. Er feierte nicht nur, daß Gott *Willow Creek* fünfzehn Jahre lang gesegnet hatte, er feierte, daß er dieses fürchterliche Jahr persönlich überlebt hatte; er feierte den Erfolg der Teampredigt und seine hoffnungsvolle Einstellung gegenüber der Zukunft.

Verpflichtungen neu definieren

Das heißt natürlich nicht, daß Bills persönliche Kämpfe vorüber waren. Auch wenn das Predigen im Team für Bill eine große Erleichterung war und er sich bemühte, in seine Zeitplanung mehr Freizeitaktivitäten zu integrieren – er wurde Mitglied in der »Barefoot Skischule« und unternahm während des nächsten Jahres erfrischende Kurzurlaube mit Freunden –, war sein Terminkalender noch immer mit früheren Verpflichtungen überladen, die er einhalten mußte. Durch seine Verpflichtungen außerhalb von *Willow Creek* war er mehr unterwegs als je zuvor, und auch wenn er die kritischen Punkte des vergangenen Jahres überwunden hatte, kämpfte er dennoch mit Erschöpfung und schwindender Begeisterung für seinen Dienst. Während unseres Urlaubes im Frühjahr sprach er sogar davon, aus dem Dienst auszusteigen. »Vielleicht ist die Zeit für eine andere Art von Herausforderung gekommen. Vielleicht sollte ich zurück auf den Großmarkt gehen.«

Im Sommer 1991 lieh uns ein Freund ein Segelboot aus, und Bill hatte die Gelegenheit, die Leidenschaft seiner Jugend neu zu entdecken, die aus seinem Leben durch die Beanspruchung und die finanziellen Einschränkungen, die sein Dienst mit sich brachte, verdrängt worden war. Lange Jahre hatten wir im Sommer immer eine winzige Hütte in einem Urlaubsgebiet am Michigansee gemietet. Wenn wir dort waren, ging Bill immer am Hafen entlang, schaute auf die Boote und dachte an die ruhigen Stunden, die er mit seinem Vater auf dem Wasser verbracht hatte. Jetzt endlich konnte er diese Freude seiner Vergangenheit wieder einfangen. Das Boot unseres Freundes trug den Namen »Segen«, und drei Sommer lang war es wirklich ein Segen für uns alle – für die Kinder, für mich und natürlich besonders für Bill. Er verbrachte lange Nachmittage am Steuer und ließ sich durch den Wind und die Wellen wie in früheren Jahren erfrischen.

Die Gedanken, die sich Bill in diesem Sommer machte, liefen fast alle auf eine Frage hinaus: Wie sieht gesunde Hingabe an die Sache Gottes aus? Er kam zu dem Schluß, daß seine Hingabe an Christus schon vor langer Zeit aufgehört hatte, gesund zu sein, aber er war sich nicht sicher, wie oder warum das passiert war. Er suchte nach einer Erklärung, indem er sich Bibelverse ins Gedächtnis rief, die sein Konzept von Hingabe in seinen frühen Jahren als Christ geprägt hatten.

Er erinnerte sich, wie er durchdrungen war von »Selbstverleugnungsversen« wie: »Wer mein Jünger sein will, der verleugne sich selbst, nehme täglich sein Kreuz auf sich und folge mir nach« (Lk 9,23). Er erinnerte sich an den Einfluß von Apostelgeschichte, Kapitel 20, Vers 24, wo Paulus sagt: »Aber ich will mit keinem Wort mein Leben wichtig nehmen, wenn ich nur meinen Lauf vollende und den Dienst erfülle, der mir von Jesus, dem Herrn, übertragen wurde: das Evangelium von der Gnade Gottes zu bezeugen.« Bevor Bill durch diese Verse herausgefordert wurde, hatte sein Leben nur ein einziges Ziel: sein Leben auf seine Art zu leben. Er machte seine Pläne und setzte seine Ziele, und beides hatte wenig mit Gott zu tun. Deswegen brauchte er einen radikalen Ruf zur Nachfolge, um seinen »starken Hang zu selbstsüchtigen Zielen« zu durchbrechen und darüber nachzudenken, was Christus sich von seinem Leben vorstellte.

Dann gab es die Verse zum Thema »anderen dienen«. Für jemanden, der so »hoffnungslos egoistisch« war, wie Bill es von sich glaubte, waren Verse wie: »Wer der Erste sein will, soll der Letzte von allen und der Diener aller sein« (Mk 9,35) ein Schock. Das war für ihn eine völlig neue Weltordnung. Und die Worte, die Jesus zu Petrus spricht, sendeten ihm eine klare und herausfordernde Botschaft: »Ich werde euch zu Menschenfischern machen« (Mt 4,19). Bill war immer völlig in der Handelsbranche aufgegangen, aber jetzt sagte Jesus, daß das einzige, was wirklich zählt, die »Menschenbranche« ist. Langsam begannen Verse wie diese den Egoismus aus Bills Leben zu vertreiben.

Und schließlich gab es noch die Verse zum »geistlichen Wachstum«. »Müht euch mit Furcht und Zittern um euer Heil«, las Bill im Philipperbrief, Kapitel 2, Vers 12. »Übe dich in der Frömmigkeit«, im 1. Brief an Timotheus, Kapitel 4, Vers 7. Verse wie diese forderten ihn heraus, mehr Verantwortung für sein geistliches Wachstum zu übernehmen. Er realisierte, daß er sich geistlichen Übungen widmen mußte, um die sündhaften Muster in seinem Leben auszurotten und sich selbst für den Dienst zuzurüsten.

Ich kannte Bill zu dieser Zeit, und ich wußte, wie tiefgreifend diese Verse ihn verändert hatten. Ich sah die Veränderung. Aber wie konnte ich ihm wirklich helfen? Bill hatte seine Ziele immer voller Intensität verfolgt, egal, was es war. Hätte er sich entschieden, Athlet zu werden, hätte er seine körperliche Stärke und Kondition konsequent trainiert. Hätte er Verbrecher werden wollen, hätte er ein Verbrechen nach dem anderen begangen. Hätte

er Millionär werden wollen, hätte er mit allen Mitteln Jagd auf Geld gemacht. Und als er sich dafür entschied, auf den Spuren des Paulus das Wettrennen für Gott zu laufen, kannte er nur eine Möglichkeit, dieses Ziel zu
erreichen: mit voller Kraft zu laufen. So zog er mit siebzehn Jahren seine
Laufschuhe an und rannte los.

Neue Perspektiven

Als Bill begonnen hatte, das Wettrennen für Gott zu laufen, hatte er etwas
Wunderbares entdeckt: die Freude und Erfüllung verantwortlicher christlicher Hingabe. Aber nach zwanzig Jahren im Dienst merkte er, daß im Lauf
der Zeit dieselben Verse, die Gott so auferbauend in sein Leben hineinge-
sprochen hatte, nun vom Satan mißbraucht worden waren, um ihn über das
Maß von verantwortlicher Hingabe hinauszutreiben in eine Form der Hingabe, die ihn schließlich ins »Aus« gestellt hatte. Er dachte an die Worte des
Paulus (2 Kor 11,3): »Ich fürchte aber, wie die Schlange einst durch ihre
Falschheit Eva täuschte, könntet auch ihr in euren Gedanken von der auf-
richtigen und reinen Hingabe an Christus abkommen.« Er sah langsam, wie
er clever von einer einfachen und fröhlichen Liebe zu Gott weggelockt
wurde in ein von Schuld getriebenes und mit Sorgen belastetes Muster der
Überarbeitung »für die Sache Christi«.

Diese »Selbstverleugnungsverse«, die auf so wunderbare Weise dem
Egoismus in Bills Leben das Genick gebrochen hatten, wurden ihm nie in
ihrer Bedeutung erklärt. Keiner sagte ihm, was es bedeutete, »sich selbst zu
verleugnen«, und so setzte er seine eigene Interpretation um: sich selbst verleugnen heißt, seine Gefühle zu verleugnen. Als er Bills zunehmende Erschöpfung wahrnahm, fragte ihn ein Ältester unserer Gemeinde, ob es ihm
immer noch Spaß mache, die Gemeinde zu leiten und zu predigen. Bill antwortete umgehend: »Stelle mir nicht diese Frage. Ich kann es mir nicht leisten, darüber nachzudenken, wie ich mich fühle. Ich muß ganz einfach die
Arbeit hier machen. Ich muß einfach nur weitergehen.«

Zusammen mit seinen ehrlichen Gefühlen starben für Bill auch viele
wundervolle, von Gott gegebene Wünsche – wie Freizeitaktivitäten, erfrischende Beziehungen, Dienste, die ihn wirklich begeisterten –, weil sie ihm
zu viel Spaß machten und ihn zu sehr begeisterten, um »legal« zu sein. Er
dachte, daß er sie ganz einfach nur mit der nächstbesten Aufgabe erdrücken
müßte, und je schlechter er sich dabei fühlte, und je mehr er das Gefühl
hatte, »sein Kreuz auf sich zu nehmen«, desto besser war es.

Schließlich kam er zu einer neuen Interpretation von Lukas, Kapitel 9, Vers 23: Stirb den sündhaften Aspekten des Lebens, die dich von Gott wegstoßen. Stirb den zerstörerischen Denkmustern und unreinen Motivationen. Stirb den unguten Begierden. Stirb der Habgier. Stirb der Selbstsucht. Stirb dem Neid. Aber stirb nicht dem »Ich« in dir, das Gott geschaffen hat. Verleugne nicht die Neigungen und Träume, die Gott dir gegeben hat. Geh nicht davon aus, daß jeder Wunsch sündhaft und jedes persönliche Ziel schlecht ist. Weise keine berechtigten Bedürfnisse nach Pause und Erholung, nach Freude und Freundschaft zurück.

Bill lernte, wie zerstörerisch es sein kann – was viele Christen tun –, die freundlich flüsternde Stimme Gottes zu ignorieren. »Du darfst dich daran freuen. Du darfst diesen Traum ausleben. Du darfst dir diese Pause gönnen. Du darfst diese Freude auskosten. Du hast meinen Segen dazu.« Wenn wir innerlich verbittert und verärgert über die Anforderungen sind, die die Nachfolge Jesu an uns stellt, kann es gut daran liegen, daß wir uns mehr »verleugnet« haben, als Gott von uns wollte.

Bill nahm auch die Verse zum Thema »anderen dienen« genauer unter die Lupe. Sie wurden so oft mit dem Vorbild des guten Samariters untermauert: So wie der gute Samariter den zusammengeschlagenen Juden in ein Gasthaus gebracht, ihm die Wunden verbunden und für seine Unterkunft bezahlt hat, so sollen auch wir uns um die bedürftigen Menschen in unserer Welt kümmern. Immer wieder hatten Bill, ich und die anderen Mitarbeiter diese Geschichte gehört und uns immer wieder neu dem Dienst an den anderen verschrieben. Aber wir dachten nie über die Fragen nach, die diese Geschichte unbeantwortet läßt. Was ist mit der offensichtlich eingeschränkten Barmherzigkeit des Samariters? Er nahm den zusammengeschlagenen Mann nicht mit zu sich nach Hause und sagte zu ihm: »Du kannst den Monat bei mir verbringen, den du ungefähr brauchst, um wieder völlig gesund zu werden.« Er sagte seine Geschäftsreise nicht ab, um den verletzten Mann zu versorgen.

Und was ist mit dem Fassungsvermögen der Barmherzigkeit des Samariters? Was wäre gewesen, wenn auf dem Weg von Jerusalem nach Jericho fünfundvierzig zusammengeschlagene Juden gelegen hätten? Hätte der Samariter sie alle gerettet? Hätte er sie alle auf einmal auf seinen Esel geladen? Oder wäre er für jede neue Ladung immer wieder zurückgegangen? Hätte er das ganze Hotel belegt? Oder sein Bankkonto geplündert? Wir haben uns in den ersten Jahren unseres Dienstes nie diese Fragen gestellt. Aber die Realität christlicher Leitungsverantwortung ist, daß man von überwältigenden Nöten aller Art umgeben ist. Wie vielen Nöten sollen wir Abhilfe schaffen? Wie oft? Bis zu welchem Grad können wir gehen? Wann ist genug genug? Auf diese Fragen gibt es keine einfachen Antworten, aber wenn sich jemand bis zur völligen Erschöpfung verausgabt hat, ist er möglicherweise zu weit gegangen.

Als Bill die Verzerrung seiner Einstellung zum Dienst erkannte, konzentrierte er sich darauf, wie Jesus, der fleischgewordene Gott, gedient hatte. Jesus war ohne Zweifel kraftvoll, inspiriert und energiegeladen – vielleicht mehr als jemals ein Mensch auf dieser Welt –, und doch sagte er selbst nicht selten: »Genug für heute. Keine Heilungen mehr. Keine Speisungen mehr. Keine Beratung mehr. Keine Predigt mehr. Meine Mitarbeiter und ich müssen uns jetzt ins Boot setzen, den See überqueren und am anderen Ufer für eine oder zwei Nächte bleiben. Wir müssen uns erholen.« Jesus wußte, wo die Grenzen waren. Er wußte, an welchem Punkt Geben selbstzerstörerisch wurde, und er weigerte sich, sich selbst oder seine Jünger so weit zu treiben.

Bill wurde deutlich, wie weit er mit all dem gekommen war: Er hatte in seiner Hingabe an Gott die tiefe Freude der ersten Jahre eingebüßt und in seinem Dienst für andere den Geist der Liebe, der ihn motivieren sollte, verloren. Es war eindeutig an der Zeit, bei Jesus eine Lektion zu lernen.

Und es war an der Zeit, seine Antwort auf die Verse zum »geistlichen Wachstum« zu überdenken, die ihn für lange Jahre so stark motiviert hatten. Bill war jemand, der im Angesicht von Herausforderungen immer aufblühte und es liebte, andere Menschen herauszufordern. Daher war *Willow Creek* immer ein Ort der großen Herausforderungen. Wachse weiter im Glauben. Setze hohe Qualitätsansprüche. Strebe danach, sie zu erreichen. Alles schön und gut – es sei denn, wir nahmen zu viel der Verantwortung für unser geistliches Wachstum auf uns oder wir sahen Wachstum als Mittel, um Gottes Gunst zu erlangen. Ganz langsam bewegte sich Bill weg von dem täglichen Bewußtsein des ständigen Wirkens des Heiligen Geistes in ihm und hin zu einer wachsenden Abhängigkeit von seiner eigenen Leistung, um geistlich zu wachsen. Doch das wurde zur Last. Er mußte das Tempo verlangsamen, sein von Versagensangst getriebenes und gehetztes Streben nach Wachstum loslassen und wieder neu lernen, auf das Wirken Gottes in ihm und durch ihn zu vertrauen.

Als Bill eine gesündere Sichtweise von Hingabe annahm, fühlte er sich mehr und mehr befreit und erfrischt. Er spürte, wie die Wärme der Leidenschaft wieder in seine Seele sickerte. Er fühlte sich in seiner Beziehung zu Gott entspannt und spürte wieder die bedingungslose Liebe, die ihn als Teenager so bewegt hatte.

Verborgene Wunden

Ich war sehr dankbar für die Veränderungen in Bills Leben. Aber sein Weg zu diesen Veränderungen hatte bei mir seinen Tribut gefordert. Über fünfzehn Jahre lang hatte ich pflichtbewußt im Hintergrund gearbeitet, um die Stabilität unserer Familie gegenüber den Anforderungen überladener Kalender, unrealistischer Erwartungen und dem Verlust der Privatsphäre zu schützen. Um den Streß in Bills Leben zu lindern und damit er jede freie Minute unseren Kindern widmen konnte, hatte ich nahezu die gesamte Verantwortung für alle häuslichen Angelegenheiten und die Kindererziehung übernommen. Außerdem hatte ich verschiedene Bücher für Bill herausgegeben, was mir wenig Zeit für mein persönliches Engagement in *Willow Creek* ließ, auch wenn ich ein Plätzchen als Autorin und Sprecherin für unsere Frauenarbeit und außerhalb von *Willow Creek* gefunden hatte. Aber die zusätzlichen zeitlichen und emotionalen Belastungen, die mit Bills letztem Zusammenbruch zusammenhingen, hatten an meinen Kräften gezehrt. Jahrelang hatte ich mit Depressionen gekämpft. Ende 1990 spürte ich, daß ich die Schlacht verloren hatte. Im Januar 1991 ging ich in ein christliches Seelsorgezentrum.

Dies war die weiseste Entscheidung, die ich treffen konnte, aber es war gleichzeitig auch die schwerste. Und es wurde im Lauf der Wochen und Monate immer härter. Als ich verborgene Verletzungen tief in meinem Inneren entdeckte, die viele Jahre lang mein Streben nach Sinn, Freude und Frieden – und Gott – unterminiert hatten, wurde ich ärgerlich. Als ich damit begann, den Knoten meiner verworrenen Gefühle über mein Leben zu entwirren, versank ich in tiefe Traurigkeit. Aus der Trauer wurde schließlich Heilung. Ich trat aus dieser Phase heraus mit einer viel vertrauteren Beziehung zu Gott, mit einem gesünderen Selbstverständnis, mit größerer Leidenschaft und weniger Zwanghaftigkeit in meinem Dienen und einem stärkeren und fröhlicheren »Ich« meinem Mann und meinen Kindern gegenüber. Aber für einige Zeit war das Leben wirklich extrem schmerzhaft. Ich zog mich vom öffentlichen Leben, aus Beziehungen und traurigerweise auch von Bill zurück. Ich wollte ihm eine gute Ehefrau sein. Ich wollte ihn unterstützen in den Anforderungen, die der Dienst an ihn stellte. Aber ich konnte es nicht.

Bill war schon von den Herausforderungen des Lebens fast überwältigt. Wie konnte er eine weitere Last tragen? Wie konnte er mit einer »gebrochenen Ehefrau« umgehen?

Diese Herausforderung, mit meiner Zerbrochenheit fertigzuwerden, brachte Bill schließlich auch in ein christliches Seelsorgezentrum. Er hatte schon versucht, mich zu stabilisieren, indem er auf meine Wunden dieselben Salben strich, die ihn zu heilen schienen, aber seine Bemühungen schlugen fehl. Im Gegenteil hatten sie mich noch tiefer in meine Verzweiflung getrieben. Schließlich merkte er, daß er meine Probleme nicht lösen konnte. Er konnte nur mit mir geduldig sein und meine ernsthaften, wenn auch zögernden Versuche akzeptieren, Heilung zu finden. Er bemühte sich liebevoll darum.

Aber um selbst überleben zu können, mußte er einen Weg finden, mit meinen immer wiederkehrenden Kämpfen umzugehen. Der Dienst nahm soviel Zeit wie immer in Anspruch; irgendwie mußte Bill damit Schritt halten, egal, welches Drama sich zu Hause entfaltete.

Ein Boot namens »Krisenmanagement«

Der Seelsorger schlug zuerst vor, daß Bill seinen Prozeß der Neuorientierung in seiner Beziehung zu Gott fortsetzte. Bill hatte lange Jahre bei Gott Stärke, Macht und Weisheit gesucht. Nun mußte er lernen, bei Gott zärtliche Liebe zu suchen. Bill konzentrierte sich auf Bibelstellen und christliche Literatur, die diesen Aspekt der Liebe Gottes betonten. Allmählich veränderte sich sein Gebetsleben. Als er sich selbst für eine sanftere Seite Gottes öffnete, erlebte er auf ganz neue Art Gnade und göttliche Liebe. In den Zeiten, in denen er über meine Unfähigkeit, ihm die nötige Liebe zu geben, trauerte, fand er Trost in dieser sanfteren Seite seiner Beziehung zu Gott.

Der Seelsorger schlug Bill weiterhin vor, Fürsorge und Freundlichkeit bei einigen zuverlässigen, reifen Freunden zu suchen, an deren Loyalität zu Bill kein Zweifel bestand. »Geh zu ihnen hin«, schlug er vor, »und sage ihnen, daß du im Moment durch eine schwierige Zeit gehst und deswegen eine Extradosis Liebe und Ermutigung brauchst.«

Es entsprach nicht gerade Bills üblichen Gepflogenheiten, andere um Hilfe in persönlichen oder emotionalen Angelegenheiten zu bitten. »Ich hasse es, bedürftig zu sein«, erklärte er dem Seelsorger. Aber er wußte, daß er einen Punkt in seinem Leben erreicht hatte, an dem er es sich nicht länger leisten konnte, sich hinter einem Image von Unabhängigkeit zu verstecken. Schrittweise erlaubte er seinen engsten Freunden, die Traurigkeit und Einsamkeit in seinem Leben zu sehen und darauf zu reagieren.

Dann schlug der Seelsorger Bill vor, seine beruflichen Verpflichtungen einzuschränken. »Deine Arbeit sollte dir nicht auch noch Kummer machen«, sagte er. »Trenne dich von so vielen Bereichen wie möglich in deiner Arbeit, die Energie kosten und keine Freude machen.« So viele Jahre hatte Bill so schwer, hart und schnell wie möglich gearbeitet. Jetzt war es an der Zeit, zu versuchen, eine Aufgabenbeschreibung für sich zu erstellen, die er mehr genießen konnte und die ihn jeden Morgen voller Erwartung an den Tag aufstehen ließ. Da unsere Beziehung zunehmend schmerzvoll war, mußte er sich ein Arbeitsumfeld schaffen, das so schmerzfrei wie möglich war.

Der vierte Rat des Seelsorgers, mehr auf seinen körperlichen Zustand zu achten, war für Bill dann nicht mehr schwer zu hören und umzusetzen. Aus Gesundheitsgründen hatte er sich schon bewußtere Eßgewohnheiten beigebracht, und als er nicht mehr so hart arbeitete und sich sein Adrenalinpegel wieder normalisierte, entwickelte er auch gesündere Schlafgewohnheiten.

Den letzten Rat des Seelsorgers konnte Bill nicht so leicht in seinem Leben umsetzen. »Du mußt irgendeine Form der Freizeitgestaltung finden, die dir Energie gibt und dein Herz erfüllt. Und du mußt bis an den Punkt der Befriedigung kommen. Du brauchst Spaß, der dich mitreißt!« Das Problem war nicht, daß Bill nicht wußte, was ihm Spaß machen würde; seine tiefe Liebe zum Segeln war neu belebt, noch ehe der Seelsorger seinen Satz vollenden konnte. Aber Segeln stand nicht zur Debatte. Vor Jahren hatte Bill den Traum von einem eigenen Boot aufgegeben. Es war Teil einer gemeinsamen Entscheidung: Wir wollten alles vermeiden, was irgend jemandem, der *Willow Creek* in Mißkredit bringen wollte, als Material für einen »Skandal« dienen konnte. Wir konnten uns lebhaft vorstellen, wie ein unehrenhafter Journalist ein Segelboot so photographierte, daß es wie eine Sechzig-Meter-Yacht aussah, und wie er behauptete, es wäre aus Gemeindegeldern finanziert worden, oder wie er andere aus der Luft gegriffene Lügen verbreitete. Boote, hatten wir beschlossen, fielen in die Kategorie »gefährlich«; wir selbst konnten niemals eines besitzen.

»Wäre ich nur ein Golfer oder Kleingärtner«, beschwerte sich Bill. Aber er war keines von beiden, und je tiefer die Schmerzen in unserem persönlichen Leben wurden, desto mehr wünschte er, den Spaß und die Aufregung des Segelns genießen zu können. Im Frühjahr 1993 folgten wir der liebevollen Führung Gottes und taten das Undenkbare: Wir nahmen Geld von unseren Buchtantiemen und machten ein niedriges Angebot für ein acht Jahre altes, elf Meter langes Segelboot, das zum Verkauf anstand. Nach einem

Monat nahm der verzweifelte Besitzer unser Angebot an. Als Bill den Scheck unterschrieb, dankte er Gott, daß er ihm die »private Erlaubnis« zu seiner guten alten Leidenschaft gegeben hatte, und er betete, daß Gott das Boot gebrauchen möge, um seine Ziele zu erreichen.

Bill nannte das Boot »Krisenmanagement«, stellte eine Mannschaft aus neun kirchendistanzierten Segelbegeisterten zusammen und entwarf einen Segelstundenplan. Für Bill kombinierten sich in seinem Segelprogramm drei Faktoren, die ihm Energie gaben: scharfer Wettkampf, ein Team zu bilden und eins zu machen, sowie persönliche Evangelisation. In den Sommern von 1993 und 1994 gewann die »Krisenmanagement« in ihrer Klasse mehr Rennen auf dem Michigansee als jedes andere Boot und belegte den zweiten Platz in der nationalen Ausscheidung. Bills Crew erreichte ein außergewöhnliches Niveau, nicht nur was ihr Können, sondern auch was den Spaß an ihrem Sport betraf. Der Höhepunkt von Bills Seglerkarriere aber war am 26. Juni 1994 erreicht, als er den Kapitän seiner Segelcrew taufte.

Krisenmanagement als Lebensstil gehörte fast ausschließlich der Vergangenheit an. Das Boot »Krisenmanagement« wird bald einem neuen Besitzer gehören. Aber die Sommer, die Bill an seinem Steuerruder verbracht hatte – oder bei Rennen im Niedergang als »Läufer« oder »Drücker« –, halfen mit, die Traurigkeit in unserem Leben auszugleichen. Das Boot bot genau das, was der Seelsorger vorgeschlagen hatte: Aufregung und Spaß. Bill gestand neulich: »Das Boot machte mir so viel Spaß, daß ich mich fast schäme, es zuzugeben.«

Die Ratschläge, die Bill von seinem Seelsorger erhalten hatte, stellten ganz grundlegende praktische Wege dar, mit Schmerz umzugehen. Ich schreibe deswegen so ausführlich darüber, weil ich denke, daß einige von Ihnen, die dieses Buch lesen, in ihrem Leben ebensolche Schmerzen mit sich herumtragen. Für die meisten von uns ist das Leben einfach hart. Und es ist traurig, aber wahr: Vieles läßt sich nicht leichter machen.

Was sollen wir also tun? Vorgeben, daß die unvermeidlichen Enttäuschungen, Verluste und Sorgen des Lebens uns nicht wirklich so sehr verletzen, und mit einer eingebrannten Verzweiflung leben, die uns in ein Stadium des emotionalen Todes zwingt? Oder anerkennen, daß das Leben schwer ist, und akzeptable und geistliche Wege finden, um die Traurigkeit auszugleichen? Ich denke, daß die zweite Möglichkeit bei weitem besser ist, weil sie uns erlaubt, unser Leben authentisch zu erleben und die Freude mitten im Schmerz zu entdecken.

Berührung der Seele

Bill war außerordentlich dankbar für die weisen Ratschläge, die er erhielt. Sie bewahrten ihn davor, von dem traurigen Zustand unserer Beziehung vereinnahmt zu werden, den meine inneren Kämpfe mit all ihrer Zerrissenheit noch mehr belasteten. Aber der Seelsorger war nicht damit zufrieden, daß Bill sich völlig darauf konzentrierte, mit meinen Problemen fertigzuwerden. Gerade als Bill eine Sitzung verlassen wollte – voller Vertrauen, daß er stark genug war, um mit der Arbeit weiterzumachen, die seinem Leben Bedeutung gab, egal, wie lange es dauern würde »mich zu stabilisieren« –, fragte ihn der Seelsorger: »Hast du jemals darüber nachgedacht, wie es in dir drin aussieht?«

Bill war nicht sehr erfreut. Er war zwar niemals in den Verdacht gekommen, übermäßig nachdenklich zu sein, aber er war nicht bereit, das Reich der »Nabelschauer« zu betreten. Diskussionen darüber, ob ihm seine Windeln gut gepaßt hatten oder nicht oder ob sein Kinderzimmer in der richtigen Farbe gestrichen war, verdienten keinen Platz in seinem Terminkalender.

Aber der Seelsorger bohrte nach: »Beschreibe drei Gelegenheiten aus deiner Kindheit oder Jugend, in denen eine Person oder ein Ereignis deine Seele berührt hat.«

»Definiere mir ›die Seele berühren‹«, sagte Bill.

»Ich denke nicht, daß es nötig ist«, entgegnete der Seelsorger.

Bill war in einer festgefügten holländischen Kolonie aufgewachsen, in der zu den höchsten Werten hartes Arbeiten, Selbständigkeit, Selbstgenügsamkeit, Einfachheit und uneingeschränkte Unterwerfung unter die Herrschaft Gottes gehörten. Es waren gute und edle Werte, und viele von ihnen haben Bill gute Dienste geleistet, aber einige von ihnen verleiteten im Extremfall dazu, ehrliche Gefühle zu unterdrücken und legitime Bedürfnisse zu verleugnen. »Reiß dich zusammen!« war die Antwort auf fast alles.

Und Bill lernte, sich zusammenzureißen. Er lernte, hart zu arbeiten, unabhängig zu sein, widerstandsfähig zu werden, den Regeln zu folgen und Leistung zu bringen, die ihm ein »zustimmendes Nicken« und ein »anerkennendes Lächeln« von den Menschen um ihn herum garantieren würde. Auch wenn seine Eltern ihn liebten und diese Liebe auf alle ihnen bekannten Weisen ausdrückten, verwirrten ihn die Botschaften seines Unterbewußtseins. Er konnte Liebe nicht von Zustimmung und Anerkennung trennen. Er wußte, daß er Liebe wollte; und er folgerte aus allem, daß Leistung der Weg war, Liebe zu bekommen.

Sich sportlich auszuzeichnen und sich im Schülerparlament hervorzutun, waren zwei Wege, die »Liebe« zu bekommen, die er wollte. Aber als er Christ wurde und entdeckte, daß es ihm ein »Sehr gut« im Himmel eintragen würde, wenn er auf der Erde Gott treu dienen würde, glaubte er, den vollendeten Weg zur Liebe gefunden zu haben. Er verpflichtete sich dazu, alles zu tun – egal, was es kostete –, um diese Art von Zustimmung und Anerkennung von Gott zu bekommen.

Als der Seelsorger ihn immer tiefer in die Realitäten seines inneren Lebens stieß, wurde Bill von zwei unterschiedlichen und doch miteinander verflochtenen Gefühlen überflutet: Trauer und Scham.

Er versuchte, die Trauer in Schach zu halten, aber sie brach eines Tages völlig unerwartet hervor, als er zu einem Vortrag nach Detroit fuhr. Neunzig Minuten lang weinte er während der Fahrt, mitgerissen von der Trauer über die schmerzvolle Erkenntnis, daß er über dreißig Jahre seines Lebens damit verbracht hatte, zu arbeiten, sich abzumühen und sich selbst mit aller Gewalt an den Punkt des Zusammenbruchs zu treiben – und das alles, um seine Sehnsucht nach Liebe zu stillen. Als ihm sein Seelsorger sagte, daß jeder von uns eigentlich Liebe bekommen müßte allein dafür, daß er da ist, lachte Bill: Er wußte, daß Liebe etwas war, wofür man hart arbeiten mußte. Nun erkannte er, unendlich traurig, daß er sich geirrt hatte. In seinem Inneren sah er die Dokumentation einer lebenslangen Suche nach Liebe, und er trauerte darüber.

Scham erfüllte ihn, wenn er sich der beunruhigenden Realität gegenübersah, daß ihm zwar der Heilige Geist viel Antrieb für den Dienst gegeben hatte, daß er aber auch von seinen eigenen, unerfüllten emotionalen Bedürfnissen getrieben worden war. Er erkannte, daß die wachsende Zustimmung und Anerkennung, die er bekam, als *Willow Creek* größer wurde, für ihn wie Liebe war. So suchte er – von einem unbewußten Schwung getrieben – auf raffinierten Wegen mehr und mehr Erfolg. Er erkannte, daß ein Teil seiner frühen Bedenken gegenüber meinen »Kämpfen« die Sorge war, daß es nicht vorteilhaft für einen christlichen Leiter war, eine »gebrochene« Ehefrau zu haben; er fürchtete, daß er ohne meine Hilfe nicht mehr so erfolgreich sein könnte oder daß ich auf irgendeine Weise das Image gefährden könnte, das ihm Zustimmung und Anerkennung einbrachte. Er haßte es, diesen Wahrheiten ins Gesicht sehen zu müssen.

Bill wollte dieses schmerzbeladene Verhaltensmuster durchbrechen. In vielen Gesprächen mit seinem Seelsorger und mit vertrauten Freunden kam er zu einem tieferen Verständnis seiner emotionalen Bedürfnisse und verpflichtete sich, mit diesen Bedürfnissen auf angemessene und direkte Weise umzugehen, damit sie weniger Kontrolle über seine Beziehungen und seine

Arbeitsgewohnheiten ausüben konnten. Als er mehr über seine eigenen emotionalen Verhaltensmuster lernte, sah er deutlicher den verheerenden Schaden, den »pathologische Pastoren« in ihren Gemeinden anrichten, wenn sie es nicht fertigbringen, die unbewußten Bedürfnisse zu erkennen, die sie antreiben.

»Viele von uns«, sagte er, »sind in weit größerem Maß, als wir selbst wahrnehmen, von Verletzungen und Beeinträchtigungen zu Krüppeln gemacht worden, von denen wir oft nicht einmal wissen, die uns aber dazu treiben, uns zerstörerisch in Beziehungen und Diensten zu verhalten. Wir können Ärger in uns tragen, der uns zu strengen Predigten oder einem kontrollierenden Leitungsstil treibt. Wir können voller Ängste sein, und dadurch nur zögernd im Glauben vorangehen. Wir können enttäuscht und unfähig sein, gegen Kritik anzugehen. Wir können so hungrig nach Liebe sein, wie ich es war, daß wir uns selbst fast zu Tode arbeiten, um zu versuchen, dafür einen jämmerlichen Ersatz zu bekommen.«

Ich beende dieses Kapitel am Schreibtisch, der vor dem Fenster in meinem Arbeitszimmer zu Hause steht. Pulverschnee bedeckt das Grau unserer wettergezeichneten Gartenterrasse mit einer bläulichweißen Decke. Bill kommt gerade ins Zimmer, um zu sehen, ob ich rechtzeitig mit der Arbeit fertig sein werde, um die Freunde zu begrüßen, die uns in einigen Minuten besuchen, um das Rückspiel der *Chicago Bears* zu sehen.

Wir schreiben den 1. Januar 1995. Im nächsten Kapitel werde ich in der chronologischen Reihenfolge weiterschreiben, aber entschuldigen Sie bitte, wenn ich die Chronologie für ein oder zwei Abschnitte unterbreche.

Als Bill und ich im Fernsehen die letzten Sekunden des vergangenen Jahres – vom *Times Square* in London übertragen – sahen, tat es uns nicht leid, von 1994 oder von einer Phase unseres Lebens Abschied zu nehmen, die wir dankenswerterweise jetzt hinter uns lassen. Im Dezember 1989 brach Bill mit einer Flut von Tränen an seinem Schreibtisch zusammen, im Dezember des folgenden Jahres wurde ich von der Depression überwältigt, die mich jahrelang gequält hatte. Für die nächsten fünf Jahre war unser Leben ein einziges Durcheinander, in dem wir ständig über den Schmerz des anderen strauchelten und von einer schwierigen Lektion in die nächste stolperten.

Aber wir gehen voller Hoffnung in das neue Jahr. Wir glauben beide, daß uns die harte Arbeit der letzten fünf Jahre mit einem festeren Fundament versehen hat, auf dem wir die Zukunft aufbauen können. Wir beide haben tief in unser Innerstes geschaut, bis dahin verborgene Wunden und ihre versteckten Ursachen entdeckt, häßliche Sünden bereut, zerstörerische Verhaltensmuster durchbrochen und neue Wege gehen gelernt. Neue Wege in unserem persönlichen Umgang mit Gott, in den Beziehungen zu unseren Freunden, zu unserer Familie und zueinander. Wir denken, daß wir beide in einer Weise gewachsen sind, die Gutes für unsere Zukunft als einzelne Menschen und als Paar, für unseren Dienst und unser persönliches Leben ahnen läßt.

Aber keiner von uns erwartet eine problemlose Zukunft. Wir gehen in das Jahr 1995 mit einem neuen Verständnis der Komplexität und Traurigkeit des Lebens. Solange wir in einer Welt leben, die vom Satan unterwandert ist, werden wir Menschen unsere Schläge einstecken müssen. Bis zu dem Tag, an dem Gott seine Kirche erlöst, werden wir Schmerz und Kummer kennen. Manchmal werden wir, wenn wir unser Leben betrachten, nur ein dunkles Loch der Verzweiflung sehen und nur bei dem Versprechen Trost finden, daß im Himmel alles besser sein wird. In dieser Welt folgen wir einem Erlöser, der mit Trauer vertraut war, und wenn wir uns nicht selbst verleugnen, werden die meisten von uns eine Menge der Trauer erleben, mit der er vertraut war.

Vor ein paar Stunden saß ich im Krankenhaus am Bett einer Freundin, die sich bei einem Unfall, den ein betrunkener Autofahrer verursachte, die Hüfte gebrochen hatte. Zum Glück hatten ihre kleinen Kinder keine schwereren Verletzungen als Blutergüsse und gebrochene Rippen. Aber der Schock ihres zweiten schweren Autounfalles innerhalb von drei Jahren wird sie nicht so schnell loslassen. Schwankend zwischen Dankbarkeit, daß ihr Leben bewahrt wurde, und Ärger auf den Autofahrer, der sie angefahren hatte, sagte sie zu mir: »Warum wundern wir uns, wenn solche Dinge passieren? Warum vergessen wir immer wieder so schnell, daß Enttäuschungen, Verluste und Tragödien ein Teil des Lebens sind?«

Sie hat recht. Die meisten von uns erleben gute Zeiten, Freude und Erfolg und dabei immer auch Schmerz, Verlust und Sorgen. Das Leben ist ein verflochtenes Gewebe. Die große Herausforderung für uns Christen ist es dann, in unserem Gott Frieden, Trost und Freude zu finden, die tief, stark und real genug sind, um trotz der von der Sünde gezeichneten Wirklichkeit unseres menschlichen Lebens geistlich und menschlich zu wachsen. Das war in den letzten Jahren das wichtigste Ziel für Bill und mich. *Willow Creek* in fast zwanzig Jahren aufzubauen, war außerordentlich herausfordernd. Aber weit fordernder waren unsere Bemühungen, »die Kirche in unseren Herzen« zu bauen. Es war viel schwieriger, dieses ruhige Heiligtum in uns zu schaffen, in dem der Glaube stark genug und Gott nahe genug ist, um mit unserem Leben etwas in dieser Welt zum Guten zu verändern.

---

[1] Dallas Willard: *The Spirit of the Disciplines*, Harper & Row, San Francisco 1988: S. 80-81.

Kapitel 7

Die Identitätskrise

1992-1994

»Als wir uns in den frühen achtziger Jahren vom Trauma des ›großen Schiffbruchs‹ erholt hatten, machten sich Bill und andere Leiter der Gemeinde ernsthafte Gedanken über die Werte und die Identität von Willow Creek. Anfang der neunziger Jahre stellten wir uns dieselben Fragen wieder, wenn auch diesmal aus anderen Gründen: Wer sind wir? Was ist unsere Berufung? Was bringt die Zukunft? Wir kamen in eine schwierige Phase der Auswertung und der manchmal schmerzhaften Veränderungen.«

Betty Schmidt
Älteste von *Willow Creek*

Leider waren Bill und ich nicht die einzigen, die Anfang der neunziger Jahre mit sich kämpften. Die Anforderungen des Dienstes, radikale Veränderungen unter den Mitarbeitern, das Tempo unseres Lebens, familiäre Verpflichtungen und gehäufte Erschöpfungszustände schienen viele Leiter und Mitarbeiter einzuholen, die von Anfang an bei *Willow Creek* dabei waren. Einige waren seit den Tagen von *Son City* immer volle Kraft voraus gelaufen. Aber ohne die Energie eines jugendlichen Idealismus lief das Leben nicht mehr ganz so gut. Viele hatten das Gefühl, wie auch ich, daß uns das »Phänomen von *Willow Creek*« gezwungen hatte, zu schnell erwachsen zu werden. Von Mitte zwanzig bis Mitte dreißig war unser Leben zu ernsthaft; wir mußten so schwerwiegende Verantwortungen tragen. An der Schranke zum mittleren Alter fühlten sich jetzt viele von uns erschöpft und müde; wir hatten Angst vor dem Gedanken an eine Zukunft, die in demselben Tempo wie die Vergangenheit weiterlaufen würde.

In den nächsten zwei Jahren (1992-93) überdachten viele Mitarbeiter ihre Gaben neu und schrieben ihre Aufgabenbeschreibungen um. Sie erkannten, daß für sie, nachdem sie zehn oder fünfzehn Jahre lang die gleiche Aufgabe am gleichen Ort erfüllt hatten, eine Veränderung fällig war.

Manche entschieden sich für andere Formen des Dienstes an einem anderen Ort oder begaben sich in die Geschäftswelt. Andere wechselten zu anderen Dienstbereichen innerhalb von *Willow Creek*, in denen sie neue Verantwortung mit wiederbelebter Begeisterung übernahmen. Viele blieben bei ihrer bisherigen Aufgabe, aber erleichterten die Bürde ihres Dienstes; nachdem sie über so viele Jahre hinweg »hart zugelangt« hatten, mußten sie jetzt in einem langsameren Tempo arbeiten – und leben. Um diejenigen, die so viele Jahre ununterbrochen im Dienst gestanden waren, auszuzeichnen, gewährten die Ältesten eine Reihe von Sabbatzeiten und boten Fortbildungs- oder Reisemöglichkeiten an, damit sich die Mitarbeiter erholen konnten.

Um von dem gängigen Leitungsmuster wegzukommen, das im Volksmund »dein Kram – mein Kram« genannt wurde, kam für viele Leiter, wie für Bill, eine Zeit, in der sie verstärkt auf ihre persönlichen Probleme achteten. Seit den Nachwirkungen des »großen Schiffbruchs« vor über einem Jahrzehnt hatten Bill und die anderen Leiter verschiedene Versuche unternommen, ausgewogener zu leben. Für zu viele von ihnen blieben diese Versuche vergeblich. Für sie war es nun an der Zeit, sich harte Fragen zu stellen und unangenehmen Wahrheiten ins Gesicht zu sehen. Viele begaben sich auf eine schmerzhafte Reise in ihr Inneres; manche nahmen seelsorgerliche Beratung in Anspruch. Ein Praktikant, der in dieser Phase in *Willow Creek* mitarbeitete, beschwerte sich, daß er gekommen sei, um zu lernen, wie man eine Gemeinde gründet, »aber ihr habt das alles untergebuttert mit diesem Gerede über ›Entdecke deine Probleme und arbeite an dir‹. Wie um alles in der Welt kann ich eine Gemeinde gründen, wenn ich es nicht fertigbringe, ein auf Hochtouren arbeitender Workaholic zu sein?«

Die Betonung auf Echtheit im Gefühlsleben und Heilung war auch in den Gottesdiensten unter der Woche und am Wochenende zu spüren. Wenn es auch nicht das vorherrschende Predigtthema war, so riefen Predigtreihen wie die im Winter 1992 mit dem Thema »Hunger nach Heilung« (die auf den zwölf Schritten der Selbsthilfegruppen – z. B. »Anonyme Alkoholiker« – basierte) die Besucher von *Willow Creek* sowohl zu emotionalem als auch zu geistlichem Wachstum auf. Wenn solche Predigten sicher für viele Leute in der Gemeinde wohltuend sein mochten, waren sie doch am ehesten auf die Bedürfnisse der Mitarbeiter und Leiter in dieser Phase zugeschnitten. Dadurch wurde ein Kurswechsel für eine Gruppe von hart arbeitenden Dienern Gottes möglich, die zu lange einen Lebensstil des »Krisenmanagements« gelebt, falsche Sichtweisen von christlicher Hingabe verinnerlicht und berechtigte emotionale Bedürfnisse ignoriert hatten. Für viele war es eine Zeit voller Schmerzen, aber es war auch eine Zeit der Heilung, der Erneuerung und der positiven Veränderungen.

Organisatorischer Zusammenbruch

Leider war es auch eine Zeit des Chaos für die ganze Gemeinde. Als Bill und so viele andere Leiter durch persönliche Veränderungen gingen, entwickelte sich in der Gemeinde ein unterschwelliges Gefühl von Unsicherheit. Zahlreiche Wechsel im Bereich der Mitarbeiter, Bills häufige Abwesenheit und die zwar positiven, aber auch verwirrenden Dynamiken des Teampredigt-Konzepts trugen dazu bei, daß sich ein Gefühl der Unsicherheit über die Leitung und die Zukunft von *Willow Creek* einschlich.

Zunehmend wurde auch deutlich, daß die Infrastruktur von *Willow Creek*, die in den achtziger Jahren aufgebaut worden war, nicht länger genügte, um die Größe und Komplexität des Dienstes zu bewältigen. Das rapide Wachstum der Besucherzahlen zwischen 1988 und 1991 hatte Anforderungen an unsere Dienste gestellt, mit denen wir nicht Schritt halten konnten. Wir hatten keine effektive Möglichkeit, neue Leute in die Gemeinde zu integrieren. Unser Verfahren zur formalen Aufnahme neuer Mitglieder hatte einen Engpaß geschaffen. Hunderte von Leuten standen auf Wartelisten für Kleingruppen. Leute, die ihre geistlichen Gaben entdeckt hatten und begierig darauf waren, sie im Dienst einzusetzen, fanden es zunehmend schwierig, Kontakt zu den Dienstbereichen aufzunehmen. Unser Informationssystem – das sich innerhalb weniger Monate von dreißig Computern auf hundertdreißig vergrößert hatte – brach zusammen. Unser Seelsorgezentrum war völlig überlastet. Unsere Kinderdienste am Wochenende mit Hunderten von freiwilligen Mitarbeitern wurden zum organisatorischen Alptraum. Unsere Abteilung für Öffentlichkeitsarbeit wurde überschwemmt mit Anfragen von Gemeinden aus der ganzen Welt. Die Besucherzahlen in der *New Community* gingen zurück, als es immer schwerer wurde, die unterschiedlichen Bedürfnisse eines so breiten Spektrums von Menschen anzusprechen.

Ich könnte die Liste unserer »Zusammenbrüche« beliebig fortsetzen. In den Jahren des Aufbaus hatten wir ein stetiges Wachstum und konnten alle Veränderungen handhaben. Wenn etwas stabilisiert werden mußte, kümmerte sich die Gemeindeleitung darum. Wenn etwas nicht ganz optimal lief, sah sie nach dem Rechten. Aber plötzlich brauchte unsere Infrastruktur etwas mehr als eine kleine Korrektur. Es war, als ob wir ein zwanzigstöckiges Gebäude auf dem Fundament eines zehnstöckigen Hauses errichtet hätten. Als sich das Fundament zu senken begann, spürte man die Erschütterungen in jeder Etage.

Mehr und mehr Leute merkten, daß irgend etwas ernstlich falsch war. Besucher fragten sich: Wie kann ich hier jemanden kennenlernen? Wie kann ich mich integrieren? Leiter fragten sich: Warum scheint alles auf einmal so unorganisiert zu sein? Warum funktionieren unsere Systeme nicht mehr? Mitarbeiter fragten sich: Wie kann man von uns erwarten, daß wir den Bedürfnissen von so vielen Menschen begegnen?

Bill verwendete später ein anderes Bild: »Es war nicht, als ob die Zündkerzen eine Fehlzündung hatten, sondern als ob die Kurbelwelle schmelzen würde. Wir konnten den Schaden also nicht mit einem kleinen Schraubenzieher beheben. Wir mußten den ganzen Motor auswechseln.«

Wir brauchten ganz eindeutig eine größere Umgestaltung der Verwaltung und der Leitung, aber der Zeitpunkt war unglücklich. Bill hatte sich noch nicht vollständig von seiner letzten Erschöpfung erholt und kam zunehmend in einen persönlichen Konflikt zwischen seiner umfangreicher werdenden nationalen Rolle und seinen Verpflichtungen bei *Willow Creek*. Das Gremium der Ältesten befand sich in einem Übergangsstadium, weil einige langjährige und liebgewonnene Älteste »in den Ruhestand« gingen und dafür viele neue Gesichter in das Gremium aufgenommen wurden. Zahlreiche altgediente Mitarbeiter hatten kurz zuvor ihre Positionen aufgegeben, und andere schienen in die gleiche Richtung zu tendieren, nachdem sie ihre geistlichen Gaben, Neigungen und ihre Berufung neu geprüft hatten.

Eine harte Umstrukturierung

Im Oktober 1991 führten wir einen vierten Wochenend-Gottesdienst ein, um die wachsenden Besucherzahlen in den Griff zu bekommen, und im Februar 1992 konnten wir mit 17 010 die höchste Besucherzahl in einem »normalen« Wochenend-Gottesdienst verbuchen. Doch der Spitzenwert erwies sich als falsches Hoch. Viele der neuen Besucher, die *Willow Creek* durch den Vordereingang betraten, schienen es durch den Hinterausgang wieder zu verlassen. Wir konnten Menschen so effektiv wie immer anziehen, aber wir konnten nicht länger die ausreichenden persönlichen Dienste anbieten, die sie brauchten, um zu wachsen. Als die Besucherzahlen zurückgingen, konzentrierten sich alle Fragen über die Zukunft von *Willow Creek* und die nötige Umstrukturierung auf eine einzige: Kann die Mega-Gemeinde überleben? Es war offensichtlich, daß Strukturen, die bei 10 000 Menschen funktioniert hatten, nicht automatisch auch bei 12 000 oder 14 000 oder 16 000 Menschen funktionierten. Gab es eine andere Möglichkeit? Konnten wir sie entdecken, bevor es zu spät war?

Es wurde uns klar, daß wir, bevor wir Hunderte von neuen festen Mitarbeitern einstellten, mehr Dienste als bisher auf die ehrenamtlichen Mitarbeiter übertragen mußten. Wir mußten eine Dienststruktur entwickeln, die es erleichtern würde, neue Leute zu integrieren. Wir mußten den Besuchern unserer Gemeinde mehr persönliche Betreuung bieten, vermehrt Jüngerschaftsgruppen anbieten, Dienstbereiche ausweiten und neue Leiter hervorbringen. Zentral für die Umsetzung dieser Ziele war, realistischere Zuständigkeitsbereiche zu schaffen; das hieß, daß jeder haupt- oder ehrenamtliche Mitarbeiter eine realistische Zahl von Leuten anleitete und betreute. Bill und die Ältesten glaubten, daß dies durch die Einführung des »Meta-Gemeinde-Modells« von Carl George zu erreichen wäre, das auf dem Konzept von kleinen Dienstgruppen basiert. Jim Dethmer erhielt den Auftrag, das Grundmodell in eine Form zu bringen, die in *Willow Creek* umsetzbar wäre. Sein Ziel war es, *Willow Creek* im kleinen wachsen zu lassen, indem er in jedem Bereich der Gemeinde eine neue Betonung auf Kleingruppenarbeit legte.

Weil die Mitarbeitermoral ständig sank, konnte Bill seine Aufgabe, das neue Dienstmodell einzuführen und umzusetzen, unmöglich erfüllen. Viele Mitarbeiter wurden gebeten, umzuschalten von »Dienst versehen« auf »sich als Mitarbeiter einsetzen«. Einige konnten umschalten, aber viele schafften es nicht. In fast jedem Dienstbereich gab es eine riesige Mitarbeiterfluktuation, und unter den bleibenden Mitarbeitern nahm die Unsicherheit zu. Als wir im Herbst 1992 die schon lange überfällige Abteilung für Mitarbeiterwesen einrichteten, war die Mitarbeitermoral auf einen neuen Tiefpunkt gesunken. Älteste, Mitglieder des Leitungsteams und Vertreter der Abteilung für Mitarbeiterwesen trafen sich immer wieder mit Dienstbereichsleitern und anderen Mitarbeitern, um sich durch Konflikte und Mißverständnisse durchzuarbeiten und um zahlreiche Aufgabenbeschreibungen zu ändern. Ihr Ziel war es, die Bedürfnisse einer wachsenden Gemeinde abzudecken und zugleich die Interessen der hart arbeitenden und treuen Mitarbeiter der Gemeinde zu schützen.

Es war eine äußerst schwierige Zeit – im Rückblick scheinen alle Lösungen klar vor Augen zu liegen, aber damals waren sie fast nicht zu erkennen.

Positive Veränderungen

Aber trotz dieser Wachstumsschmerzen gingen wir eindeutig in eine positive Richtung. Im März 1992 feierten wir die Eröffnung unseres neuen Anbaus. Ähnlich wie die Einweihung unseres ursprünglichen Gemeindehauses 1981 schien auch dieser Anbau den Beginn einer neuen Phase anzuzeigen. Die gesamte Leitung von *Willow Creek* hatte erkannt, daß die Gemeinde nun im Kleinen wachsen mußte, neue Dienststrukturen wurden eingeführt, und jetzt hatten wir eine Struktur, die eine persönlichere Form unseres Dienstes erlaubte.

Ich erinnere mich, wie ich von der Empore im zweiten Stock den Atriumsbereich überblickte und das Summen Hunderter von Gesprächen von Familien und kleinen Grüppchen hörte, die sich um die Tische in unserem »großen Zimmer« gruppiert hatten. Dann lief ich durch die Korridore von *Promiseland*, unserer Kinderarbeit, und warf verstohlene Blicke in Zimmer: Gruppen von acht bis zehn Kindern lernten spielerisch biblische Grundwahrheiten von einem Mitarbeiter. Unter der Woche waren dort kleine Gruppen von Frauen, die sich im ganzen Haus verteilt zum Bibelstudium oder zu verschiedenen Diensten trafen. Mitglieder des Väterdienstes trafen sich zum Frühstück und beteten zusammen an den Tischen des Atriums, bevor sie in ihren Arbeitstag gingen. Nach den Aerobic-Kursen, die in der neuen Turnhalle gehalten wurden, trafen sich Männer und Frauen der Gemeinde, oft mit ihren kirchendistanzierten Freunden aus der Nachbarschaft, in kleinen Gruppen zum gemeinsamen Bibelstudium und persönlichen Austausch. Wir gingen eindeutig in die richtige Richtung.

Auch in anderen Bereichen wurden Probleme langsam in Angriff genommen und gelöst. Im Herbst 1992 gründeten wir das *New Community Institute*, um ein breiteres Lehrangebot in den Gottesdiensten unter der Woche zu schaffen. Dreimal pro Jahr bot das Institut vierwöchige Kurse am Mittwoch- und Donnerstagabend an. Die Besucher von *New Community* kamen zum gemeinsamen Lobpreis zusammen und teilten sich dann auf, um einen von fünfzehn oder zwanzig angebotenen Kursen zu besuchen. Das Angebot reichte von Bibelstudien über Ehe- und Familienworkshops, sowie Leiterschulungen bis hin zu theologischen Studien und vielem mehr.

Ebenfalls im Herbst 1992 wurde die *Willow Creek Association (WCA)* ins Leben gerufen, ein von der Gemeinde getrennter Dienst, der weltweite Anfragen zu besucherorientierten Gottesdiensten beantwortete. Die *WCA* nahm eine riesige Last von den Schultern der *Willow Creek*-Mitarbeiter, indem sie die Verantwortung für die Leiterkonferenzen von *Willow Creek* übernahm und Lehr- und Schulungsmaterialien veröffentlichte und verteilte. In weniger als zwei Jahren arbeiteten bereits fünfzehn Vollzeitkräfte mit fast tausend Gemeinden weltweit zusammen. Es war aufregend zu sehen, wie die *WCA* Denominationsgrenzen, kulturelle und gesellschaftliche Barrieren durchbrach. Sie schaffte es, verschiedene christliche Dienste, die das gemeinsame Ziel teilen, ungläubige Menschen zu wirklich hingegebenen Nachfolgern Christi zu machen, zur Zusammenarbeit und gegenseitigem Austausch zu ermutigen.

Eine größere Umstrukturierung der Seelsorgearbeit war abgeschlossen und ein System geschaffen, das Menschen nicht nur in äußerster Not am Punkt des Zusammenbruchs half, sondern auch anschließend wieder in das normale Leben der Gemeinde zurückführte. Unser Seelsorgezentrum, das durch die große Zahl der Seelsorger und der Ratsuchenden schwerfällig geworden war, wurde in ein Zentrum umgewandelt, in dem Ratsuchende angehört und weiterverwiesen wurden. So wurden die Begabungen und die Erfahrungen von gottesfürchtigen und vertrauenswürdigen Christen in unserer Gemeinschaft effektiver ausgenutzt. Unser formales Verfahren zur Aufnahme neuer Mitglieder wurde vereinfacht, um die Engpässe auszugleichen. Unsere Abteilung für Arbeit mit Alleinlebenden verlagerte ihren Schwerpunkt von Großveranstaltungen zu Angeboten in mittelgroßen oder kleinen Gruppen, um den Prozeß der Integration und das geistliche Wachstum zu begünstigen. Die Singlearbeit förderte Hunderte von reifen Leitern und Mitarbeitern, die so wichtig für unseren lokalen Dienst, aber auch für die internationalen Aufgaben von *Willow Creek* sind.

Diese und viele andere Veränderungen in den verschiedenen Bereichen kehrten unsere abnehmenden Besucherzahlen natürlich nicht sofort um. Tatsächlich stellten wir Ende 1993 unseren vierten Wochenend-Gottesdienst wieder ein und unsere Wochenend-Besucherzahlen gingen um Tausende zurück – zum ersten Mal seit dem »großen Schiffbruch« erlebten wir einen langanhaltenden Rückgang. Aber die Infrastruktur der Gemeinde funktionierte wieder, und Tausende von Menschen entdeckten in *Willow Creek* einen Ort, an dem sie sich herausgefordert, aber auch versorgt fühlten.

Gewinne und Verluste

Bei einer früheren Mitarbeiterweihnachtsfeier überfielen mich, wie so oft, beinahe mütterliche Gefühle und Wertschätzung für unsere Mitarbeiter. An diesem Abend sprach ich mit Scott Pederson, der sich im Teenageralter mit Bill anfreundete, mit ihm 1972 nach Illinois ging, einer der Teamleiter von

Son City war, später den *Sonlight Express* und die *Willow Creek*-Schüler-arbeit ins Leben rief, die er über ein Jahrzehnt leitete. Ich sah George Everding und Scott Troeger, die beide in den frühen siebziger Jahren Christen wurden – Scott in *Son City* und George in *Camp Paradise*; Jahre später leiteten sie die Bauarbeiten an unseren beiden größeren Anbauten. Ich sah Scotts Frau, Jan Troeger, die in den Tagen von *Son City* treu mitge-arbeitet hatte und heute im *Willow Creek*-Vorstand sitzt. Ich habe mich mit Mitarbeitern unterhalten, die mit ihrer Familie durch das halbe Land umge-zogen sind (wir scheinen überdurchschnittlich viele umverpflanzte Kali-fornier zu haben!) und mit anderen, die von Gott wider alle Vernunft nach *Willow Creek* berufen worden waren.

Auch wenn ich nicht mehr jeden Mitarbeiter persönlich kennen kann, haben mich im Lauf der Jahre viele Mitarbeiter, die ich kannte, sehr inspi-riert und ermutigt. Und wenn ich sie alle zusammen sehe, vereint durch eine gemeinsame Vision und vom göttlichen Orchestermeister zusammenge-stellt, dann fühle ich Ehrfurcht, Dankbarkeit und Geborgenheit. Jedesmal, wenn ich einen neuen Mitarbeiter kennenlerne und seine Geschichte höre und von seiner Vision gefangen werde, dann spüre ich wieder das alte Ge-fühl, von einem Wunder eingeholt zu sein.

In den frühen neunziger Jahren kamen viele neue Mitarbeiter zu uns und wir sagten fast jedesmal: »Das ist wundervoll. Gott hat uns genau den richtigen Menschen zur richtigen Zeit geschickt.« Aber für fast jeden neuen Mitarbeiter verließ uns ein anderer, und die Aufregung, einen neuen Mitar-beiter willkommen zu heißen, wurde getrübt durch die Enttäuschung, denen, die uns verließen, Lebewohl zu sagen. In der Tat war der Weggang von Mitarbeitern der Punkt, der Bill und mir seit den Anfängen von *Willow Creek* am meisten zu schaffen gemacht hat.

Im September 1992, nach fast zwanzig Jahren treuem und effektivem Dienst unter Schülern und Erwachsenen, beschloß Don Cousins, *Willow Creek* zu verlassen und einen unabhängigen Dienst zur Predigtausbildung zu gründen. Wenige Menschen werden die Art der Arbeitsbeziehung verste-hen, die Don und Bill über so viele Jahre genossen hatten. Don war erst sechzehn und Bill zwanzig, als sie sich kennengelernt hatten. Don war in der *South Park Church* aufgewachsen: Als Bill die Bibelstunden am Mittwoch-abend übernahm, aus denen schließlich *Son City* wurde, reagierte Don mit einer geistlichen Intensität, zu der Bill eine Beziehung finden konnte. Don war diszipliniert, dynamisch und zielorientiert. Als Don Kapitän des »Roten Teams« wurde, traten schnell seine persönlichen Leitungsbegabungen zutage. Als Bill Don in geistlichem Wachstum, Leitung und Lehre förderte, wuchs ihre Freundschaft in demselben Maß wie Dons Dienstpotential. Als Don fünfunddreißig Jahre alt war, hatte er eine Struktur aufgebaut, die den Bedürfnissen von Tausenden von Menschen entgegenkam.

Aber Don hatte fast zwanzig Jahre lang »auf denselben Nagel geschlagen« – in rasendem Tempo. Wie viele von uns hatte er das Gefühl, daß die Zeit für eine Veränderung gekommen war. Seine Entscheidung zu gehen, war sehr schwierig – für ihn, sie zu treffen und für andere, sie zu akzeptieren. Nach ausgedehnten Gesprächen zwischen Don, Bill und den Ältesten waren sie sich einig, daß diese Entscheidung wirklich auf einer Linie mit Gottes Führung lag. Trotzdem war für Bill und viele andere, vor allem für die alten Mitarbeiter, die von Anfang an mit Don zusammengearbeitet hatten, der Gedanke, ohne ihren Freund und Mitarbeiter in die Zukunft zu gehen, von einem Gefühl der Trauer und des Verlustes begleitet.

Als das Konzept der Teampredigt Bills Predigtlast erleichterte, konnte Bill – auch vor Dons Weggang – sich wieder mehr mit den Mitarbeitern zusammensetzen und wieder in einem stärkeren Maß als zuvor leiten. Mit Dons Fehlen war Bill dann geradezu gezwungen, sich mehr mit den Mitarbeitern auseinanderzusetzen. Er begrüßte das; in der Tat war der Bereich Leitung der Teil seines Jobs, der ihm am meisten Spaß machte. Er hatte seine volle emotionale und körperliche Stärke noch nicht wieder erreicht, aber er fühlte sich zu dieser Zeit eindeutig gesünder. In den ersten Monaten des Jahres 1993 begann er, wieder Freude an seinem Dienst zu haben.

Im März riß Bill während eines Hallenfußballspieles mit Freunden die Achillessehne. Eine Operation und schmerzhafte Komplikationen hielten Bill für fast eine Woche im Krankenhaus fest. Weitere zwei Wochen Liegen mit hochgelegtem Bein setzten ihn außer Gefecht für die Oster-Gottesdienste. Es ist eine Untertreibung zu sagen, daß Bill zutiefst dankbar war für die Partnerschaft mit Jim Dethmer im Predigtdienst. Jim predigte bereitwillig in sechs Oster-Gottesdiensten und nahm Bill zahlreiche andere Lasten ab, während er sich erholte.

Krücken und ein eingegipstes Bein schränkten Bill für viele Monate ein, aber die erzwungene Verlangsamung ermöglichte eine Zeit der persönlichen Reflexion und Auswertung, die eine wertvolle Belohnung eintrug. Im Herbst 1993 machte Bill seine Arbeit in *Willow Creek* wirklich Spaß und er hatte inzwischen, dank der *Willow Creek Association*, eine vereinfachte Sicht seiner Rolle außerhalb von *Willow Creek*. Es war Jahre her, daß ich erlebt hatte, daß Bill so gesund lebte und so positive Gefühle gegenüber seinem Dienst hegte. Bill hatte über drei Jahre gebraucht, bis er seinen Zusammenbruch im Dezember 1989 verarbeitet hatte, aber er ging in die Jahre 1993/94 mit dem Gefühl, geistlich, emotional und körperlich stark zu sein.

Es war gut, daß sich Bill so stark fühlte. Denn das Konzept der Teampredigt, das Bills Überlebenspaket während der Kämpfe der letzten Jahre war, erlitt einen verheerenden Rückschlag. In den Sommermonaten hatte Jim Dethmer sich entschlossen, seinen Dienst zu quittieren und ebenfalls einen unabhängigen Predigerausbildungsdienst ins Leben zu rufen. Diese Entscheidung war für Bill schmerzvoll. Bill und ich saßen in einem Segelboot auf dem Michigansee und hörten zu, wie Jim uns seine Gründe und Möglichkeiten darlegte. Wir konnten diese Entscheidung nicht ablehnen, aber wir hatten eine harte Zeit, bis wir sie zu akzeptieren vermochten. Auch wenn Jim nur drei Jahre in *Willow Creek* war, hatte er doch einen gewaltigen Beitrag geleistet. Er half mit, das Teampredigt-Konzept zu realisieren. Er hatte unsere Kleingruppenrevolution in Gang gesetzt. Und was noch wichtiger war: Er wurde ein persönlicher Freund für Bill, mich und viele andere Mitarbeiter und Leiter. Auf der Freizeit für Kleingruppenleiter in diesem Herbst predigte Jim zum letzten Mal vor den Leitern, die er ausgebildet und inspiriert hatte. Als er geendet hatte, verabschiedeten ihn einige enge Freunde, auch ich, ganz offiziell. Dann bildeten über tausend Menschen um uns herum konzentrische Kreise und zum Schluß umarmten wir uns alle gemeinsam, ein tiefes Symbol für das Vermächtnis, das Jim uns hinterließ. Wir hatten ihn sehr geliebt und würden ihn deshalb umso mehr vermissen.

Vorher bestand das Predigtteam aus fünf Mitgliedern. Bill und Jim waren die Hauptprediger, die von Don Cousins, Lee Strobel (Mitglied des Leitungsteams von *Willow Creek* und Leiter der Öffentlichkeitsarbeit) und Dan Webster unterstützt wurden. Dan hatte seit den frühen achtziger Jahren die Schüler- und Studentenarbeit (früher *Son City*) von *Willow Creek* geleitet, aber er hatte kürzlich entschieden, aus der Jugendarbeit auszusteigen und neue Dienstverpflichtungen hatten ihn in einen anderen Staat versetzt. Die Verluste von Don, Dan und jetzt auch Jim bürdeten Bill wieder einmal eine enorme Predigtlast auf. Lee konnte ihm zwar bei den Predigten am Wochenende helfen, aber Bill sah sich umgehend nach einem neuen Hauptprediger für *New Community* um. Im Juli und August nahm er Kontakt mit potentiellen Predigern auf; jeder dachte über diesen Ruf nach, aber letztendlich fühlte sich jeder geführt, an seinem momentanen Platz zu bleiben.

Es war eine riesige Enttäuschung für Bill. Er war gerne bereit, sich mehr als in den letzten Jahren ganz an *Willow Creek* hinzugeben, aber er hatte Angst vor der Predigtlast. Was hatte Gott vor? Warum gab Gott ihm keinen Prediger, mit dem er die Verantwortung teilen könnte? Es schien nur noch eine Zuflucht zu geben: Gebet. Und wir beteten – daß Gott entweder einen Prediger schicken oder Bill die Energie geben würde, die er brauchte, um die Last zu tragen.

Im September 1993 begann Bill in den Wochenend-Gottesdiensten mit einer fünfundzwanzigteiligen Predigtreihe über die Bergpredigt, die er »Die großartigste Predigt der Geschichte« nannte. Als er die Reihe beendet hatte, war klar, daß Gott Bill die Energie gegeben hatte, die er brauchte. Die Predigtreihe sammelte die Kräfte der Gemeinde neu. Sie trug diese geheiligte Mischung aus Gnade und Herausforderung, die die frühen Jahre von *Son City* und die Jahre des Aufbaus in den frühen achtziger Jahren geprägt hatte. Sie zeigte den kirchendistanzierten Menschen, daß die Worte Jesu in bezug auf Moral, Beziehungen und Prioritäten auch heute noch wichtig sind und Bedeutung haben, und rief Christen zu Hingabe und Nachfolge. In den Wochenend-Gottesdiensten war ein erneuertes Bewußtsein dafür zu spüren, daß wir vorwärtsgingen. In unserem Taufgottesdienst im Dezember gaben Hunderte von Erwachsenen öffentlich Zeugnis von ihrer persönlichen Entscheidung, Nachfolger Christi zu werden. In den ersten Monaten von 1994 stiegen die Besucherzahlen wieder.

Aber während die Wochenend-Gottesdienste wieder zunehmend Stabilität und Schwung spüren ließen, litten die Gottesdienste unter der Woche. Bill hatte sie bis März 1994 angemessen geplant, das *New Community* Institut und Gastprediger zum Zug kommen lassen und bei Bedarf selbst gepredigt. Aber die *New Community* bekam von jedem nur die Reste. Niemand machte sie sich zu eigen. Niemand konnte den Gottesdienst regelmäßig leiten und predigen. Die Situation wurde langsam kritisch. Gebetsgruppen in der ganzen Gemeinde schrieben »einen neuen Prediger für *New Community*« ganz oben auf ihre Wunschlisten. Die Ältesten intensivierten ihre Suche wieder. Es wurde zu Bills einziger und größter Sorge.

Im März kehrte Dieter Zander, ein Pastor aus Kalifornien, der im vergangenen Dezember als Gottesdienstleiter in *New Community* ausgeholfen hatte, nach *Willow Creek* als möglicher Kandidat für die Gottesdienstleitung und Predigt zurück. Für die Gemeinde war es Liebe auf den ersten Blick. Als Dieter in der folgenden Woche zurückkehrte, schien Gottes Plan deutlich zu sein. Kurz danach wurde Dieter in den Kreis der Mitarbeiter von *Willow Creek* aufgenommen. Es entsprach dem unvorhersehbaren Segen Gottes, »der uns über Bitten und Verstehen hinaus gibt«, daß Dieter nicht der einzige Neuzugang in unserem Predigtteam war. Einige Monate später kam John Ortberg, ein weiterer hervorragender Pastor aus Kalifornien, als Hauptprediger für *New Community* und unterstützender Prediger für die

Wochenend-Gottesdienste zu *Willow Creek*. Wieder einmal hatte Gott uns die Menschen geschenkt, die wir brauchten.

Der Kreis schließt sich

Im Herbst 1994 hatte *Willow Creek* eindeutig eine neue Phase erreicht. Bills Begeisterung für die Leitung war himmelhoch. Wir hatten wieder ein starkes Predigtteam. Zahlreiche Dienstbereiche und Abteilungen wurden umstrukturiert und schienen optimal zu laufen. Größere Spannungen unter den Mitarbeitern konnten gelöst werden, und wir hatten ein System eingeführt, das in der Lage war, mit den unvermeidlich auftretenden neuen Herausforderungen umzugehen, sobald sie auftraten. Und am dramatischsten war das Durchdringen nahezu jeden Bereiches der Gemeinde mit Kleingruppen – ganz so, wie wir es uns erhofft hatten.

Die Umwandlung in Kleingruppen, die so hervorragend von Jim Dethmer ins Leben gerufen wurde, war unter der Leitung von Jon Wallace vollendet worden, der für zwei Jahre von einem anderen Dienst an *Willow Creek* »ausgeliehen« worden war. Im Dezember 1994 hatten wir 7 500 Menschen in 1 000 Kleingruppen und dazu eine Strategie, mit der wir diese Zahlen verdoppeln und sogar verdreifachen konnten. Besucher von *Willow Creek* können unter fünf Arten von Gruppen auswählen. Jüngerschaftsgruppen sind für Christen gedacht, die sich einem strukturierten Jüngerschaftsprogramm unterziehen wollen. Gemeinschaftsgruppen stellen gewöhnlich die Eingangstür für Christen dar, die neu in der Gemeinde sind und andere Menschen kennenlernen und mehr darüber wissen wollen, was es heißt, ein Nachfolger Jesu zu sein. Dienstgruppen bieten allen Menschen, die in irgendeinem Dienstbereich in *Willow Creek* involviert sind, Rückhalt und die Möglichkeit, Verantwortung zu übernehmen. Offene Gruppen sind für Nichtchristen gestaltet, die mehr darüber wissen wollen, was es heißt, Christ zu werden. Selbsthilfegruppen bieten Gemeindemitgliedern Hilfe und Ermutigung bei persönlichen Schwierigkeiten an.

Kleingruppen haben normalerweise vier bis zehn Mitglieder mit einer »Politik des freien Stuhles«, die ihnen erlaubt, so lange zu wachsen, bis sie in der Lage sind, neue Gruppen hervorzubringen. Leiter für neue Gruppen werden als »Leiter in Ausbildung« in den bestehenden Gruppen geschult.

Als die Kleingruppen in der Gesamtstruktur der Gemeinde mehr und mehr um sich griffen, boten sie ein vertrautes Umfeld für eine Vielzahl von Schulungsmöglichkeiten, die sonst nur in Großveranstaltungen angeboten wurden, wie zum Beispiel die Entdeckung der eigenen Gaben, Evangelisationsschulung und Anleitung zum richtigen Umgang mit Geld. Auch die formale Aufnahme neuer Gemeindemitglieder, die vorher von den Ältesten durchgeführt wurde, lag nun in den Händen der Kleingruppen.

Wir haben den Schluß gezogen, daß das Konzept der Mega-Gemeinde ohne eine durchgreifende Kleingruppenstruktur verwundbar und begrenzt ist. Kreative und mitreißende Programmgestaltung und dynamische biblische Predigt sind essentielle Elemente für Wachstum, aber bleibende Lebensveränderung kann nur selten ohne Liebe und persönliche Verantwortlichkeit in einem persönlichen Umfeld, also in der Geborgenheit einer Kleingruppe, geschehen. Bill bedauert sehr, daß er *Willow Creek* nicht schon früher zu diesem Kleingruppenkonzept geführt hatte. Die *WCA* ermutigt alle Gemeindeneugründungen, ernsthaft zu überlegen, mit einem solchen Konzept ihren Dienst zu beginnen.

Ich glaube, daß sich mit dieser erneuerten Begeisterung für Kleingruppen in *Willow Creek* der Kreis schließt und uns zurückführt zu dem Gefühl, das so typisch für die ersten Jahre von *Son City* war. Damals wollten kirchendistanzierte Schüler »genauso geliebt werden, wie die Schüler von *Son City* geliebt wurden«. Ich sehne mich nach dem Tag, an dem das die Erwachsenen in unserer Gemeinschaft regelmäßig von *Willow Creek* sagen.

Wenn meine eigene Erfahrung repräsentativ ist, glaube ich, daß das geschehen wird. Die Frauen, mit denen ich mich in einer Kleingruppe treffe, werden füreinander allmählich zur erweiterten Familie. Wir erleben die Unterstützung, die Ermutigung und die liebevolle Herausforderung, die ganz natürlich entsteht, wenn Frauen ihre Masken ablegen und einander ihre Seelen öffnen. Ich weiß, was es heißt, ohne Gemeinschaft zu leben; jahrelang kämpfte ich damit, ein isoliertes Leben führen zu müssen. Aber erst kürzlich habe ich entdeckt, was es heißt, in Gemeinschaft zu leben, an der Seite von »Schwestern« durchs Leben zu gehen und ich kann ohne Vorbehalte sagen, daß es weit besser ist, als alleine zu laufen.

In der Einleitung zu diesem Buch schrieb Bill darüber, was es heißt, Kirche füreinander zu sein. Das heißt es. Und es geschieht durch den Leib der Gemeinde von *Willow Creek*.

Kapitel 8

1995 und Ausblick in die Zukunft

*»Ich kann mir kaum einen aufregenderen Ort als diesen hier und kaum
eine wichtigere Zeit als diese jetzt vorstellen. Es gibt Zeiten – und dazu
gehören vermutlich die meisten –, in denen die Arbeit im Reich Gottes
weitgehend im verborgenen stattfindet: Werkzeuge herrichten, Repara-
turarbeiten, die Segel neu setzen, den Einsatz vorbereiten. Aber es gibt
Zeiten – Zeiten der Gnade –, in denen die Arbeit zu einer Art Freuden-
feuer wird und man für einen Moment lang die Kraft sehen kann, die
normalerweise im verborgenen bleibt ... Für mich ist jetzt solch ein
Moment.«*

John Ortberg
Lehrpastor von *Willow Creek*

Wenn man sagen kann, daß eine Organisation dieselben Lebens-
stadien durchläuft wie wir Menschen, dann scheint es angemessen zu sagen, daß *Willow Creek* ein gewisses Reifestadium erreicht hat. Wir haben unsere Kindheit und unsere wackelige Jugend in
einem Kino verbracht. Wir machten stetige Fortschritte während unseres
frühen Erwachsenseins in den achtziger Jahren, das einigermaßen reibungs-
los verlaufen ist. Wir machten einen Sturzflug in die Midlifekrise in den
frühen neunziger Jahren. Und nun, nachdem wir eine Krise der Umwäl-
zungen und der Erschöpfung hinter uns gebracht haben, fühlen wir uns
erholt, gefestigt und vorbereitet für eine neue Ära unseres Dienstes.

Als wir *Willow Creek* ins Leben riefen, hatten wir die Vision, eine nach
biblischen Maßstäben funktionierende Gemeinschaft zu werden. Unsere
Berufung war es, gottferne Menschen zu ganz hingegebenen Nachfolgern
Christi zu machen. Wir glaubten, daß Menschen, die in Gefahr sind, verloren zu gehen, Gott wichtig sind und die Kirche dazu berufen ist, sie zu erreichen. Wir entwickelten frühzeitig einen effektiven Evangelisationsdienst
– unseren Wochenend-Gottesdienst –, ein Werkzeug, das unsere Gemeindemitglieder bei ihren evangelistischen Bemühungen unterstützen sollte.
Andere Dienste, wie unsere Schülerarbeit, unsere Singlearbeit, unsere

Dienste für Frauen und Mütter, für Männer und Väter und jetzt auch unsere offenen Kleingruppen für Distanzierte ergänzen den Wochenend-Gottesdienst, indem sie vielfältige Gelegenheiten für kirchendistanzierte Menschen bieten zu entdecken, was es heißt, Christ zu werden. Auf diese Weise erreichen wir unser Ziel, Menschen zu Jesus zu führen.

Der Bereich Jüngerschaft, also der Prozeß, Christen zu helfen, ganz hingegebene Nachfolger Christi zu werden, war eine härtere Herausforderung für uns. Wir kamen von unseren Zellgruppen, die wenig zu wahrer Jüngerschaft beitrugen, über das Konzept von persönlichen Jüngerschaftsbeziehungen zu zweijährigen Jüngerschaftskursen, die zwar sehr effektiv waren, aber wegen unseres Leitermangels nur eine eingeschränkte Reichweite hatten. Jetzt haben wir mit unserem Kleingruppensystem, aus dem heraus ständig neue Leiter entstehen, ein effektives Jüngerschaftssystem, das sich selbst am Leben erhält und zudem für die fördernde seelsorgerliche Begleitung sorgt, die nur in den Kleingruppen möglich ist.

Zum ersten Mal in diesen zwanzig Jahren haben wir das Gefühl, beiden Anforderungen unserer Berufung gerecht zu werden: Wir führen Menschen, die weit weg sind von Gott, zu Jesus und helfen ihnen, ganz hingegebene Nachfolger ihres Herrn zu werden. Gleichzeitig haben wir einen Weg zur Aufnahme neuer Mitglieder entwickelt, in dem Platz ist für Gespräch und Auswertung der persönlichen Fortschritte auf dem Weg der Nachfolge. Durch persönliche Studien und die Arbeit in der Gruppe an unseren Arbeitsmaterialien zu unseren »Fünf G's« (die im 13. Kapitel näher erläutert werden), werden potentielle Mitglieder unterstützt in

1. ihrer persönlichen Erfahrung der Gnade (*grace*),
2. ihrem Wachstum (*growth*) hin zu immer größerer Christusähnlichkeit,
3. ihrer Hingabe an eine Gruppe (*group*) = lebensverändernde Erfahrung,
4. der Entdeckung und Anwendung ihrer geistlichen Gaben (*gifts*),
5. ihrer Hingabe an verantwortlichen Gütergebrauch (*good stewardship*).

Durch eine umfassende Neuorganisation unserer Seelsorgearbeit fühlen wir uns auch mehr denn je in der Lage, den Mitgliedern unserer Gemeinde zu helfen, deren Bedürfnisse über die »Grundseelsorge«, die durch die Kleingruppen abgedeckt wird, hinausgehen. Unsere Seelsorgearbeit kann denen helfen, die tiefere theologische Fragen oder Gebetsanliegen haben, die chronisch oder für einige Zeit krank sind, die einen geliebten Menschen verloren haben, die vor dem Zusammenbruch ihrer Ehe stehen oder gerade eine Scheidung hinter sich haben, die in ihrer Schwangerschaft alleine sind, die in irgendeinem Bereich Beratung brauchen, die in einer finanziellen Notlage oder in Arbeitslosigkeit stehen, die mit einer Behinderung leben müssen, die ein inhaftiertes Familienmitglied haben oder mit einer Sucht kämpfen.

Kürzlich haben wir auch eine Reihe von Werten und Strategien definiert, die seit Jahren in *Willow Creek* angewendet wurden, die wir aber nie richtig festgelegt hatten. In den nächsten Kapiteln wird Bill beispielsweise die zehn wichtigsten Werte der *Willow Creek Community Church* erklären. Ähnlich wie die »Sieben-Schritte-Strategie«, die Bill auf einer Papierserviette skizziert hatte, um einen Prozeß zu beschreiben, der durch Zufall und durch die Führung des Heiligen Geistes entwickelt wurde, stellen unsere wichtigsten Werte das biblische Konzept dar, auf dem wir *Willow Creek* aufgebaut haben. Durch die Fixierung dieser Werte haben wir ein Werkzeug für weiteres Wachstum in die Hand bekommen. Jetzt können wir die Richtung, die unsere Gemeinde geht, bewahren, indem wir sicherstellen, daß alle zukünftigen Ideen, Möglichkeiten oder Schwerpunkte mit unserer von Gott gegebenen Vision, Berufung, Strategie und unseren Werten übereinstimmen.

Besonders für Bill und die übrigen Leiter von *Willow Creek* symbolisierte die exakte Formulierung der Gedanken, die in der zweiten Hälfte dieses Buches vorgestellt werden, so etwas wie eine Demarkationslinie für die Gemeinde. Dies gilt vor allem in Kombination mit der zunehmend erfolgreichen Umsetzung unseres, alle Bereiche durchdringenden Kleingruppen- und Jüngerschaftssystems und unserer, gerade noch rechtzeitigen Umstrukturierung verschiedener Dienste der Gemeinde. Wir haben das Gefühl, die letzten zwanzig Jahre in die Schule Gottes gegangen zu sein und dort langsam und methodisch – und manchmal auch schmerzhaft – gelernt zu haben, was es heißt, Kirche zu sein. Jetzt, kurz vor dem Abschluß dieser Schule, beginnen wir zuversichtlich mit dem Dienst, auf den Gott uns vorbereitet hat.

Ein nötiger Brennpunkt

Gewissermaßen als Vorwort für die Zukunft von *Willow Creek* möchte ich Sie noch einmal mit zurück in das Jahr 1975 auf den Parkplatz der *South Park Church*, der Heimat der ursprünglichen *Son City*, nehmen …

Bill ging über den Parkplatz und ließ sich Dr. Bilezikians Vision der Kirche durch den Kopf gehen. Die Kirche ist Gottes erlösendes Werkzeug in der Welt. Die Kirche kann Einfluß auf die Welt ausüben. Die Kirche, und nur die Kirche, kann die Welt verändern. Bill wußte, daß sein Herz, seine Seele und sein Geist von dieser Vision gepackt waren, aber er wußte auch, daß er niemals ein Teil von Gottes Vision, »die Welt« zu erlösen, zu beeinflussen und zu verändern sein könnte, wenn er seinen Dienst auf die Arbeit mit Jugendlichen beschränkte. Jugendliche haben Eifer und Ernsthaftigkeit, aber ihnen fehlen Tiefe, Leiterfähigkeiten, Lebenserfahrung, die Mittel, der Einfluß und die Kraft, um die Welt zu beeinflussen. Mit jedem Schritt wurde er sich seiner Berufung sicherer: eine Gemeinde zu gründen und, soweit es in seiner Macht stand, zum Wachstum zu verhelfen. In seinem Geist sah er das Bild einer Gemeinde vor sich, die so stark, so biblisch war, die über so viele Mittel verfügte und in der die Realität Christi so lebendig war, daß sie eine Hauptrolle im Drama um Gottes weltumfassenden Plan spielen könnte. Sechs Monate später gründete Bill die *Willow Creek Community Church* mit einem klaren Ziel vor Augen: Er wollte eine biblische Gemeinschaft bilden, die eines Tages Gottes erlösende Ziele in die Welt hinaustragen konnte.

Das einzige Problem war, daß es hundertmal härter war, eine Gemeinde zu gründen, als sich Bill vorgestellt hatte. Lebensveränderungen dauerten weit länger, als er angenommen hatte. Die Anforderungen, die die Gemeinschaft an ihn stellte, als es darum ging, eine Organisation aufzubauen, waren viel höher, als er angenommen hatte. Mit der Zeit brach das Nachdenken über »Gottes erlösende Ziele in der Welt« unter der unglaublichen Herausforderung, Gottes erlösende Ziele in unserer eigenen Gemeinschaft zu erfüllen, zusammen. Wie konnten wir Zeit, Geld und Energie darauf verwenden, »die verlorenen Menschen jenseits des Meeres zu erreichen«, wenn wir kaum in der Lage waren, angemessen mit den vielen Menschen umzugehen, die durch unsere Türen kamen? Wie konnten wir als Gemeinde uns einem Dienst »an den Notleidenden der Welt« verschreiben, wenn wir noch keinen effektiven Weg gefunden hatten, die notleidenden Menschen in unserer eigenen Gemeinde zu umarmen?

Im Lauf der Jahre haben einige Leute unseren Auftrag zur »Welterlösung« in Frage gestellt, weil wir keine größeren Geldbeträge nach Übersee geschickt oder Missionare in ferne Länder ausgesandt hatten. In Wahrheit aber war unsere Abteilung für internationale Dienste viele Jahre lang in Kontakt mit evangelikalen Diensten innerhalb Chicagos, in Dritte-Welt-Ländern und in Europa. Vertreterinnen unserer Frauenarbeit leiteten Bibelstunden und gestalteten Geburtstagsfeiern für obdachlose Frauen in Chicago. Männer, Frauen und Kinder verwandelten mit Hammer, Putz und Pinsel ein rattenverseuchtes Lagerhaus in ein Obdachlosenheim, das von einer afrikanisch-amerikanischen Gemeinde in Chicago betreut wird. Mitarbeiter von *Willow Creek* arbeiten als Berater in verschiedenen Bereichen und vermitteln Stipendien für christliche Ferienlager an Jugendliche aus den Innenstädten. Väter und Söhne mischten Zement und reparierten Küchenfußböden für die *Appalachia Reach Out Ministries* im Osten Kentuckys.

Kinder von *Promiseland* (unserem Sonntagsschulprogramm) sammelten Kleidung und spendeten sie einem Waisenhaus in Kenia. Hunderte von Singles unseres *Operation Single*-Dienstes waren zu Kurzzeiteinsätzen in Mexiko, wo sie Häuser für eine kirchliche Organisation gebaut und in einem christlichen Waisenhaus mitgearbeitet haben. Maurer und Zimmerleute bauten ein Waisenhaus in Jamaica. Krankenschwestern und Ärzte behandelten in Jesu Namen kranke Menschen in der Dominikanischen Republik, in Haiti und in Afrika.

Ich war in einem Team dabei, das mit Politikern der bulgarischen Regierung verhandelte, um eine Partnerschaft mit der dortigen Gefängnisarbeit einzugehen, um medizinische Hilfsmittel in die Gefängniskrankenhäuser zu schicken und christliche Literatur zur Verfügung zu stellen, die in der Rehabilitationsarbeit eingesetzt werden kann. Wir trafen uns auch mit christlichen Leitern in Kroatien und stellten ihnen Geldmittel zur Verfügung, mit deren Hilfe in einem Flüchtlingslager moslemischen Flüchtlingen aus Bosnien die Liebe Christi gezeigt werden konnte.

Ich könnte viele ähnliche Beispiele hinzufügen. Und doch kann ich nicht leugnen, daß unser Engagement in solchen Bereichen eingeschränkt war – aber nicht aus Desinteresse an Mission oder weltweiter Evangelisation. Wir wurden daran gehindert, in einem größeren Kontext durch die fast überwältigenden Herausforderungen aktiv zu werden, die Gottes außergewöhnliches Wirken durch die evangelistische »Mission« unserer »Offenen Gottesdienste« an uns stellte.

Im Lauf der Jahre haben Bill und die Ältesten wiederholt über ihren Wunsch gesprochen, ein Teil von Gottes weltweitem Erlösungsplan zu sein und haben um Gottes Führung in bezug auf das Engagement *Willow Creek*s gebetet. Und wiederholt hatten sie das Gefühl, daß Gott uns dahin führt, unseren Brennpunkt in erster Linie – nicht ausschließlich, aber in erster Linie – auf unsere örtliche Mission zu richten. Immer wieder schien Gott zu sagen: Ihr seid noch nicht bereit. Ihr sitzt zu Hause noch nicht fest genug im Sattel. Ihr habt noch keine Infrastruktur, die euch einen Vorstoß erlauben würde, der über euren örtlichen Dienst an den kirchendistanzierten Menschen hinausgeht.

Weltweite Evangelisation

Aber eine der Gaben der Reife scheint zu sein, daß eine Person oder Institution die Fähigkeit verliehen bekommt, zwei Dinge zur gleichen Zeit zu tun. Für *Willow Creek* heißt das, daß wir auf finanzieller Ebene einen Punkt erreicht haben, der uns erlaubt, in eine neue Phase der weltweiten Ausdehnung einzutreten ohne dabei unseren von Gott uns aufgetragenen örtlichen Dienst zu gefährden. Mit Bills aufs neue energiegeladener Leiterschaft, mit vielen neuen und »tatendurstigen« Mitarbeitern, mit wachsender Klarheit von Mission, Vision, Strategie, Werten und erwünschten Ergebnissen und mit dem Wissen, als Gemeinde Ende 1995 schuldenfrei zu sein, sind die Ältesten, der Vorstand und das Leitungsteam voller Zuversicht, jetzt unser Engagement auf eine breitere Basis stellen zu können, wie sie schon in der Bibel vorgezeichnet ist: von »Jerusalem« nach »Judäa« und »Samaria« und »bis an die Grenzen der Erde« (Apg 1,8).

Unsere Motivation für eine weltweite Ausdehnung unseres Dienstes ist eine zweifache. Zuerst wollen wir natürlich den Bedürftigen helfen: Wir wollen Gottes Liebe verbreiten und ganz greifbar auf die geistlichen, emotionalen und physischen Bedürfnisse der Armen, Mittellosen, Unterdrückten und der Vergessenen in der ganzen Welt eingehen. Wir wollen den Menschen, die außerhalb unserer örtlichen Gemeinschaft in äußerer und geistlicher Not leben, in Jesu Namen ganz konkret helfen und zugleich die Botschaft des Evangeliums anbieten. Wir wollen Makler sein für die außergewöhnlichen Segnungen, die Gott unserer Gemeinde so verschwenderisch gegeben hat. Aber genauso wollen wir zu geistlichem Wachstum in unserer Gemeinde ermutigen: Wir sehnen uns danach, Besucher von *Willow Creek* zu sehen, deren Leben auf eine ganz neue Weise verwandelt werden, wenn sie ihre Zeit, ihre Begabungen und ihre Schätze Gott zur Verfügung stellen. Wir wollen, daß ihre Herzen zutiefst berührt werden von den Ungerechtigkeiten, Sorgen und Tragödien, die das Herz Gottes brechen. Wir wollen, daß ihre Seelen bereichert werden, wenn sie das Wirken des Heiligen Geistes sehen, das Rassengrenzen, geographische und gesellschaftliche Barrieren überwindet. Wir wollen, daß ihre Hingabe an Jesus Christus tiefer wird, wenn sie ganz praktisch ein Teil seiner weltweiten Kirche werden.

Diese dynamische Ausweitung unserer »Internationalen Dienste« wurde im November 1994 in Angriff genommen, als Bill der Gemeinde verkündete, daß die gesamte Jahresend-Kollekte dazu dienen solle, um weltweit armen und gefährdeten Menschen zu helfen.

Als Bill in einem Wochenend-Gottesdienst diese neue Ausrichtung unserer Gemeinde erklärte, machte er deutlich, daß die Initialen des »Internationalen Dienstes« (*International Ministries, I. M.*) zugleich die ersten beiden Buchstaben eines der kraftvollsten Wörter der englischen Sprache darstellen.

»Es ist das Wort *imagine* (›sich vorstellen‹)«, erklärte Bill der Gemeinde. »Martin Luther King forderte Menschen dazu heraus, sich ein Land vorzustellen, in dem einzelne Menschen nicht aufgrund ihrer Hautfarbe, sondern aufgrund ihres Charakters beurteilt würden, und eine Gesellschaft, die – wenn auch zögernd – die ersten winzigen Schritte auf dieses herrliche Bild zugeht. John F. Kennedy schaute unseren Mond an und stellte sich eine Person vor, die auf ihm herumläuft, und bald schon brachten die Fußspuren eines Mannes Science Fiction in den Bereich der Wirklichkeit. Jesus forderte seine Jünger heraus, sich eine Kirche vorzustellen, die stark, lebendig und dynamisch war wie eine Stadt auf einem Berg, die das Licht der Wahrheit in das Dunkel der Nacht ausstrahlt. Seine Jünger stellten sich einen Funken Hoffnung, eine Laternenlampe Liebe und eine Fackel verändernder Kraft vor – und die Kirche war geboren.«

Als wir Bill zuhörten, stellten wir, die Gemeinde von *Willow Creek*, uns auch vieles vor. Wir stellten uns vor, wie hungrige Jugendliche in Chicago Essen bekommen würden, wie ein Obdachlosenheim entstehen würde und Geld, Schulung und menschliche Mittel den innerstädtischen Gemeinden zur Verfügung gestellt werden würden. Wir stellten uns Kleiderspenden, medizinische Hilfe und Programme zur wirtschaftlichen Entwicklung für Familien in der Dritten Welt vor. Wir stellten uns Gemeindeleiter vor, die sich gegen finanzielle und politische Widerstände durchsetzten, um Ermutigung durch unsere Mittel zu bekommen. Wir stellten uns Mitglieder von *Willow Creek* vor, die Seite an Seite mit Afroamerikanern und Hispanoamerikanern in Chicago und mit einheimischen Leitern und Diensten in der ganzen Welt zusammenarbeiten würden.

Die Nöte, die sich uns darstellten, waren die Nöte einer vergessenen Welt. *I. M. – International Ministries.*

Wir begegneten der Herausforderung, uns in unseren Köpfen die Veränderung vorzustellen, die wir bewirken konnten. *I. M. – Imagine.*

Die Frage war nur: Bist du bereit? Für viele war die Antwort: *I. M. [I am]* – Ja. Ich bin bereit, die Not zu sehen. Ich bin bereit, mir eine Lösung vorzustellen. Ich bin bereit, meine Zeit, meine Fähigkeiten und mein Geld dafür zu investieren.

Am 3. Januar 1995 hatten wir unser Ziel von 1,5 Millionen Dollar erreicht und Partnerschaften zu örtlichen und internationalen Diensten aufgebaut, mit denen Hunderte von »*Willow Creekern*« in den nächsten Monaten zusammenarbeiten sollten. Wir hatten mehr getan, als Geld zu sammeln; wir hatten eine neue Begeisterung für den Dienst von *Willow Creek* ins Leben gerufen.

»Jerusalem«

Unser neuer Dienstbereich fährt dreigleisig. Der erste Schwerpunkt liegt auf »Jerusalem«: der Großraum von Chicago. Unser Partner für diesen Dienst ist *Vision Chicago*, eine Zusammenarbeit von *World Vision* und *Mid America Leadership Foundation*. Das Ziel von *Vision Chicago* ist es, »Gemeinden zu rufen und auszurüsten, effektive evangelistische Dienste in ihrer nächsten Umgebung durchzuführen; neue Dienstpartnerschaften einzugehen, die konfessionellen und gesellschaftlichen Barrieren zu überbrücken und vermehrt Unterstützung für innerstädtische Dienste zu leisten.«[1]

Besonders wichtig für die Berufung von *Vision Chicago* ist es, Beziehungen zwischen benachbarten Gemeinden zu fördern und so historische, kulturelle und gesellschaftliche Barrieren zu überwinden, indem afroamerikanische und lateinamerikanische Gemeinschaften zusammenarbeiten. In vielen innerstädtischen Bereichen sind die Kirchen die einzigen verbliebenen Institutionen – in geistlicher und vieler anderer Hinsicht sind sie die letzte Hoffnung der Stadt. Viel zu oft war die Kraft dieser Kirchen zu klein, weil sie isoliert gearbeitet hatten. Die Beziehungen, die durch *Vision Chicago* aufgebaut wurden, ebnen Wege zur Versöhnung zwischen den Rassen und den strategischen Organisationen; dies hat die verändernde Wirkung der benachbarten Kirchen und Gemeinden enorm gefördert und ihnen vereinigte Kraft gegeben, die Bereiche Wohnraum, Essen, Beschäftigung, Bildung, wirtschaftliches Wachstum und geistliche Entwicklung zu verändern.

Als Partner von *Vision Chicago* ist es die Aufgabe von *Willow Creek*, Geld und Mitarbeiter zur Verfügung zu stellen, die mithelfen, die Pläne und Projekte, die von den Gemeindekoalitionen entwickelt wurden, auszuführen. Wir sind auch direkt an verschiedenen kirchlichen Beschäftigungsinitiativen beteiligt, an einem Zentrum, das Baumaterialien verteilt und an *CityLINC*, einem Dienst, der Mitarbeiter vermittelt.

Durch die Vermittlung von *CityLINC* gelangte unser fünfzehnjähriger Sohn Todd und eine Gruppe seiner Freunde aus unserer Schülerarbeit in ein mit Müll angefülltes dreistöckiges Haus in einem Vorort von Chicago. Nachdem sie sechs Samstage lang geputzt, gestrichen, Fliesen verlegt, Möbel hergerichtet und Betten gebaut hatten, feierten die Jugendlichen die Verwandlung des Gebäudes in ein kirchlich geführtes Heim für Pflegekinder, ältere Mitbürger und geistig behinderte Erwachsene. Ich hoffe, daß dieses Haus zu einem Ort wird, an dem die Liebe Gottes Menschenleben berührt. Ich weiß, daß die Erfahrung, an diesem Haus mitzuarbeiten, meinem Sohn nahegegangen ist. Er war berührt von der Kompetenz, der Leidenschaft und der Hingabe der Hauseigentümerin, einer alleinstehenden farbigen Mutter und zugleich einer Geschäftsfrau mit einem Herz, das für die vernachlässigten Menschen in ihrer Umgebung schlägt. Er war berührt von der grauen Trostlosigkeit der Straßen und von der grauen Leere in den Augen derer, die ihn und seine Freunde aus dem Kirchenbus aussteigen und sich in die Vororte stürzen sahen. Er war berührt von der Gnade Gottes, die ihn in so vieler Hinsicht gesegnet hatte und von der Berufung Gottes, in die Reihen derer einzutreten, die »Makler« für diesen Segen waren und sind.

Unsere Vision ist es, daß viele solche »Maklergeschäfte« durch unsere Kleingruppen abgewickelt werden, wenn einzelne Gruppen von verschiedenen Dienstbereichen Projekte »adoptieren«, sie finanziell unterstützen und schließlich auch ihre Zeit und ihre Fähigkeiten zur Verfügung stellen.

»Judäa« und »Samaria«

Der zweite Bereich unserer »Internationalen Dienste« erstreckt sich auf unsere Nachbarnation, die Dominikanische Republik. Wir haben dieses Land für unseren ersten internationalen Evangelisationseinsatz ausgewählt, weil dort große Not herrscht und weil seine Nähe zu den Vereinigten Staaten ein ausgedehntes persönliches Engagement von »Willow Creekern« erlaubt. Wenn in der Zukunft das Konzept einer weltweiten Kirche sich im gesellschaftlichen Verständnis der Besucher von Willow Creek besser festgesetzt hat, werden wir auch in der Lage sein, mit weiter entfernten Nachbarn Kontakt aufzunehmen.

In der Zwischenzeit gibt es in der Dominikanischen Republik mehr als genug Nöte. Als Mitglied des Vorstandes der »Internationalen Dienste« von Willow Creek war ich überwältigt, als ich durch die staubigen Viertel von Santo Domingo lief, in denen Wellblechstücke und Sperrholz eine lockere Struktur bilden, die »Zuhause« genannt wird. Auf den ersten Blick scheint es ein Ort völliger Hoffnungslosigkeit zu sein. Aber dieser erste Eindruck erweist sich als falsch. Mitglieder einer kirchlichen Gruppe, vorwiegend Mütter, die dazu gezwungen waren, angemessenen Wohnraum, Kleidung, Nahrung und Bildung für ihre Kinder zu organisieren, stellten uns ihren Plan vor, Darlehen aufzunehmen, mit denen sie Kleingewerbe eröffnen wollten wie Näharbeiten, Verkauf von Gemüse, Reparatur von Fahrrädern, Kochen, Kerzenherstellung oder Decken weben. Nicht weit von der Gruppe der Mütter entfernt befanden sich eine Backsteinfabrik und eine Bäckerei, beide von den Darlehen finanziert, die auch die Mütter aufnehmen wollten, die jeweils zehn bis zwölf Arbeitern Beschäftigung boten, die sonst arbeitslos und deren Familien mittellos wären. In ländlichen Gebieten, in denen die Kindersterblichkeitsrate erschreckend hoch ist, haben Mitarbeiter im Gesundheitswesen mit uns die Vision für Trinkwasser und Sanitäranlagen als erstes Mittel gegen Krankheit geteilt. In einer Schule lernten Farmer, deren überbeanspruchtes Land fast unfruchtbar geworden war, die Prinzipien von umwelterhaltender Landwirtschaft, die auf dem terrassenartig angelegten Schulgelände Überfluß produzieren. Die Farmer und ihre Kinder lernen außerdem die Prinzipien von Gottes Wort. Wieder zurück in der Stadt, führte der Pastor mit uns ein ernstes Gespräch, begierig zu lernen, wie er seine Gemeinden aus der Isolation in die Gemeinschaft führen könnte, um eine ganzheitliche Antwort auf die Nöte der Menschen anbieten und offene Ohren für das Evangelium finden zu können.

Diese und ähnliche hoffnungsvolle Ereignisse wurden von Organisationen wie *World Vision*, unserem direkten Partner in der Dominikanischen Republik, gefördert sowie von unseren weiteren Partnern: *Habitat for Humanity, Opportunity International* und anderen. Auch hier ist es wieder unser Ziel, nicht nur unsere Finanzen zur Verfügung zu stellen, sondern auch die Begabungen und die Zeit von *Willow Creek*-Mitgliedern, die sich in Bauprojekten, medizinischer Hilfe, in Schulungsprogrammen für bestimmte Berufssparten, Ehe- und Familienberatung, Workshops zu christlicher Erziehung und der Pflege der Beziehungen zu den örtlichen Gemeindeleitern einsetzen.

Erst vor wenigen Wochen kam eine Gruppe von Frauen von einem eine Woche dauernden Einsatz in der Dominikanischen Republik zurück, der das Fundament für das weitere Engagement unserer Frauenarbeit gelegt hat. Sie kamen zurück und hatten eine echte geschwisterliche Beziehung zu den hart arbeitenden, begabten und dynamischen Frauen der Dominikanischen Republik aufbauen können. »Es war wundervoll, sie kennenzulernen«, sagte eine Frau von *Willow Creek*. »Als unser Team mit den dominikanischen Frauen Hand in Hand weinte und betete, wußten wir, daß es erst der Anfang war. Wir müssen unbedingt Spanisch lernen und dann zurückgehen!«

»Die Enden der Erde«

Der dritte Bereich unserer »Internationalen Dienste« erstreckt sich auf die internationale Gemeindeentwicklung. An der Südküste Spaniens arbeitet und gedeiht eine energiegeladene, besucherfreundliche Gemeinde, dankbar für den wachsenden Zustrom von gebildeten, begabten und geistlich hungrigen Spaniern. Als erste evangelikale Gemeinde, die offiziell von der Regierung Spaniens anerkannt wurde, erhielt diese Gemeinde von der Stadtverwaltung eine noch nie dagewesene Landzuweisung als offizielle Bestätigung für den positiven Beitrag, den die Gemeinde für das Leben der Stadt leistet. Einige Jahre lang unterstützten Lehrer und Leiter von *Willow Creek* diese Gemeinde mit Leiterschulungen, geistlicher Begleitung und Ermutigung. Nun erlaubt unser finanzieller Beitrag dieser Gemeinde, den Bau eines eigenen Gemeindehauses fertigzustellen, in dem genug Platz für evangelistische Veranstaltungen und das geistliche Wachstum der Gemeinde sein wird.

Lange Jahre hielt die hellere Zukunft, die durch den unvermeidlichen Zusammenbruch des Kommunismus zu erwarten war, die Hoffnung in Polen am Leben. Aber die Reihe gebrochener Versprechen, die dem Ableben des Kommunismus gefolgt waren, ersetzten die Hoffnung durch eine tiefe Depression, die das ganze Land zu durchziehen schien. Himmelhohe Zinsraten, brutale Verbrechen, zunehmendes Interesse an Pornographie und wachsende Armut hatten die Menschen in einen Zustand der Verzweiflung getrieben, der sie emotional und geistlich stark verwundbar machte. Sekten jeder Form gediehen prächtig.

Aber was ich in einem Gebirgsdorf an der Südgrenze Polens sah und hörte, war der klare Ausdruck, daß der wahre Gott am Werk war. Dynamische polnische Christen leiten dynamische, wachsende, landesweite Dienste unter Kindern, Jugendlichen, Frauen, Ehepaaren, Häftlingen und Studenten. Begabte Musiker und Schauspieler setzen die darstellenden Künste sehr wirkungsvoll ein, um mit kirchendistanzierten Menschen in Kontakt zu kommen. In einem Krankenhaus und Beratungszentrum werden kranke Menschen, ihre körperlichen Leiden und ihre verwundeten Seelen in die Hände eines liebenden Gottes gelegt. Auf einer christlichen Frauenkonferenz, die von Hunderten von Abgesandten verschiedener Länder in Zentral- und Osteuropa besucht wurde, spielten sich dramatische Versöhnungsszenen ab, die in einem Gebet um Frieden gipfelten, das gemeinsam von den Frauen aus Serbien und Bosnien angeboten wurde.

Diese und andere Dienste sind alle ein Teil einer nationalen Organisation, die kurz nach der Gründung von *Willow Creek* in den Vereinigten

Staaten in Polen ins Leben gerufen wurde. Unsere Dienste unterscheiden sich sehr stark durch das unterschiedliche kulturelle und soziale Umfeld von *Willow Creek* und diesem polnischen Dienst. Doch denke ich mehr an unsere Gemeinsamkeiten als an unsere Unterschiede. Was die Perspektiven und die Vorgehensweise anbelangt, scheint der Heilige Geist Brücken zwischen den Kontinenten zu bauen und unsere Dienste parallele Wege zu führen. Als der polnische Dienst sich nach neuen Anregungen ausstreckte und dabei seine konfessionellen Grenzen zu überschreiten begann, sahen wir uns von *Willow Creek* in der glücklichen Lage, ihm das anbieten zu können, was er am nötigsten brauchte: Ermutigung, Hilfe in der Leiterschulung und finanzielle Unterstützung. Unser letzter Spendenaufruf wird eine christliche Konferenz mit über tausend Besuchern aus ganz Europa, eine vierteljährlich erscheinende christliche Zeitschrift, zusätzliche Mitarbeiter, einen Kleinbus für den Dienst und notwendige Renovierungsarbeiten subventionieren.

Für viele von uns, die von Anfang an in *Willow Creek* dabei waren, ist diese Möglichkeit, mit christlichen Diensten und Gemeinden auf der ganzen Welt Hand in Hand zusammenzuarbeiten, wie ein Traum, der wahr geworden ist. Wir schauen nach vorne und freuen uns auf viele weitere Partnerschaften in den folgenden Jahren.

Die *Willow Creek Association*

Der kürzlich erfolgte Vorstoß der »Internationalen Dienste«, vor allem im Bereich Gemeindepartnerschaften, wird durch die Arbeit der *Willow Creek Association* verbessert. Die *WCA* hat über tausend Mitgliedsgemeinden, und wenn die gegenwärtige Wachstumsrate anhält, werden es im Jahr 2 000 viertausend Mitgliedsgemeinden sein. Sie richtet die Leiterkonferenzen aus, die bisher von über 30 000 Menschen aus der ganzen Welt besucht wurden. Fünf Länder – Australien, Neuseeland, England, die Niederlande und Deutschland – haben sich alleine 1995 der *Association* angegliedert. Die *Association* gibt auch *Willow Creek*-Materialien heraus – Bücher, Kleingruppenmaterialien, Materialien zur Entdeckung von geistlichen Gaben, Skripten zu Theaterstücken und Musik, die von anderen Diensten eingesetzt werden können – und wird schließlich auch Materialien herausgeben, die von anderen Mitgliedsgemeinden entwickelt wurden. Die *WCA* veröffentlicht eine Zeitung, vermittelt Arbeitsplätze, beantwortet Anfragen von Menschen, die nach besucherfreundlichen Gottesdiensten auf der ganzen Welt suchen, u. v. m.

»Es ist unsere Vision«, sagte das *WCA*-Vorstandsmitglied Jim Mellado, »zu sehen, wie die örtlichen Gemeinden des jeweiligen Landes besser Gottes Lösungen für die Nöte kirchendistanzierter Menschen und der dort lebenden Christen umsetzen können … Wir versuchen nicht, Willow Creek zu klonen. Wir wollen Gemeinden einfach nur dabei helfen, das zu erfüllen, was Gott für sie geplant hat, und ihnen dabei helfen, ihre Umgebung effektiv mit dem Wort Gottes zu erreichen.«

Ich bin von der Wirkung von *Willow Creek* und der *Willow Creek Association* begeistert. Erst vor wenigen Tagen besuchten Bill und ich einen »Offenen Gottesdienst« in einer Gemeinde auf einer winzigen Insel im Atlantischen Ozean. Nachdem der Pastor, ein junger, weißer Einheimischer, die Gemeinde begrüßt hatte, führte ein Mann mittleren Alters von afrikanischer Herkunft ein Theaterstück auf, das von Sharon Sherbondy, einem alten Mitglied der *Willow Creek*-Theatergruppe, geschrieben und auch gespielt worden war. Es war ziemlich offensichtlich, daß die Gemeinde durch das Theaterstück angesprochen wurde, aber nur wenige Leute wischten sich wie wir die Tränen ab. Es ist demütigend und begeisternd zu sehen, wie Ideen, die in unserem eigenen Dienst entstanden sind, in Umgebungen eingesetzt werden, die sich von unserer so stark unterscheiden, und die vom Heiligen Geist neu interpretiert und mit neuer Energie versehen werden. So freue ich mich an dem Schwung, der heute in der *Willow Creek*-Bewegung sichtbar wird; ich glaube, daß er von Gott inspiriert ist.

Aber ich kann nicht leugnen, daß es mir auch Angst macht. Ich fürchte, daß die Vision, die Werte und die Strategien von *Willow Creek* etwas Entscheidendes verloren haben, als sie schriftlich festgehalten, veröffentlicht, an die Gemeinden gebracht und dort angewendet wurden. Ich fürchte, daß das, was als »*Willow Creek*-Modell« bekannt wurde, die Dynamik, das Leben und die geistgeleitete Qualität verliert, die es in Wirklichkeit kennzeichnen. Veröffentlichte Hilfsmittel lassen alles so geregelt und geordnet und irgendwie abgeschlossen erscheinen. Hier ist es. Der Plan. Die Strategie. Das Modell. In Stein gehauen. Fertig.

Das macht mir Sorge. Wir hatten in *Willow Creek*, denke ich, das Gefühl ständiger Bewegung – keine rastlose Sucht nach Veränderung, sondern eine immerwährende, rollende, vitale Entfaltung der Pläne des Heiligen Geistes, vervollständigt durch unerwartete Wendungen und überraschende Ereignisse. Das war für einige Leute beunruhigend, was ich verstehen kann. Ich war immer ein Mensch, der Dinge »ein für allemal« festlegen möchte, der einen klaren Kurs einschlagen möchte. Aber ich lerne in meinem Leben und im Dienst, daß die Verpflichtung des Heiligen Geistes, »anständig und im Rahmen der vorgegebenen Ordnung« zu wirken, weder Vorhersehbarkeit noch geregelte Verhältnisse einschließt. Wo etwas Übernatürliches im Spiel ist, ist kein Raum mehr für »Die Sache wird auf meine Weise geregelt« und »Ich habe die Kontrolle darüber«.

Letzte Nacht rief mich Bill von Kalifornien aus an nach einem ungeplanten Treffen mit einem christlichen Leiter aus einem anderen Land, begeistert von einer neuen Idee für eine frische Betonung in seinen Predigten und seinem Leitungsamt in *Willow Creek*. Er hatte vor dem Treffen gedacht, daß er sein persönliches Engagement für seinen Dienst in den nächsten Monaten endlich festgelegt hatte, und jetzt plötzlich – ein unvorhergesehenes Treffen, eine frische Herausforderung und schon hat er ein neues Teil seines Dienstpuzzles in der Hand, das nur vom Heiligen Geist richtig zusammengesetzt werden kann.

Immer wieder haben Bill, die Ältesten, der Vorstand oder andere Mitarbeiter Dienste in neue und unvorhergesehene Richtungen umgelenkt, ganz einfach, weil sie der Heilige Geist in diese Richtung geleitet hat. Wenn dieses Buch gedruckt wird, stehen wir am Rande einer neuen Herausforderung, die darin besteht, einen neuen Wochenend-Gottesdienst einzuführen.

Seit unserer Gründung 1975 waren wir bekannt als eine Gemeinde für die Generation der *Babyboomer*, und wir haben unsere evangelistischen Programme speziell auf diese Generation ausgerichtet. Aber eine neue Generation mit anderen Bedürfnissen und Neigungen scheint einen ganz neuen Zugang zu erfordern. Die »Generation X«, die *Babybuster*, ist mißtrauisch gegenüber den Methoden, die sich so effektiv bei ihren Eltern erwiesen haben. Einen effektiven Dienst für sie zu gestalten – eine Herausforderung, die wir vor fünf Jahren nicht voraussehen konnten –, ist eines der Ziele für die nächsten Jahre.

Ein anderes Ziel ist es, mehr auf die Bedürfnisse und Nöte der älteren Gemeindeglieder einzugehen, was heißen kann, daß wir einen besonderen Wochenend-Gottesdienst für sie gestalten könnten. Von unseren Ursprüngen her waren wir eine jugendorientierte Gemeinde. Aber die über Vierzigjährigen, die in den siebziger Jahren die oberste Altersgrenze in unserer Gemeinde bildeten, stehen nun vor der Pensionierung. Wie können wir sie ermutigen, wenn sie neuen, und vielleicht unwillkommenen, Herausforderungen gegenüberstehen? Und wie können wir das Dienstpotential fördern, das ihre freie Zeit ihnen nun zugesteht? Die Besucherstatistik zeigt uns, daß eine unvorhersagbare Zahl unserer Besucher in die Jahre kommt, in denen sie Kinder erziehen und ihre Karriere bauen müssen, und ihnen so nicht mehr viel Zeit für einen Dienst in der Gemeinde bleibt. Als eine nach biblischem Vorbild funktionierende Gemeinde haben wir daher einen entscheidenden und zunehmenden Bedarf an den geistlichen Gaben, Fähigkeiten und Diensten unserer älteren Mitglieder.

Wohin werden uns diese neuen Dienste bringen? Welche unerwarteten Bedürfnisse und zusätzlichen Möglichkeiten werden uns begegnen? Die Herausforderung – und die Freude – der Gemeindearbeit ist, daß nur Gott die Antworten auf diese Fragen kennt.

Willow Creek wurde, davon bin ich überzeugt, vom Geist Gottes geplant. Er brachte die richtigen Leute mit den richtigen Gaben zur richtigen Zeit in der Geschichte zusammen, und es entstand so etwas wie eine Kettenreaktion. Die letzten zwanzig Jahre meines Lebens – mein ganzes Leben als Erwachsene – habe ich unter dem Schatten des von übernatürlichem Brennmaterial gespeisten Feuers gelebt. Weil *Willow Creek* immer ein unperfekter Ausdruck von Gottes perfekter Idee war und sein wird, war das Leben unter diesem Schatten für mich persönlich ein Gewinn und eine Belastung, die Quelle wundervoller Freude und quälender Schmerzen.

Da ich das Privileg hatte, einen Platz in der ersten Reihe zu haben, von dem aus ich die unglaubliche Aufführung von Gottes Segen bezeugen konnte, saß ich auch in der Position, in der ich das volle Gewicht der Fehler, der Sünden und der Attacken des Widersachers spüren konnte. Aber all das, mit allem Guten und mit allem Schlechten, wenn ich es von meinem gegenwärtigen Vorzugsplatz aus betrachte, war nebensächlich. Was am meisten zählt, und was ich so deutlich wie möglich festhalten will, ist die Tatsache, daß ich Gott jetzt viel tiefer kenne als vor zwanzig Jahren. Da ich weiß, daß der Heilige Geist sein Werk in unserem Leben durch eine Vielfalt von Wegen, die wir Menschen nie völlig verstehen werden, vollendet, glaube ich ernsthaft, daß der Dienst der *Willow Creek Community Church* ein wichtiger Weg Gottes in meinem Leben war und ist. Ich glaube, daß das auch für Bill und unsere Kinder zutrifft, und dafür bin ich sehr dankbar.

Ich glaube, daß Gott die örtlichen Gemeinden gebrauchen will, um die Menschen zu erreichen, die in Gefahr sind, verloren zu gehen. Er möchte jeden in eine vertraute Beziehung zu sich selbst hineinnehmen. Meine Zuversicht ist es, daß *Willow Creek* trotz seiner Unvollkommenheit genau dazu von Gott gebraucht wird.

---

[1] Bud Impema, Präsident der *Mid America Leadership Foundation*.

Teil II

Kapitel 9

Der Einfluß von Willow Creek

Wenn Sie den ersten Teil dieses Buches gelesen haben, wissen Sie, daß wir nicht auf alle Fragen eine Antwort haben. Sehr oft haben wir Dinge aus dem Ärmel geschüttelt. Aber als wir uns entschlossen hatten, uns selbst so gut wir können Gott hinzugeben, hat er sich entschlossen, etwas überwältigend Aufregendes auf unserem Gemeindegelände zu schaffen. Ein Ergebnis davon ist, daß *Willow Creek* mehr Interesse auf sich gezogen hat, als wir uns jemals hätten vorstellen können.

In den letzten Jahren hat die wachsende Aufmerksamkeit uns dazu veranlaßt, uns mit der Frage auseinanderzusetzen, welche Rolle – wenn überhaupt – *Willow Creek* spielen könnte, wenn es darum geht, anderen Gemeinden zu helfen und das Ausbreiten des Reiches Gottes in dieser Welt zu unterstützen.

Nachdem wir viel Zeit in Gebet und Gespräch verbracht hatten, kamen wir zu dem Ergebnis, daß folgendes unser bester Beitrag sein würde: Wir wollen die Leiter anderer Gemeinden ermutigen, die schmerzhafte und zugleich aufregende Erfahrung zu durchleben, Gottes »Daumenabdruck« für ihre eigene Gemeinde zu bestimmen. Lassen Sie mich dies erklären.

In der Bibel lesen wir, daß es einen Geist, aber viele Dienste gibt. Genauso wie es keine zwei gleichen Daumenabdrücke gibt, sieht jede Gemeinde anders aus, hat unterschiedliche Leitungsstile, unterschiedliche Strategien und unterschiedliche Gabenmischungen. Ich glaube in der Tat, daß ein Teil der Effektivität von *Willow Creek* von dem intensiven Bewußtsein der Begabungen, der Neigungen, Visionen, Temperamente und Leitungsstile von mir und den anderen »Hauptakteuren« um mich herum herrührt, wie Dave Holombo, Don Cousins, Nancy Beach und anderen.

Wir haben versucht, mit unseren Stärken und Schwächen ehrlich umzugehen, zu lernen, was die Bibel darüber sagt, wie man eine Gemeinde baut, die kirchendistanzierten Menschen in unserer Umgebung zu verstehen und uns darauf einzustellen, wie der Heilige Geist uns in eine Vision, Berufung und Strategie hineinführt, die genau zu dem paßt, wozu uns Gott geschaffen hat.

Es war, wie die erste Hälfte dieses Buches es beschreibt, ein unglaublicher Weg! Für mich war nichts so schwierig – und zur selben Zeit so sehr lohnend –, wie bei der Entfaltung von Gottes Drama in *Willow Creek* dabeizusein.

Manchmal vorsichtig, manchmal stark schlugen wir uns im Lauf der Jahre mit allen möglichen »Daumenabdruck-Entscheidungen« herum – wie mit dem Kauf von Land, dem Bau eines Gemeindehauses, der Einstellung neuer Mitarbeiter, der Entwicklung von Leitungsstrukturen, der Einführung neuer Dienstbereiche und der Planung evangelistischer Veranstaltungen. In den letzten Jahren haben wir durch die Umorganisierung unserer Dienste, um uns an zukünftiges Wachstum anzupassen, eine ständige Aufregung erlebt. Dazu gehören unsere Kleingruppendienste, unser Kinderprogramm, unsere internationalen Dienste und unser Aufnahmesystem für neue Mitglieder.

Es war herausfordernd, schwierig, spannend – alles andere als Routine! Ungezählte Stunden haben wir zusammen im Gebet verbracht und gemeinsam geplant, immer in dem Bewußtsein, daß die Latte hoch liegt und daß das Risiko zu scheitern in greifbarer Nähe liegt. Und während dieses Prozesses haben wir mit wachsender Klarheit – und ständigem Staunen – erkannt, wie nach Gottes Vorstellungen der Daumenabdruck von *Willow Creek* aussehen soll.

Kein Gemeindeleiter sollte diese Erfahrung missen! Deswegen lege ich Pastoren so eindringlich nahe, *Willow Creek* nicht bloß als Modell zu sehen, sondern ganz aktiv und im Gebet zu entdecken und zu erkunden, welchen einzigartigen Daumenabdruck Gott für ihre Gemeinde vorgesehen hat.

Das ist das Ziel, das hinter diesem zweiten Teil dieses Buches steht – alle bedeutenden Punkte durchzugehen, die jede Gemeinde für sich selbst erkunden sollte. Ich werde an unsere Erfahrungen in *Willow Creek* anknüpfen und damit ein Beispiel geben, wie eine Gemeinde ihre Berufung und ihre Methoden, ihre Vision und ihre Werte herauskristallisiert hat. Vielleicht kann dies der Anstoß für Ihre eigene Gemeinde werden, den Daumenabdruck, den Gott Ihnen aufgedrückt hat, freizulegen.

Aber nun zur Praxis. Wie entdecken Gemeinden auf der ganzen Welt ihre Vision und ihre Werte? Es ist nicht verwunderlich: Gott hat seinen Plan offengelegt. Seine Methode hängt von der Freisetzung der Männer und Frauen ab, denen die Gabe der Leitung gegeben ist.

Wodurch wird ein Leiter zum Leiter?

Als Gott sein Volk von einem tyrannischen Pharao befreien wollte, gebrauchte er einen Leiter namens Mose. Als er die Stadtmauer von Jerusalem wieder aufbauen wollte, gebrauchte er einen Leiter namens Nehemia. Als er sein Volk ein goldenes Zeitalter erleben lassen wollte, gebrauchte er einen Leiter namens David. Als er einen Tempel bauen lassen wollte, gebrauchte er einen Leiter namens Salomon. Als er einen staatsmännischen Propheten brauchte, setzte er einen Leiter namens Jesaja ein. Und als er einen furchtlosen Gemeindegründer brauchte, wählte er sich einen Leiter namens Paulus aus.

Wann immer im Lauf der Geschichte Gott einen Menschen brauchte, der etwas in Gang setzen, organisieren oder ein wichtiges Projekt ausführen sollte, berief er sich Leiter. Und da seine Priorität seit Pfingsten bis heute dieselbe geblieben ist – nämlich erlösende Gemeinden zu bauen, die inmitten von sich widersetzenden Kulturen blühen –, ist anzunehmen, daß er immer wieder neue Leiter berufen wird.

Wer wird also die Vision vermitteln oder in prächtigen Farben das zukünftige Bild einer Gemeinschaft malen, die nach biblischem Vorbild funktioniert? Wer wird darauf drängen, daß Predigt und Gemeinschaft Leben verändern? Wer wird den Wert des Gebetes hochhalten, sicherstellen, daß die Sakramente geehrt werden und darauf bestehen, daß geistliche Gaben in der ganzen Gemeinde eingesetzt werden? Wer wird Dienste koordinieren, Kleingruppenstrukturen aufbauen, die Bedeutung von Lobpreis stärken und die Gemeinde inspirieren, sich um die geistlich gefährdeten Menschen zu bemühen?

Richtig – Leiter. Paulus gibt jedem Mann und jeder Frau, die mit der geistlichen Gabe der Leitung ausgestattet sind, einen eindeutigen Marschbefehl: Leite, und leite voller Eifer! (Röm 12,8).

Leider gab es in der jüngeren Geschichte des Christentums einige Verwirrung im Bereich der Leitung. Gemeinden wurden oft nicht von Leitern, sondern von solchen, die die Gabe des Lehrens hatten [im folgenden vereinfachend »Lehrer« genannt], geleitet, und diese zwei Personengruppen weisen unterschiedliche Verhaltensmuster auf und setzen ihre Schwerpunkte in unterschiedlichen Bereichen. Das Ergebnis ist, daß viele Gemeinden ausgezeichnete Predigten *hören*; aber nur einige wenige effektiv *geleitet* werden.

Bitte verstehen Sie mich nicht falsch. Die Kirche braucht ausgezeichnete Lehrer. Die Predigt ist eine der Hauptaufgaben der Kirche, und Leben werden sich nicht ohne kraftvolle und vom Geist inspirierte Predigten über das Wort Gottes verändern. Ohne begabte Prediger müßten wir genauso »den Laden dicht« machen, weil sie einen entscheidenden Beitrag dazu liefern, Gottes Vision von einer biblisch funktionierenden Gemeinde zu erfüllen.

Und doch gibt es Unterschiede in der Art, wie Lehrer und Leiter vorgehen. Ich sage nicht, daß einer besser als der andere ist, sondern nur, daß sie einen anderen Zugang zum Dienst haben. Wenn zum Beispiel Lehrer vor irgendwelchen Leuten stehen, ist es ihr tiefster Wunsch, ihnen treffend und zwingend biblische Wahrheiten zu vermitteln in der Hoffnung, Leben zu verändern. Aber wenn Leiter ein Mikrophon in die Hand bekommen, steht etwas anderes auf dem Programm. Gewöhnlich haben sie ein Ziel, eine Berufung oder eine Sache, für die sie andere Menschen begeistern wollen.

Eine gewisse Zeitlang werden Lehrer immer Menschen anziehen, die ihnen darin zustimmen, daß die Kommunikation und das Verständnis biblischer Aussagen wichtig für Christen ist, um ihr Leben zu verändern. Lehrer erziehen und erbauen, und beides ist wichtig. Doch Leiter inspirieren und motivieren. Sie streben danach, Menschen in Aktion zu versetzen und sie in die Berufung einzubeziehen, der sie die Bahn brechen. Leitung ist ein aktiver Vorgang, der Menschen dazu veranlaßt, sich aus ihren Sesseln zu erheben und zu sagen: »Das ist nicht nur eine gute Idee, das ist eine Berufung, für die es sich lohnt, mein Leben hinzugeben!«

Lehrer sind normalerweise so sehr in ihre Bibelstudien und Predigtvorbereitung vertieft, daß sie nicht merken, welche korrigierenden Schritte vielleicht in ihrer Gemeinde nötig wären. Laufende Programme können an Qualität verlieren, die Finanzgrundlage kann ein kleines bißchen ausgehöhlt sein, aber Lehrer werden die Notwendigkeit eines raschen Handelns nicht sehr schnell erkennen.

Wenn aber eine Person mit der Gabe der Leitung durch die Gemeinde läuft, blinken bei ihr im Geist immer wieder Signallampen auf. Ihre Gedanken beschäftigen sich mit Dingen wie: »Wir müssen darauf mehr achten« und »Wir müssen das unbedingt lösen« und »Wir sollten uns endlich einmal überlegen, warum wir dieses Programm immer noch laufen lassen, obwohl es nicht mehr funktioniert« und »Wir müssen ein neues Programm ins Leben rufen, um diese offensichtliche Lücke auszufüllen«.

Aber noch entscheidender ist, daß manche Lehrer nicht betonen, wie wichtig es ist, daß Menschen in das aufregende Erlebnis des Dienstes miteinbezogen werden. Ihre Intention ist es sicherzustellen, daß ihre Gemeinde auf einer festen biblischen Grundlage steht, damit die Leute nicht durch den Wind verschiedener Lehrmeinungen hin und her gerissen werden. Das ist sehr wichtig. Für Leiter dagegen hat es hohe Priorität, daß Menschen ihre geistlichen Gaben entdecken, entwickeln und anwenden und daß sie bis über beide Ohren im Dienst stecken.

Sehen Sie den Unterschied?

In den meisten Fällen fühlen sich Lehrer zum Beispiel nicht dazu hingezogen, die vorhandenen Finanzmittel strategisch einzusetzen. Auch wenn sie wissen, daß es ein wesentlicher Teil des Dienstes ist, ist es in der Regel keine Tätigkeit, die sie leidenschaftlich gern und gut ausüben. Auf der anderen Seite haben Leiter den zwar begrenzten Finanzrahmen der Gemeinde im Blick, betrachten ihn aber viel eher mit Begeisterung als Kapital für das Reich Gottes, das ihnen die Möglichkeit eröffnet, sich nicht ins Abseits stellen zu lassen, sondern als Gemeinde dem nächsten Höhepunkt zuzusteuern. Daraus folgt, daß Lehrer und Leiter das Budget einer Gemeinde aus gänzlich verschiedenen Blickwinkeln betrachten. Für einen Lehrer ist es eine reine Plackerei; für einen Leiter ist es geradezu randvoll mit Möglichkeiten.

Weil Gott mir die geistliche Gabe der Leitung anvertraut hat, neige ich dazu, alles durch diese Brille zu sehen. Manchmal laufe ich durch *Willow Creek* zusammen mit einer unserer Ältesten, deren stärkste Gabe die der Ermutigung ist. Meistens kreisen meine Gedanken zur selben Zeit um eine Menge Punkte, die die Leitung betreffen, bis ins kleinste Detail, wie z. B. der Verkehrsfluß in den Korridoren funktioniert, während ihre Aufmerksamkeit auf jemanden am Rand gerichtet ist, dem es gerade nicht gut geht. Sie weiß nicht viel über Strategien und den richtigen Einsatz von Mitteln; ich hätte vielleicht den Menschen mit seinem niederdrückenden Problem nicht bemerkt, wenn ich nicht aufgepaßt hätte. In beiden Fällen färbt unsere Hauptgabe die Art und Weise, wie wir unseren Dienst wahrnehmen.

Natürlich haben einige Leute eine Mischung aus Lehr- und Leitungsgaben. Ich will sicher nicht den Eindruck erwecken, daß sie sich gegenseitig ausschließen würden. In meinem Fall ist meine erste Gabe die der Leitung, die zweite die der Evangelisation und meine dritte Gabe die der Lehre. Aber wahr ist, daß Menschen mit der Gabe der Leitung einige Charakteristika haben, die lebenswichtig für das Vorwärtskommen einer Gemeinde sind.

Als ich in der Bibel nach Menschen suchte, die in der Geschichte ganz eindeutig starke Leiter gewesen sind, habe ich bestimmte Verhaltensmuster und Haltungen gefunden, die ihnen allen gemeinsam waren:

1. Leiter haben die Fähigkeit, eine Vision zu vermitteln

Menschen mit der geistlichen Gabe der Leitung haben die von Gott gegebene Fähigkeit, sich eine besondere Zukunft für jedes beliebige, mit dem Reich Gottes in Beziehung stehende Unternehmen vorzustellen. Jesus zum Beispiel stand vor einer Volksmenge und sagte: »Eines Tages wird die Kirche wie eine Stadt auf dem Hügel sein, die nicht versteckt werden kann.« An einem anderen Tag ging er auf Petrus zu und sagte: »Ich sehe deine Zukunft vor mir. Ich sehe, daß du etwas wirst, was du dir selbst nicht vorstellen kannst. Deswegen werde ich dich von jetzt an ›Fels‹ nennen.«

Leiter stehen vor der Gemeinde und sagen: »Wißt ihr, zu was wir werden müssen? Zu einer Gemeinde, die nach biblischen Maßstäben funktioniert!« Dann gehen sie ihre Liste durch und erklären, wie eine liebende, dienende, anbetende, betende, evangelistisch orientierte, Gott verherrlichende Gemeinschaft von Christen aussieht, und die Menschen werden aus ihren Sitzen aufspringen und dabeisein wollen!

Warum verhält sich das so? Weil Gott die Menschen so geschaffen hat, daß sie auf eine wertvolle Vision reagieren, wenn sie von einem Menschen, der die Gabe der Leitung hat, vorgestellt wird.

2. Leiter haben die Fähigkeit, Menschen zu verbinden

Menschen brennen nicht nur darauf, eine aufregende Vision zu hören, sie hungern auch nach Menschen, die ihnen sagen, wie sie dazu ihren ganz persönlichen Beitrag leisten können. Leiter haben die Begabung, Menschen von den Zuschauertribünen auf das Spielfeld zu ziehen und dann sicherzustellen, daß sie in der richtigen Position stehen, um den besten Beitrag für das Reich Gottes zu leisten.

Nehemia ist hierfür ein großartiges Beispiel. Er vermittelte die Vision, die Stadtmauer rund um Jerusalem wieder aufzubauen, indem er seinen Zuhörern im Prinzip sagte: »Die Stadt Gottes wird wieder stark und befestigt sein! Wir werden nicht länger die Schande der Welt sein! Wir werden diese Mauer und diese Stadt wieder aufbauen!« Und der ganze Volkshaufen rief aus: »Ja! Laßt uns loslegen!«

Dann mobilisierte Nehemia sie und setzte sie in strategischen Positionen ein. Sein Plan demonstrierte die Brillanz seiner Leitungsbegabung: Er beauftragte Familien, das Stück Mauer wieder aufzubauen, das an ihre Häuser angrenzte. Menschen sind sehr motiviert, eine unheimlich starke Mauer zu bauen, wenn diese Mauer ihre Kinder und sie selbst schützen soll. Auf diese Weise konnte Nehemia jeden sehr effektiv in kleinen Einheiten einbinden, um die Vision, die er vermittelt hatte, auch zu erfüllen.

Zur wirkungsvollen Leitung gehört es, den Charakter, die Fähigkeiten, die Lebenserfahrung, das Temperament, die Persönlichkeit und die geistlichen Gaben jedes einzelnen Teammitgliedes zu berücksichtigen; Gaben, die für die Verwirklichung des angestrebten Zieles zur Verfügung stehen. Wenn Menschen erst einmal angemessene Verantwortung übertragen wurde, dann aufgepaßt! Menschen blühen auf, wenn sie freigesetzt werden, zum Erfolg eines Planes beizutragen.

3. Leiter haben die Fähigkeit, andere Menschen zu inspirieren und zu motivieren

Menschen mit der Gabe der Leitung haben ein übernatürliches Gespür dafür, wann sie andere Menschen ermutigen und anfeuern müssen. Intuitiv wissen sie, wie sie die Flamme der Begeisterung wieder entfachen können, wenn sie zu flackern beginnt.

Wenn unsere Leute zum Beispiel nach ihrem Dienst von der Bühne herunterkommen, setzen sie sich immer in den Bereich vor der Bühne, wo normalerweise die Sprecher sitzen. Im Lauf der Jahre habe ich dabei festgestellt, daß Menschen, die reine Lehrer sind, sich gewöhnlich so sehr mit ihrer Predigt, die sie gleich vor der Gemeinde halten wollen, beschäftigen, daß sie kaum die Sänger und Schauspieler bemerken, die die Bühne verlassen und sich eine Reihe hinter ihnen hinsetzen.

Aber wenn dort Menschen mit der Gabe der Leitung sitzen, müssen sie einfach ausrufen: »Großartig! Danke für euren Dienst! Keiner hätte das so wie ihr machen können!« Ehrlich gesagt, können sich Leiter nicht zurückhalten. Warum? Weil ihr Herz dafür schlägt, andere Menschen zu motivieren und zu inspirieren.

4. Leiter können die Notwendigkeit positiver Veränderungen erkennen – und sie dann herbeiführen

Es reicht für Leiter nicht aus, ein angeborenes Gespür dafür zu haben, wann es an der Zeit ist, den Kurs in einer Organisation zu ändern. Sie brauchen auch von Gott inspirierte Einsichten, wie sie den Kurs ändern können, ohne dabei eine Meuterei der Mannschaft – oder den Tod des Steuermanns – zu verursachen.

Viele Pastoren besuchen beispielsweise oft die Konferenzen in *Willow Creek* und sind glücklich darüber, neue Ideen mit zurück in ihre Gemeinde nehmen zu können. Das ist gut, außer in Fällen, in denen sie nach Hause zurückkommen und versuchen, mit allen Mitteln massive Veränderungen durchzusetzen, ohne vorher eine angemessene Vision vermittelt, ein festes Fundament aus neuen Werten gelegt und darüber nachgedacht zu haben, wie sie die Veränderung durchführen wollen. Das Endergebnis kann eine Katastrophe für den Pastor und für die Gemeinde sein.

Begabte Leiter haben das geistliche Know-how, das nötig ist, um vernünftige Veränderungen in einem Tempo durchzuführen, das der Gemeinde angemessen ist.

5. Leiter etablieren wesentliche Werte

Leiter sind ständig dabei, eine einzigartige Zusammenstellung von Werten zu definieren und zu verfeinern, die ihre Organisation tragen und die alle am Ball halten. Der Apostel Paulus definierte solche Werte, als er zu anderen Leitern seiner Zeit sagte: »Wenn ihr in Jerusalem 'rumhängen und Kirchen für die schon überzeugten Menschen bauen wollt – bitte! Aber ich will lieber 'rausgehen und dort Gemeinden gründen, wo Christus noch nicht bekannt ist.«

Paulus setzte keine biblischen Gebote außer Kraft, aber er erkannte, daß es ein entscheidender Wert für seinen Dienst war, Kirche unter den heidnischen Völkern zu bauen. Heute müssen Leiter herausfinden, welche Werte besonders dazu dienen, den Daumenabdruck Gottes für ihren eigenen Dienst zu finden.

In der Tat ist es so wichtig, diese Hauptwerte in der Gemeinde zu etablieren, daß ich den Werten, die sich in *Willow Creek* als zentral für die Erfüllung unserer Berufung herauskristallisiert haben, ein ganzes Kapitel widme.

6. Leiter setzen vorhandene Mittel effektiv ein

Wenn eine Vision einmal beschrieben ist, beginnt ein begabter Leiter damit, die Mittel einzuschätzen, die zur Umsetzung dieser von Gott gegebenen, besonderen Vision zur Verfügung stehen. Leiter schauen auf solche Mittel wie Geld, Ausstattung, haupt- und ehrenamtliche Mitarbeiter – sogar Zeit – und sie fangen an zu planen, wie alles am besten zum Einsatz kommen kann. Nur wenige Dinge bringen einen Leiter so sehr in Rage wie die Verschwendung von Mitteln, wenn sie zum Nutzen für das Reich Gottes hätten eingesetzt werden können.

Das Leitungsteam von *Willow Creek* verwendet viel Zeit damit, beständig darüber nachzudenken, wie wir die Mittel, die uns zur Verfügung stehen, noch besser einsetzen können. Diese Sitzungen kosten die Leiter keine Kraft, sondern geben ihnen statt dessen neue Energie. Sie gehen in dem Vertrauen aus den Sitzungen hinaus, daß sie ihr Bestes für das herausgeholt haben, womit sie es gerade zu tun haben.

7. Leiter haben die Fähigkeit, »Entropie« zu erkennen

Mit anderen Worten: Leiter haben einen sechsten Sinn, der ihnen ermöglicht zu sehen, wenn Dinge aus dem Lot geraten, noch bevor andere es merken. Die unterschwellige Verschlechterung eines Dienstes oder ein Nachlassen der Moral, was oft von den meisten Menschen kaum bemerkt wird, erregt geradezu lautstark die Aufmerksamkeit eines Menschen mit der Gabe der Leitung.

Am Anfang des Jahres 1990 sagten beispielsweise viele Menschen, daß *Willow Creek* eine Kleingruppenarbeit hätte, die Weltklasse besäße. Aber diejenigen von uns, die die Gabe der Leitung hatten, bekamen von Gott die Fähigkeit, hinter die Fassaden zu blicken. Wir erkannten, daß unser Dienst zwar effektiv arbeitete und den Anforderungen standhielt, daß er aber nicht ganz so optimal funktionierte, wie er funktionieren könnte. Bestimmte Bedürfnisse blieben weiterhin unerfüllt. Zu viele Leiter waren ausgebrannt. Das System erstickte weiteres Wachstum.

Als wir diese Punkte ansprachen, schrien einige Leute auf: »He, wenn es nicht angeknackst ist, dann repariert es nicht!« Wir mußten ihnen antworten: »Ihr habt recht, die Räder sind noch nicht zusammengebrochen. Aber sie wackeln schon, und wir wollen sie reparieren, bevor sie auseinanderfallen.«

Dank der Planung und der harten Arbeit einiger sehr begabter Leiter machten wir den Dienst wieder funktionsfähig. Das Ergebnis ist, daß wir heute eine stärkere, gesündere, größere und effektivere Kleingruppenarbeit haben. Am Anfang des Jahres 1995 hatten wir fast elfhundert Kleingruppen und fünfmal soviele Gruppenleiter als früher.

Der Grund dafür läßt sich auf Leiter zurückführen, die sich nicht durch den schönen Schein haben täuschen lassen und gemerkt haben, daß das System nicht ganz so effektiv war, wie alle Welt angenommen hatte.

8. Leiter lieben es, Leitungsstrukturen zu schaffen

Leider werden in unseren Tagen viele Gemeinden durch unsichere Pastoren lahmgelegt, die der Mittelpunkt sein wollen, um den sich die gesamte Gemeinde dreht. Sie wollen an allen Entscheidungen beteiligt werden. Wenn fähige und geistliche Leute vorwärtsgehen und bestimmte Verantwortungen übernehmen wollen, werden sie weggeschoben. Manchmal müssen sie sich sogar die äußerste üble Beleidigung anhören, sie seien ja »nur Laien«.

Folglich sind die Kirchen voll mit sehr begabten Menschen, die am Sonntag in der Kirchenbank sitzen und pflichtbewußt die Hände im Schoß falten. Inzwischen beschwert sich der Pastor, daß er erschöpft und überarbeitet ist. Das ist offensichtlich alles andere als das biblische Vorbild!

Tatsächlich ist der biblische Ansatz aber so gedacht, daß Pastoren den Leuten helfen, ihre geistlichen Gaben zu entdecken, Leute zuzurüsten, sie zu mobilisieren, sie zu ermutigen und sie so freizusetzen, daß sie den Dienst voranbringen können. Einer der besten Beiträge, den Pastoren für ihre Gemeinde leisten können, ist, eine Leitungsstruktur zu schaffen, in der andere leiten, eine Vision vermitteln und Mitarbeiter in den verschiedenen Bereichen der Gemeinde koordinieren können. Dann ist es die Rolle des Hauptleiters, mit den anderen Leitern zusammenzuarbeiten und sicherzustellen, daß alle die gleiche Vision teilen.

Wenn mir meine Sekretärin ein Fax schickt, während ich unterwegs bin, schreibt sie die kurze Notiz dazu: »In der Gemeinde läuft alles glatt.« Das bedroht mich nicht, es erfüllt mich! Ich liebe es, die Leitung den geeigneten Leuten zu überlassen, sowohl haupt- als auch ehrenamtlichen Mitarbeitern. Ich feiere ein innerliches Fest, wenn sie ihren Platz finden und dort aufblühen. Es ermutigt mich zu sehen, wie sie sich ein Stück der Gemeinde mit Begeisterung und Kreativität zu eigen machen.

Ich freue mich so sehr darüber, daß ich mich manchmal heimlich frage, ob das überhaupt noch zu vertreten ist. Aber es ist in Ordnung! Es ist biblisch! (Vgl. Eph 4,11-13.)

Die Herausforderung an Leiter

Gott gibt Leitern aus einem bestimmten Grund diese acht Eigenschaften: Auf diese Weise können sie im Gebet, voller Eifer und Demut seinen Schatz, die Kirche, verwalten. Aber ich vermute, daß einige von Ihnen dieses

Kapitel mit einem Kloß im Hals gelesen haben. Oh-oh, sagen Sie zu sich. Hier stehe ich nun in einer Leitungsposition, aber wenn ich ehrlich bin, muß ich zugeben, daß diese Punkte auf mich nicht zutreffen. Ich glaube, ich habe überhaupt keine Leitungsbegabung. Was soll ich jetzt machen?

Zuallererst: Keine Panik. Paulus schreibt (1 Kor 12,7), daß Sie mindestens eine geistliche Gabe besitzen. Es könnte Lehre, Barmherzigkeit, Evangelisation, Ermutigung, Organisation oder eine der anderen Gaben sein. Egal, welche es ist – freuen Sie sich darüber! Danken Sie Gott dafür, weil in Gottes Unternehmen jede Gabe unendlich wertvoll ist. Und zum zweiten: geben Sie Ihr Bestes, um Ihre Gabe zum Gewinn für das Reich Gottes ins Spiel zu bringen. Sie werden mehr Erfüllung finden, wenn Sie in einem Bereich *mitarbeiten*, der zu Ihnen paßt, und Ihrer Gemeinde ist besser gedient, wenn an ihrer Spitze jemand steht, der die Gabe der Leitung hat.

Aber wenn Sie Leiter sind, dann leiten Sie – und leiten Sie voller Eifer! Vermitteln Sie eine inspirierende, auf Gott ausgerichtete Vision, schaffen Sie eine in kurze Worte gefaßte und mitreißende Auftragsbeschreibung, entwickeln Sie eine effektive Strategie, stellen Sie biblische Hauptwerte zusammen und kontrollieren Sie Ihre Effektivität, um sicherzustellen, daß Sie am Ball bleiben. Ich werde Ihnen helfen, indem ich in den folgenden Kapiteln diese wesentlichen Leitungsfunktionen mit Ihnen durchgehe, eine nach der anderen.

Vergeuden Sie die Fähigkeiten nicht, die Gott Ihnen gegeben hat! Sie schulden es dem Reich Gottes – und sich selbst –, Ihre Leitungsgabe praktisch einzusetzen.

Ich erinnere mich an einen langen, nassen Spaziergang mit einem Vorstandsmitglied der *Willow Creek Association* während einer Pause einer Leiterkonferenz in Cardiff in Wales. Zu dieser Zeit war die *Association* gerade dabei, einige hochgesteckte Herausforderungen anzugehen, und es schien, als würden wir umso schneller laufen, je mehr wir über diese Punkte sprachen.

Schließlich sagte ich: »Diese Probleme sind riesig, findest du nicht?«

»Natürlich sind sie es«, sagte er. Und dann setzte er etwas wirklich sehr Aufschlußreiches hinzu. »Aber macht es dir nicht einfach Spaß, Gottes Weisheit zu suchen und herauszufinden, wie er sie lösen will?«

Ich mußte lächeln. Das ist kein Lehrer. Das ist niemand mit der Gabe der Barmherzigkeit. Das ist auch kein Hirte. Das ist ein Leiter! Ich ging zurück in mein Hotelzimmer und dankte Gott, daß wir geistlich begabte Leiter haben, die für die Zukunft der *Willow Creek Association* verantwortlich sind.

Und auf der ganzen Welt brauchen Gemeinden so verzweifelt Menschen wie ihn, die freigesetzt sind, der Anweisung des Apostels Paulus (Röm 12,8) zu folgen: Leite und leite eifrig!

Kapitel 10

Die Vision einer nach biblischem Vorbild funktionierenden Gemeinde

»Sie hielten an der Lehre der Apostel fest und an der Gemeinschaft, am Brechen des Brotes und an den Gebeten. Alle wurden von Furcht ergriffen, denn durch die Apostel geschahen viele Wunder und Zeichen. Und alle, die gläubig geworden waren, bildeten eine Gemeinschaft und hatten alles gemeinsam. Sie verkauften Hab und Gut und gaben davon allen, jedem so viel, wie er nötig hatte. Tag für Tag verharrten sie einmütig im Tempel, brachen in ihren Häusern das Brot und hielten miteinander Mahl in Freude und Einfalt des Herzens. Sie lobten Gott und waren beim ganzen Volk beliebt. Und der Herr fügte täglich ihrer Gemeinschaft die hinzu, die gerettet werden sollten.«

Apostelgeschichte 2,42-47

Dr. Gilbert Bilezikian, eine Bibel in den Händen, vor- und zurücklaufend, voller Intensität und Leidenschaft sprechend, tat, was er besser konnte als jeder andere Mensch, den ich kannte: Er vermittelte die Vision einer nach biblischem Maßstab funktionierenden Gemeinde.

Es war anläßlich einer Konferenz für Gemeindeleiter in *Willow Creek*. Ich saß in der ersten Reihe, wieder einmal gefesselt von seiner Beschreibung dessen, was nach Gottes Vorstellungen sein Volk miteinander erleben sollte. »Dies ist Gottes vollendete Leistung – eine Gemeinschaft, ein Zentrum warmer, pulsierender, überschäumender, um sich greifender christlicher Liebe, ein Ort, an dem alle seine Komponenten vereinigt sind, um in dieser Welt eine ernstzunehmende Kraft und keine Farce zu sein«, sagte er.

Das war nicht gerade die Beschreibung der Art von Gemeinde, in der die meisten Besucher unserer Konferenz aufgewachsen sind. Die meisten hatten in ihrer Kindheit die Erfahrung gemacht, daß Kirche langweilig, monoton und ohne jede Überraschung ist. Sie hatten keine regelmäßigen Lebensveränderungen gesehen. Statt dessen hatten sie bloß die Gottesdienste über sich ergehen lassen, gähnend, mit den Augen rollend und verstohlen auf ihre Uhren blickend, um zu sehen, wieviele Minuten noch blieben, bis sie frei und vor dieser Veranstaltung für eine weitere Woche sicher waren. In den Jahren, die die meisten von ihnen in traditionellen Kirchen verbracht haben, hatten sie niemals mit den Tränenzu kämpfen, waren selten von der Herrlichkeit Gottes ergriffen und sahen äußerst selten, wie geistlich völlig desinteressierte Menschen zum Glauben kamen.

Als Dr. Bilezikian nun die unwiderstehliche Beschreibung der Bibel entfaltete, wie sich Gott das Leben der Gemeinschaft der Gläubigen vorstellte, konnte ich sehen, wie sie auf die Kanten ihrer Sitze rutschten, sowohl beeindruckt als auch traurig über den Kontrast zwischen diesem inspirierenden biblischen Porträt und den Erfahrungen ihrer Kindheit. Ich konnte in vielerlei Hinsicht mit ihnen fühlen.

Lehren heißt Leben verändern

In einer nach biblischem Maßstab funktionierenden Gemeinde, erklärte uns Dr. Bilezikian, wirkt die Lehre verändernd. Wenn von Gott begabte Lehrer die Bibel aufschlagen, ihre Wahrheit unter der Kraft des Heiligen Geistes präsentieren und sich ihr Weg mit einer Gemeinde voller aufnahmebereiter Herzen kreuzt, dann kann bei diesem Ehrfurcht gebietenden Zusammentreffen erstaunliche Lebensveränderung stattfinden.

Aber das ist nicht die Norm. Viele Menschen wachsen auf, hören Predigten und wundern sich: Warum schreit er so? Warum ist er so weit entfernt? Warum kann ich dem, was er sagt, nicht folgen? Warum ist es so unbedeutend für mein Leben? Warum ist er heiliger als ich?

Vor ein paar Jahren wohnte ich während einer Konferenz in Florida in einem Hotel, und als ich so durch das Foyer zu meinem Zimmer ging, hörte ich Musik und Gelächter aus der Lounge kommen. Also steckte ich meinen Kopf durch die Tür und sah, daß dort eine *Karaoke*-Party im Gang war, bei der Amateure aus dem Publikum zu eingespielten Soundtracks sangen.

Ich sah zu, wie eine blonde Frau nach vorne schlenderte, das Mikrophon nahm und mit unglaublicher Hingabe einen schmalzigen Western-Song zum besten gab. Sie wackelte mit den Hüften und schmetterte den simplen Text aus vollem Hals ins Mikrophon – aber die ganze Zeit sang sie einen Dreiviertel-Ton zu tief. Sie endete mit einem furiosen Finale und stolzierte an ihren Tisch zurück, als wollte sie sagen: Nashville – ich komme! Inzwischen schüttelten sich alle und jeder dachte bei sich: Es müßte ihr jemand mal die Wahrheit sagen! Sie denkt doch tatsächlich, daß sie gut ist!

Und lassen Sie uns der Wahrheit ins Auge sehen – es gibt einige Pastoren, die schnell mal eine Predigt zusammenschreiben, auf die Kanzel klettern und mit der Faust auf das Pult schlagen und herumfuchteln und ins Schwitzen geraten und dann heimgehen und zu sich sagen: Billy Graham – geh mir aus dem Weg!

Aber die Gemeinde denkt alles andere als das. Die Leute fragen sich, wann ihm endlich jemand die Wahrheit sagen wird. Er ist möglicherweise gut in irgend etwas, aber das ist sicher nicht das Predigen. Und das Ergebnis ist, daß Leben unverändert bleiben.

In einer nach biblischem Vorbild funktionierenden Gemeinde stellen die Leiter sicher, daß nur Menschen predigen, die auch wirklich die entsprechenden geistlichen Gaben haben, die sich geistlichen Übungen unterworfen haben und die vom Heiligen Geist dazu ausgerüstet wurden zu lehren. Wenn das geschieht, wird das Leben in dieser Gemeinde anfangen zu pulsieren. Zeigen Sie mir eine Gemeinde, die von Leitern geleitet wird und in der jemand mit der geistlichen Gabe der Lehre predigt, und ich zeige Ihnen eine pulsierende und wachsende Gemeinschaft von Christen.

Gemeinschaft geht unter die Oberfläche

Dann sagte Dr. Bilezikian, daß es in einer biblisch funktionierenden Gemeinde Gemeinschaft gibt, die das Leben verändert. Das war wirklich weit entfernt von den Kindheitserfahrungen der meisten seiner Zuhörer! Die einzige Art von Gemeinschaft, an die sich die Teilnehmer erinnern können, spielte sich in den fünfzehn oder zwanzig Minuten nach dem Gottesdienst ab, in denen die Männer im Vorraum der Kirche beisammenstanden und einander oberflächliche Fragen stellten.

»Was macht die Arbeit, Jake?« fragte einer.

»Geht so, Phil. Sag, fährst du einen neuen Pick-up?«

»Gebraucht«, antwortete Phil. »Was ist bei dir diese Woche so los?«

»Nicht viel.«

»War 'ne gute Zeit mit dir, Jake.«

»Mit dir auch.«

Und das war es. Sie riefen ihre Frauen aus der Gemeinde-Küche, wo diese ähnliche Gespräche geführt hatten, und fuhren nach Hause – bis zur nächsten Woche.

Aber die Bibel sagt, daß wahre Gemeinschaft die Kraft hat, Leben zu verändern. Masken werden abgenommen, Gespräche gehen tief, Herzen werden verwundbar, Leben wird geteilt, Verantwortung füreinander wird gerne übernommen und Güte kann von Mensch zu Mensch fließen. Menschen werden einander wirklich wie Brüder und Schwestern. Sie schultern die Lasten der anderen – und das ist leider etwas, was nur die wenigsten der Menschen im Zuhörerraum in ihrer Kindheit erlebt hatten.

In vielen Gemeinden scheint es nicht zulässig zu sein, Probleme zu haben. Familien, die über Jahre in derselben Kirchenbank saßen, verschwinden plötzlich, weil die Eltern Schwierigkeiten in ihrer Ehe haben. Anstatt in die Kirche zu kommen, um dort Hilfe, Unterstützung und Gebet zu erhalten, wählen sie einen anderen Weg. Sie fühlen sich nicht frei genug zu sagen: »Wir lieben Gott, aber was wir tun, ist irgendwie nicht in Ordnung. Unser Leben scheint sich aufzulösen. Wir brauchen Hilfe!«

Es herrscht häufig die unausgesprochene Einstellung, daß »man« einfach keine Probleme hat. Und wenn man welche hat, dann spricht man in der Gemeinde besser nicht davon.

Ich lernte diese Lektion gut. Als ich alt genug war, nach dem Gottesdienst im Kirchenvorraum zu stehen, fragte mich jemand: »Na, Bill, wie läuft es in der Schule?«

Und ich gab die Antwort, von der ich annahm, daß sie erwartet wurde: »Gut, Ben«, sagte ich. »Es läuft prima.«

Ich hatte nicht das Gefühl, ihm sagen zu können, daß mein Herz in Scheiben geschnitten war, weil meine Freundin und ich miteinander Schluß gemacht hatten. Oder daß ich ein Schmalspurchrist war. Oder daß ich einen älteren Bruder hatte, der zu viel trank und zu schnell fuhr, und ich mir Sorgen machte, wohin sein Leben führen würde.

Ich sagte nichts von all diesen Dingen, weil ich spürte, daß ein guter Christ einfach nicht zugab, daß er solche alltäglichen Probleme hatte. Und in manchen Gemeinden nennt man das Gemeinschaft.

Das sollte man lieber nicht tun.

Menschen erreichen, die in Gefahr sind, verloren zu gehen

Dann sprach Dr. Bilezikian darüber, daß eine nach biblischem Vorbild funktionierende Gemeinde sich nach Menschen ausstreckt, die weit weg sind von Gott, und ihnen hilft, Jesus Christus zu verstehen und anzunehmen. Das sprach die Leiter im Publikum tief in ihrem Inneren an. Viele von ihnen waren als Jugendliche zum Gottesdienst gegangen und hatten sich gefragt: Wenn es wirklich Himmel und Hölle gibt, warum tut dann keiner was für die Nachbarschaft, die wir von den Kirchenfenstern aus sehen?

Sie konnten nicht verstehen, warum die Gemeinde so viele Leute, die sich verirrt hatten, einfach hinnahm. Trotz der vielen Menschen in ihrer Umgebung waren die Gemeinden nur darauf ausgerichtet, die zu bedienen, die schon überzeugt waren. Alles, was sie unternahmen – die Predigten, die Gottesdienste, die Programme –, war für diejenigen gestaltet, die schon sicher im Schoß der Familie Gottes saßen. Das Ergebnis war, daß sich keiner aus der Nachbarschaft um die Ecke jemals in die Kirche verirrte.

Als ich einmal, wie Lynne es im ersten Kapitel beschrieben hat, einen Schulkameraden, den seine persönlichen Probleme für Gott offen gemacht hatten, zum Gottesdienst mitbrachte, wurde sein ganzes Interesse am christlichen Glauben bei einer einzigen Berührung mit der Kirche einfach ausgelöscht. Er fühlte sich wie ein Außerirdischer. Er konnte nichts mit der Musik anfangen, er wußte nicht, wann er sich setzen oder hinstellen sollte, er konnte das Glaubensbekenntnis nicht wie alle anderen aufsagen und er mußte eine Predigt erleiden, die ihn in der Überzeugung ließ, daß Gott unbedeutend und unmöglich zu verstehen ist.

Ich saß zum ersten Mal in einem traditionellen Gottesdienst mit einem höchst gefährdeten, aber suchenden Freund an meiner Seite, und es waren die längsten sechzig Minuten meines Lebens. An diesem Tag stolperte ich über den gefürchteten »Schreckfaktor«, dieses schreckliche innere Zusammenzucken, das ein Christ durchlebt, wenn er oder sie einen Gottesdienst mit den Augen eines kirchendistanzierten Menschen zu sehen beginnt.

Aber nach Dr. Bilezikian hat eine nach biblischem Vorbild funktionierende Gemeinde nicht nur ein Herz für ungläubige Menschen, sondern entwickelt auch Strategien, wie sie solche Menschen erreichen kann. So wie es der Zöllner Matthäus machte, der so um seine früheren Kollegen vom Zoll besorgt war, daß er sie zu einer Party mit Jesus und den anderen Jüngern einlud. Er hoffte dabei, sie miteinander bekannt machen und über geistliche Themen reden zu können. Sicher war es eine unkonventionelle Idee, aber welche Alternative hatte Matthäus? Er wußte, daß es sie nur verwirren würde, wenn er sie in die Synagoge eingeladen hätte. Vielleicht – nur vielleicht – würde dagegen dieses lockere, mehr formlose Umfeld einige Unterhaltungen auslösen, die letztendlich Bedeutung für die Ewigkeit gewinnen könnten.

Wie zu erwarten war, beendeten die Pharisäer die Party ziemlich abrupt und beschuldigten Jesus einer unvorstellbaren Tat: der Verbrüderung mit Sündern. Für ihre kalten Herzen waren diese Freunde von Matthäus einfach nur gotteslästerliche, unmoralische, treulose und schlechte Menschen, die man abschreiben und der Hölle überantworten konnte.

Aber Jesus sagte ihnen sinngemäß: »Ihr versteht es einfach nicht, oder? Mit all eurem Wissen, euren Schriftrollen und mit all eurer Erfahrung versteht ihr noch immer nicht, wie wichtig Menschen, die auf ewig verloren gehen können, meinem Vater sind. Vielleicht hilft euch ein Beispiel. Stellt euch vor, daß jeder in diesem Raum eine unheilbare Krankheit hat – ich allein aber habe das Heilmittel. Ist es dann nicht sinnvoll, daß der einzige mit dem Heilmittel ganz in eure Nähe kommen muß, um euch zu heilen?«

Nachdem die Party zu Ende war und alle nach Hause gegangen waren, kann ich mir vorstellen, wie Matthäus und Jesus zusammensaßen, erschöpft, und ein Gespräch von Herz zu Herz führten. »Danke, daß du gekommen bist und mit meinen Freunden geredet hast«, kann ich Matthäus sagen hören. »Als die Pharisäer 'reinkamen und mit ihren knochigen Fingern auf dich gezeigt haben, wäre ich am liebsten im Erdboden verschwunden und gestorben. Ich haßte es zu sehen, wie du öffentlich in Verlegenheit gebracht wurdest. Aber danke, daß du da warst. Danke, daß du einigen Menschen geholfen hast, um die ich mir Sorgen machte.«

Und ich kann mir Jesus vorstellen, wie er sagte: »Matthäus, ich will dir zwei Dinge sagen, die du nie vergessen sollst. Erstens liebe ich dein Herz. Du hast deine Freunde nicht vergessen, als du zum Glauben gekommen bist. Du hast kein Evangelisationsseminar gebraucht. Kein Pastor mußte dir auf die Sprünge helfen. Du hast ganz einfach ein Herz für die Menschen, die verloren gehen können. Und zweitens mag ich deinen Mut. Du hast den Mut zu innovativen Dingen. Wer hat jemals von einer Party gehört, die ein Ziel hat? Ich liebe es, meine Jünger zu ermutigen, wenn sie versuchen, irgend etwas für das Vorwärtskommen des Reiches Gottes zu tun.«

Biblische Gemeinschaften bleiben sensibel und liebevoll gegenüber Menschen, die außerhalb des Glaubens stehen – aber sie belassen es nicht dabei. Sie ergreifen Initiative, indem sie Gelegenheiten für geistlich suchende Menschen schaffen, in einen geschützten Raum zu kommen und dort die gefährliche, das Leben und die Ewigkeit verändernde Botschaft von Christus zu hören. Das Gute ist, daß diese Gemeinschaften die revolutionären Möglichkeiten sehen werden, mit denen Gott menschliche Herzen umkrempelt, eines nach dem anderen.

Reichtum teilen

Wenn Dr. Bilezikian einmal in Fahrt war, konnte fast nichts seine Begeisterung für die Kirche in Apostelgeschichte, Kapitel 2 aufhalten. In einer Gemeinschaft, die auf Gott ausgerichtet ist, teilen die Reichen mit den Armen, sagte er. Genauso steht es hier im Text. Diejenigen, die viel hatten, halfen denen, die in Not waren, äußerst großzügig.

Im allgemeinen hatten die Leute im Publikum nicht viel Großzügigkeit in den Gemeinden erlebt, in denen sie aufgewachsen waren. Was sie sahen, war eine Mercedes-fahrende Familie, die neben einer alleinerziehenden Mutter saß, die mit zwei Kleinkindern auf dem Fahrrad kam. Während des Gottesdienstes sangen sie aus denselben Liederbüchern, beteten denselben Gott an und sprachen dasselbe Glaubensbekenntnis. Aber danach ging die wohlhabende Familie hinüber in den Country Club und gab dort ein kleines Vermögen für ihr Mittagessen aus, während die alleinerziehende Mutter nach Hause fuhr und ihre Habseligkeiten in Umzugskartons packte, weil ihr diese Woche ihr Apartment gekündigt worden war. Wo war das Teilen? Wo war hier Liebe sichtbar?

Aus diesem Grund haben wir alle möglichen Dienste in *Willow Creek* eingerichtet, um die Wohlhabenden für die Nöte der Bedürftigen zu sensibilisieren, sowohl innerhalb als auch außerhalb der Gemeinde. Es gibt eine Armenküche und Hilfe für Obdachlose; es gibt einen Wohltätigkeitsverein, der finanzielle Unterstützung gibt; es gibt Freiwillige, die Häuser für arme Menschen bauen und bei Projekten in der Innenstadt von Chicago mitarbeiten. Und es gibt einen Dienst von Automechanikern, die von sich aus den Entschluß gefaßt haben, zweimal pro Woche umsonst die Autos von alleinerziehenden Müttern zu reparieren.

Viele Menschen in *Willow Creek* geben ihr altes Auto nicht in Zahlung, wenn sie sich ein neues kaufen. Statt dessen spenden sie es der Gemeinde, die Mechaniker richten es wieder her und geben es an eine Familie weiter, die dringend ein Beförderungsmittel braucht. In den letzten zwei Jahren hat die Gemeinde fast siebzig Autos verteilt.

Als ich einmal aus unserem Hauptgebäude herauskam, sah ich einen glänzenden *Honda Accord* dort stehen. »Wem gehört das Auto?« fragte ich meinen Bruder Dan, der auch für diesen Dienst mit zuständig ist.

Dan nannte mir den Namen eines Geschäftsmannes der Gemeinde, der im mittleren Management arbeitete, einen Kredit abzahlen und einige Kinder durch das Studium durchbringen mußte. Mit anderen Worten: Er schwimmt nicht gerade im Geld. Aber als er sich ein neues Auto kaufte, gab er der Gemeinde seinen *Honda*.

»Du solltest die Familie sehen, die dieses Auto bekommen wird«, sagte Dan. »Es wird über ihren Verstand gehen.«

Er hatte recht. Kurze Zeit später bekam die Gemeinde dieses Dankschreiben:

»Als ich das alleinige Sorgerecht für meinen Sohn zugesprochen bekam, hatten wir nichts – nur unsere Kleidung, kein Auto, kein Haus, kein Kindergeld. Ich hatte das Glück, eine Arbeit nur eineinhalb Meilen von unserer Wohnung entfernt zu finden, so konnte ich zur Arbeit zu Fuß gehen. Menschen schienen sich in Scharen meiner anzunehmen und liehen mir von Zeit zu Zeit ihre Autos. Auf diese Weise konnte ich einen zweiten Teilzeitjob annehmen, um die Rechnungen zu bezahlen, die ich mit der anderen Arbeit nicht bezahlen konnte.

Ich lernte, einen Tag nach dem anderen zu leben, dankbar für jedes Auto, das ich fuhr, dankbar für Willow Creek, wo ich zu Christus geführt wurde, dankbar für die Jugendarbeit, die so etwas wie ein Vater für meinen Sohn wurde, dankbar für die Beratungsdienste der Gemeinde, die mich lehrten, daß Gott mir ein Ehemann und so vieles mehr sein wollte.

Unser Leben hat sich auf wunderbare Weise verändert, weil diese Gemeinde, weil Menschen sich ausstrecken und andere so anrühren, daß wir das Gefühl haben, von Gott selbst angerührt zu sein.

Ich möchte, daß Sie wissen, wie schwer es ist, alleinerziehende Mutter zu sein. Wir wissen nicht, wie wir Dinge reparieren können, wenn sie kaputtgehen und oft haben wir kein Geld, sie von jemand anderem reparieren zu lassen, und so gehen wir mit Mühe und Not weiter und beten, daß das Auto, das wir fahren, uns ›nur noch dieses eine Mal‹ dahin bringt, wo wir hin müssen. Ich habe so lange ich denken kann mit diesem ›Nur noch dieses eine Mal‹-Gebet gelebt, daß ich erstaunt bin, daß Gott dieses Gebet so lange Zeit erhört hat.

Ich kann es kaum glauben, daß ich dieses Auto wirklich haben soll. Ich möchte jedesmal weinen, wenn ich einsteige. Es ist für mich wie ein anderes ausgeliehenes Auto – aber dieses Mal ist Jesus derjenige, der es ausleiht. Ich fahre sein Auto. Ich fühle mich gesegnet und kann bezeugen, daß er seinen Kindern wirklich Gutes gibt.«

Liebe der anderen Art

Sagen Sie mir: Was ist edler, was ist erhabener, was ist ein höheres Ziel im Leben, als sich der Gründung und Entwicklung einer Gemeinschaft von Gläubigen hinzugeben, die sich darum bemüht, die in Apostelgeschichte, Kapitel 2 gegebene Beschreibung der Braut Christi zu erfüllen? Einen Ort zu schaffen, der Menschen unterstützt und ermutigt, an dem vom Heiligen Geist geleitete Predigt eine neue, auf Gott ausgerichtete Richtung in das

Leben von Menschen bringt; an dem Christen in kleinen Gruppen zusammenkommen und ihre Herzen ganz tief öffnen; an dem Menschen voller Leidenschaft miteinander durch die Probleme und Schmerzen des Lebens gehen; an dem sich jeder ermutigt fühlt, mit seinen geistlichen Gaben etwas zu verändern; an dem Gebet, Lobpreis und die Sakramente hochgehalten werden; an dem die Reichen ihre von Gott gegebenen Mittel mit den Armen teilen; und an dem Menschen so sehr Schmerz um ihre kirchendistanzierten Freunde empfinden, daß die Gemeinde Strategien entwickelt und Risiken auf sich nimmt, um diese Freunde mit dem Evangelium zu erreichen?

Glauben Sie mir, ich möchte *Willow Creek* nicht besser darstellen als es ist. In diesem Buch haben wir versucht, ehrlich mit unseren Fehlern zu sein. Ja, ein paar unserer Programme waren totale Flops und wir haben Fehler gemacht, die ungewollt Menschen verletzten. Aber jeder, der lange genug mit *Willow Creek* zu tun hatte, wird erfahren haben, daß sich die Zeichen und Spuren einer nach biblischem Vorbild funktionierenden Gemeinschaft mit jedem neuen Jahr immer deutlicher zeigen.

Das ist es, was mich begeistert. Nicht die Größe oder das Gelände oder die Kreativität inspirieren mich dazu, weiterzumachen. Es ist die fundamentale Erkenntnis, daß Menschen versuchen, mit der Kraft des Heiligen Geistes ihr Bestes zu geben, eine Gemeinschaft zu bauen, die nach dem Plan handelt, den Gott in der Bibel entworfen hat. Ich *muß* einfach daran teilhaben.

Und Sie können in Ihrer eigenen Gemeinde dieselbe Entwicklung in Gang setzen, wenn Sie die Vision ergreifen. Sie müssen dazu nicht den Namen über der Tür ändern oder die Orgel hinauswerfen oder Ihre Gemeinde zeitgemäßer gestalten. Darum geht es bei Erneuerung nicht. Erneuerung geschieht, wenn die innere Kraft im Kern Ihrer Gemeinde ganz einfach die »Liebe von einer anderen Art« ist. Oder anders ausgedrückt: Das Geben und Empfangen der ungeheuerlichen Liebe, zu der Jesus uns berufen und die er uns geschenkt hat.

Blicken wir den Tatsachen ins Auge. Jesus war fast skandalös großzügig im Austeilen seiner Liebe. Als er bei einem Pharisäer eingeladen war (Lk 7), platzte eine stadtbekannte Prostituierte herein, fiel vor Jesus nieder und benetzte seine Füße mit ihren Tränen. Es war die Peinlichkeit des Monats! Aber Jesus stieß sie wegen ihres schlechten Lebens nicht zurück. Er warf sie nicht hinaus, um zu demonstrieren, daß er keine persönliche Verbindung aus früheren Tagen zu ihr hatte; er hielt ihr auch keine Moralpredigt.

Statt dessen schaute er in ihre Augen und erkannte, daß ihre Tränen der Reue echt waren. Darauf versicherte er ihr, daß ihre moralische Schuld durch eine »Liebe der anderen Art« getilgt war.

Kennen Sie die schockierende Botschaft, die wir Ihrer und meiner Nachbarschaft verkünden müssen? Diese »Liebe der anderen Art« ist immer noch erhältlich. Wir müssen den Leuten, die mitten in ihrem verpfuschten Leben stehen, erzählen, daß es das Geschenk der Erlösung gibt, das Jesus mit seinem Tod am Kreuz erkauft hat und das er jedem anbietet, der es in Reue und Glauben annimmt.

Wir müssen zu entschlossenen »Verkäufern« erlösender Gnade werden. Letztlich kann nur diese Liebe Jesu unsere Haltungen verändern, die Art umformen, wie wir mit anderen Menschen umgehen, und uns verzeihender, großzügiger und liebevoller machen. Und letztlich ist es diese Liebe, die unsere Gemeinden in authentische biblische Gemeinschaften umwandelt.

Die Quelle der Hoffnung

Es war am Flughafen von San Juan. Lynne und ich befanden uns auf dem Rückweg von einem Urlaub in Puerto Rico. Ich las, während wir am Flugsteig warteten.

Ich hörte, wie auf der anderen Seite meiner Zeitung ein Gerangel entstand. Ich blickte über ihren Rand und sah zwei kleine Jungen, vielleicht sechs oder sieben Jahre alt, die sich herumschubsten. Naja, die Eltern werden bald kommen und eingreifen, dachte ich bei mir. Kein Problem. Und ich wandte mich wieder meiner Zeitung zu.

Aber plötzlich hörte ich einen lauten Schlag. Einer der Jungen hatte den anderen so fest geschlagen, daß sein Gesicht sofort knallrot anlief. Wo sind bloß diese Eltern? dachte ich. Das wird langsam ernster.

Kaum hatte ich das gedacht, nahm der andere Junge seine Fäuste hoch und schlug den ersten mit solcher Wucht, daß dieser zu Boden geworfen wurde. Blut strömte aus seiner Nase. Eines war klar: Diese Jungen wußten, was Gewalt war. Sie kämpften nicht spielerisch miteinander, wie es mein Bruder Dan und ich getan hatten, als wir klein waren. Sie waren vermutlich selbst geschlagen worden, weil sie genau wußten, wie sie austeilen konnten.

In meinem Inneren rumorte es gewaltig und ich dachte: Wo sind bloß diese Eltern? Das ist ja schrecklich! Sie müssen dem ein Ende bereiten.

Dann zog der zweite Junge den blutenden an den Haaren und begann damit, seinen Kopf auf den harten Boden zu hämmern. Zu hämmern! Ich konnte nicht länger an mich halten. Ich warf meine Zeitung weg, rannte zum Kampfort hin und packte die beiden Jungen, um sie voneinander loszureißen. Sie schlugen um sich, kämpften, bissen und schrien, aber schließlich konnte ich sie in verschiedene Richtungen drängen, gerade als der letzte Aufruf für meinen Flug kam.

Ich packte mein Handgepäck, ging zum Flugzeug und fiel in meinen Sitz. Ich kann Ihnen nicht sagen, wie sehr ich in diesem Augenblick einfach nur die Kopfhörer aufsetzen und in einer Segelzeitschrift blättern wollte. Ich hasse Gewalt, und ich wollte meine Gedanken davon losreißen.

Aber Gott hatte andere Pläne. Es war, als ob der Heilige Geist mir den Eindruck eingab: Steck deinen Kopf nicht in den Sand, Bill. Denk daran, was gerade eben passiert ist. Denk an diese zwei Jungen.

Und ich tat es. Als wir unsere Flughöhe erreicht hatten, sagte ich zu mir: Also gut. Mit diesen überkochenden Kesseln voller Haß sind diese Jungen möglicherweise nicht dazu bestimmt, ehrenhafte Schüler in der Grundschule zu werden. Und sie werden auch wahrscheinlich nicht zur Garde der allgemein anerkannten Oberschüler zählen. Werden sie sich mit Cheerleadern verabreden? Werden sie auf die richtige Uni gehen, gutbezahlte Jobs bekommen, ihren Schatz heiraten, ein Haus in einem Vorort kaufen und Diakone einer Gemeinde werden? Nein, wahrscheinlich nicht. Der Kurs, den ihr Leben nimmt, führt nicht geradewegs Richtung Norden; er fällt nach Süden ab. Wenn sie einander mit geballten Fäusten im Alter von sechs oder sieben Jahren schlagen, dann werden sie in der Grundschule Stöcke verwenden, in der Oberschule Messer, und wer weiß, was danach kommt? Früher oder später wird jemand getötet werden.

Was in dieser Welt kann die Flugbahn ihres Lebens ändern? Wird die Regierung ein Programm ins Leben rufen, das sie retten wird? Kann der Kongreß ein Gesetz verabschieden, das sie wieder auf die rechte Bahn bringen wird? Wird irgendein Geschäftsmann ein Produkt verkaufen, das den Zustand ihres Herzens bessern wird? Werden die Medien ihr Wertesystem verbessern? Wird ein Professor an der Uni einige brillante Sätze von sich geben, die ihren Charakter umwandeln?

Natürlich nicht. Ein ganz hingegebener Nachfolger Jesu aus Ihrer oder meiner Gemeinde muß ihnen an irgendeinem Punkt ihres Lebens begegnen und sagen: »Hört zu – ich sehe ganz deutlich, daß ihr nicht viel Liebe bekommen habt, als ihr aufgewachsen seid. Aber ich bin hier, um euch zu sagen, daß es im Himmel genug Liebe gibt, die euch zugedacht ist. Und wenn ihr euch für die Gnade Christi öffnet, wird er euch mit der Zeit völlig umkrempeln. Die ›Liebe einer anderen Art‹ kann schrittweise den Zustand eures Herzens verändern. Durch Christus kann euch alles vergeben werden, was ihr falsch gemacht habt, und ihr könnt Teil einer nach biblischem

Vorbild funktionierenden Gemeinde werden, in der die Predigt verwandelnde Kraft hat. Ihr werdet durch reiche und wirkliche Beziehungen wachsen und reifen. Ihr werdet geliebt werden von Menschen, die wirklich auf eurer Seite stehen. Eure Seele wird durch Gebet und Lobpreis erfrischt werden. Ihr werdet eure geistlichen Gaben erkennen und ein neues Ziel für euer Leben finden. Und früher oder später werdet ihr die richtungsweisende Botschaft von Jesus Christus an jemanden weitergeben, der genauso ist, wie ihr es wart.«

In diesem Flugzeug zwischen Puerto Rico und Miami packte mich diese Erkenntnis aufs neue – Gemeindeleiter halten wirklich die Hoffnung für die Welt in ihrer Hand. Sie haben mehr Macht als Politiker, mehr Einfluß als Geschäftsleute, mehr Antworten auf das Unglück und den Schmerz der Welt als jeder Experte irgendeiner Universität, einer Schule oder der Medien.

Die Antwort ist die »Liebe der anderen Art«, die ausgedrückt wird durch das Kreuz und durch die Braut Christi – Gemeinschaften seines Volkes, die sich daran hingeben, seine Vision der Kirche zu erfüllen.

In welche größere Berufung – in welches bedeutendere Unternehmen – könnten Sie Ihr Leben investieren?!

Kapitel 11

Berufung und Strategie

D er in vielen Stufen ansteigende Seminarraum der *Harvard Business School* bildete ein Halbrund um eine massive grüne Tafel. Die Studenten – zukünftige Leiter in Wirtschaft und Industrie – saßen hinter Pappschildchen, auf die sie ihre Namen geschrieben hatten. Ein Teil des Seminars basierte auf der Beteiligung der Studenten, und sie wollten sicherstellen, daß der Lehrer demjenigen Ehre gab, dem Ehre gebührte.

Der Professor durchstreifte den Raum, schoß kurze, präzise Fragen ab, erwartete von den Studenten Antworten, entlockte ihnen persönliche Stellungnahmen und stürmte wieder zurück an die Tafel, um eine besonders erhellende Beobachtung anzuschreiben. Die Diskussion war lebhaft, die Atmosphäre gespannt.

Um Erkenntnisse über effektive Geschäftspraktiken zu sammeln, waren es die Studenten gewohnt, in Fallstudien multinationale Unternehmen kritisch unter die Lupe zu nehmen. Aber zum ersten Mal in der Geschichte der Schule untersuchten sie eine örtliche Gemeinde, nämlich *Willow Creek*, um den Schlüssel zu finden, wie eine Nonprofit-Organisation ihren »Kunden« dienen sollte.

Plötzlich blieb der Professor vor einer Studentin stehen, die bisher geschwiegen hatte. Er stellte sich dicht vor sie hin, blickte ihr gerade in die Augen und fragte: »Was halten Sie von der in einem Satz ausgedrückten Philosophie von Willow Creek?«

»Nun«, sagte sie und blätterte in ihren Unterlagen, »sie sagen, daß sie aus areligiösen Menschen ganz hingegebene Nachfolger Christi machen wollen.«

Der Professor schüttelte den Kopf. »Nein, nein, nein – ich habe Sie nicht gefragt, wie die Philosophie lautet. Ich wollte wissen, was Sie davon halten! Wie reagieren Sie innerlich darauf? Was fühlen Sie dabei?«

Sie war völlig durcheinander. »Äh, ich habe keinen religiösen Hintergrund«, begann sie. »Aber wenn sie sagen, daß sie aus areligiösen Menschen ganz hingegebene Nachfolger Christi machen wollen, klingt das für mich, als ob sie ... nun ... sie versuchen, aus Atheisten Missionare zu machen. Ehrlich gesagt, für mich wäre das die allerletzte Herausforderung!«

Der Kurs brach in Gelächter aus, aber ihr Kommentar war für mich mehr als bloß eine leichtfertige, grobe Bemerkung. Die Art, in der sie es sagte – aus Atheisten Missionare zu machen –, brachte mir eine neue Einsicht. Kein Wunder, daß es so schwer ist zu tun, was wir zu tun versuchen!

Wir wollen nicht einfach, daß Christen glücklich sind und wachsen können. Wir sind nicht darauf aus, Christen aus anderen Gemeinden durch glanzvollere Gottesdienste und bessere Programme anzuziehen. Wir beginnen mit hartgesottenen Skeptikern und versuchen, sie zu eifrig hingegebenen Jüngern Jesu zu machen.

Und das ist wirklich schwer!

Die peinliche Wahrheit

Um ehrlich zu sein, sind die meisten Gemeinden nicht aktiv an diesem Prozeß beteiligt. Deswegen wollen wir wirklich ehrlich anschauen, was in einer Großzahl dieser Gemeinden passiert. Nicht in Ihrer und nicht in meiner, aber mit vielen Pastoren in traditionellen Gemeinden an der nächsten Straßenecke.

Wenn sie aus dem Seminar kommen, wird diesen Pastoren eine kleine Herde Schafe zugeteilt und ein Pferch, um die Schafe darin zu halten. Sie sehen ihre Aufgabe in erster Linie darin, die vorhandenen Schafe in diesem Pferch zu halten. Also füttern sie sie ein wenig, geben ihnen etwas zu trinken, und wenn die Schafe zu nahe an den Zaun gehen, warnen sie: »Geht zurück! Geht zurück!« Von Zeit zu Zeit scheren sie die Schafe sogar – aber nicht zu sehr. Und sie ermutigen sie, kleine Lämmer zur Welt zu bringen, weil die Gemeinde auf diese Weise wächst.

Wenn sie alles gut machen, haben sie in ein paar Jahren eine größere Herde und einen größeren Pferch. Und wenn sie das drei- oder viermal so gut machen, ohne etwas zu verpfuschen, steigen sie ins Hauptquartier auf, wo sie nichts mehr mit Schafen zu tun haben!

Ist das zu zynisch? Zugegeben, vielleicht ist es das wirklich. Aber es steckt auch ein Körnchen Wahrheit darin.

Als wir *Willow Creek* gegründet haben, hatten wir schon sehr früh beschlossen, daß wir unser Leben nicht damit verbringen wollten zu versuchen, nur die Schafe in unserem Pferch zu halten. Statt dessen wollten wir tun, wozu uns Jesus im Missionsbefehl berufen hat: »Darum geht zu allen Völkern, und macht alle Menschen zu meinen Jüngern; tauft sie auf den Namen des Vaters und des Sohnes und des Heiligen Geistes, und lehrt sie, alles zu befolgen, was ich euch geboten habe« (Mt 28,19-20).

Mit anderen Worten: Erreicht sie und lehrt sie. Findet Lämmer, die noch nicht zur Herde gehören und hüllt sie ein durch das, was Christus getan hat. Gebt ihnen nicht einfach einen Klaps auf den Kopf. Macht diese Grasmampfer zu geistlichen Champions – zu ganz hingegebenen Nachfolgern Christi, die ohne Wenn und Aber ihr ganzes Leben an ihm ausrichten.

Das heißt, wir müssen auf beide Teile des Missionsauftrages achtgeben. Natürlich wollen wir eine anbetende Kirche sein, aber das erfüllt nicht die evangelistische Forderung von Jesu Auftrag. Sicher wollen wir auch kirchendistanzierte Menschen mit dem Evangelium erreichen, aber das erfüllt nicht die zweite Anweisung: Christen im Glauben zu fördern. Wir müssen beides erfüllen – und zwar in Einklang mit dem persönlichen Daumenabdruck, den der Heilige Geist für uns vorgesehen hat.

Also entwickelten wir eine klare Visionsaussage: Wir wollen eine nach biblischem Vorbild funktionierende Gemeinschaft sein. Dann faßten wir unsere Berufung in einem Satz zusammen: Wir wollen aus gottfernen Menschen ganz hingegebene Nachfolger Christi machen. Alles, was weniger anzielen würde, entspräche nicht den Anweisungen in Jesu Missionsbefehl. Aber was jetzt? Wir brauchten eine effektive, Gott verherrlichende Strategie, um diese Berufung umzusetzen.

Die Strategie, die wir intuitiv über mehrere Jahre hinweg verfolgt hatten, nahm Gestalt an, als ich sie eines Tages in Kalifornien auf eine Papierserviette schrieb. Jeder Christ in *Willow Creek* sieht sie als seinen persönlichen Plan an, um unsere Berufung zu erfüllen. Wir nennen sie unsere »Sieben-Schritte-Strategie«, und sie ist ein Teil des Daumenabdruckes unserer Gemeinde.

1. Schritt: Christen bauen eine aufrichtige Freundschaft zu einem Nichtchristen auf

Einige religiöse Leiter wollten Jesus einmal mit der wüstesten Beschimpfung, die sie sich vorstellen konnten, treffen. Was war die häßlichste Beleidigung, die sie ihm entgegenschleudern konnten? Was war die beschämendste und niederschmetterndste Gemeinheit, die sie sich vorstellen konnten?

Nachdem sie sich ihre Köpfe zerbrochen hatten, zischten sie schließlich: »Du ... du ... du Kumpan der Sünder!«

Aber Jesus trug diese Worte wie eine ehrenvolle Auszeichnung. Er bekannte sich schuldig, rauschende Hochzeiten besucht zu haben, mit unehrlichen Zöllnern herumgesessen zu haben, mit Frauen von schlechtem Ruf gesprochen und sich unter den Abschaum der Stadt gemischt zu haben. Sein Beweggrund war ganz einfach: Jesus freundete sich mit Sündern an, weil sie seinem Vater wichtig waren!

Als Christen gestalten wir unser Leben angeblich nach dem Vorbild Jesu. Doch irgendwann unterwegs beginnen einige Pastoren auf die »Komm zur Seite und halt dich fern«-Trommel zu schlagen. Sie verdrehen Texte, die uns zu einem christlichen Lebensstil führen sollten, in Verse, die unsere Ignoranz rechtfertigen gegenüber Menschen, die verloren gehen können. Daraus hat sich eine »Wir-gegen-den-Rest-der-Welt«-Mentalität entwickelt, die Nichtchristen zu Feinden statt zu den Inhalten unserer Gebete und den Empfängern unserer Liebe macht.

Ich staune darüber, daß viele Gemeindeleiter und ihre Gemeinden Gott so ernsthaft anbeten, so leidenschaftlich studieren und beten, ihre Kinder so entschlossen im christlichen Glauben erziehen und so viele Aspekte des kirchlichen Lebens verfolgen können, aber sich so wenig um die Menschen kümmern, die nur auf Sichtweite von ihnen entfernt leben und ohne Jesus einen schlimmen Weg in Zeit und Ewigkeit vor sich haben.

Ich verstehe, daß es viel bequemer ist, sich mit Brüdern und Schwestern in Christus anzufreunden. Sie sprechen dieselbe Sprache, sagen dieselben Gebete auf, lesen dieselbe Bibel und lachen über dieselbe Art von Witzen. Es ist sauber, es ist leicht, es ist sicher. Und ich gebe zu, daß in dem Moment, in dem Sie sich aus diesem Kreises herausbegeben, alles zu haben ist. Die Sprache ist häßlich, die Werte unterscheiden sich, die Moral ist locker, die Witze sind eindeutig.

Aber ich sage es ganz offen: In unserer schnelllebigen Gesellschaft liegt es an christlichen Leitern, ob die Sache der Erlösung gewonnen oder verloren wird, an Leitern, die zu kirchendistanzierten Menschen Freundschaften aufbauen und die Menschen in ihrer Gemeinde durch ihr Beispiel und durch die Predigt dazu ermutigen, es genauso zu machen.

Der Skeptiker von heute ist nicht leicht zu überzeugen und auch nicht durch den Anblick eines christlichen Aufklebers zur Umkehr zu bewegen. Wenn er ein Traktat in die Hand bekommt, wird er es sehr wahrscheinlich in den nächsten Papierkorb werfen. Aber in freundschaftlichen Beziehungen herrscht Glaubwürdigkeit, Vertrauen. Es findet sich eine Spur von gegenseitiger Sorge und Liebe. Deswegen braucht der typische Nichtchrist jemanden, der eine aufrichtige Freundschaft zu ihm aufbaut, der seine Fragen beantwortet und mit ihm ernsthaft über seine Probleme spricht, der vor ihm seinen Glauben in einer demütigen und ehrlichen Weise auslebt, und der – irgendwann – der Richtige sein wird, um ihn in den sensiblen Bereich des Glaubens einzuführen.

In *Willow Creek* bemühen wir uns mit allen Kräften um Freundschaftsevangelisation. Wir machen kaum Werbung, wir sind nicht im Fernsehen zu sehen oder im Radio zu hören, wir machen keine Direktwerbung und wir besuchen keine Fremden an der Haustüre. Andere Gemeinden können diese Vorgehensweisen hilfreich finden, aber das ist nicht der Daumenabdruck, den der Heilige Geist unserer Gemeinde aufgedrückt hat.

Durch unser Trainingsprogramm »Bekehre nicht – lebe! So wird Ihr Christsein ansteckend« und durch sonstige Predigten oder Modelle geben wir unseren Mitgliedern praktische Hilfen und ermutigen sie dazu, ganz aktiv Beziehungen zu gottfernen Menschen aufzubauen mit dem Ziel, sie zu Christus zu führen.

So kommt das Reich Gottes voran – ein Leben nach dem anderen.

2. Schritt: Christen erzählen anderen von ihrem Leben mit Gott

Vor einigen Jahren verbrachten Lynne und ich idyllische zweite Flitterwochen an Bord eines Segelbootes, das uns ein Freund geliehen hatte. Wir warfen Anker in einem malerischen karibischen Hafen und gingen an Land, um für eine Weile den Strand zu genießen.

Dort trafen wir einen anderen Segler, der ein Zwanzig-Meter-Boot gechartert hatte. »Warum kommen Sie nicht heute abend auf ein paar Cocktails zu uns?« fragte er uns. Als ich einwandte, daß wir eigentlich keine großen Trinker wären, meinte er, »Ach, das ist schon in Ordnung. Kommen Sie einfach 'rüber. Wir werden eine gute Zeit zusammen verbringen.«

Zur angegebenen Zeit manövrierten wir unser Schlauchboot zu seinem Boot und kletterten an Bord. Wir wurden von sechs Ehepaaren von der Ostküste begrüßt, die ganz eindeutig in Partystimmung waren. Die *Pina Coladas* flossen in Strömen, die Gespräche waren lebhaft – und nachdem wir einige Zeit damit verbracht hatten, einander etwas kennenzulernen, fragte plötzlich jemand: »Na, Bill, wie verdienst du dir deine Brötchen?«

Ich dachte, meine Antwort würde das Boot sinken lassen. »Nun«, sagte ich, »ich bin Pastor.« Aber es zeigte sich, daß wir einander schon gut genug kannten und die Antwort keine Barriere aufzubauen schien. Wir unterhielten uns weiter und hatten unseren Spaß, bis es für Lynne und mich an der Zeit war, zu unserem Boot zurückzukehren, das in der Nähe ankerte.

Lynne kletterte die Leiter hinab und setzte sich in unser Schlauchboot. Aber als ich gerade dabei war, hineinzusteigen – ich hatte einen Fuß auf der Leiter des Segelbootes und den anderen Fuß in unserem Boot –, rief mir die Frau nach, die mich nach meinem Beruf gefragt hatte: »Sag, Bill, kannst du mir noch eine Frage beantworten, bevor du gehst? Ich wollte Christen schon immer mal fragen, was es eigentlich heißt, Christ zu werden. Kannst du uns das erklären?«

Ich schaute auf die leicht angeheiterte Zwölfergruppe, die meisten hielten Drinks mit kleinen Schirmchen darauf in der Hand, und ich stellte im Geist eine schnelle Berechnung an. Schätzungsweise hatte ich fünfundvierzig Sekunden bis eine Minute Zeit, um die einzige Botschaft des ganzen Universums zusammenzufassen, die in der Lage war, ihre Ewigkeit zu verändern.

– Bitte drücken Sie auf den Pausenknopf. –

Es reicht nicht aus, sich in die Welt der Nichtchristen zu begeben, Beziehungen zu ihnen aufzubauen und seinen Glauben vor ihnen zu leben. Wenn wir für sie beten, öffnet uns der Heilige Geist an irgendeinem Punkt das Fenster für eine Gelegenheit, vom Glauben zu reden, und wir müssen wissen, wie wir darauf reagieren können. Wie der Apostel Petrus mahnte: »Seid stets bereit, jedem Rede und Antwort zu stehen, der nach der Hoffnung fragt, die euch erfüllt« (1 Petr 3,15).

Ich möchte Sie also fragen: Sind Sie bereit?

Nicht nur die zehn Prozent aller Christen, die die Gabe der Evangelisation haben, sind in der Lage, ihren Glauben zu teilen, sondern jeder Christ muß bereit sein, weil sich mit Sicherheit entsprechende Gelegenheiten ergeben werden, wenn wir mit Menschen zu tun haben, die geistlich auf der Suche sind. Wir lehren unsere Leute in *Willow Creek* ganz praktisch, wie sie darüber Zeugnis geben können, wie Christus ihr Leben verändert hat. Dann zeigen wir ihnen einige Techniken und Beispiele, wie sie ihren Glauben plastisch und präzise vermitteln können. Ich verwendete für die Leute im Boot eine dieser Illustrationen.

– Nun drücken Sie auf den Startknopf. –

»Ich kann es euch ganz kurz erklären«, sagte ich ihnen. »Ich buchstabiere Religion T-U-N. Es ist das, was Menschen tun. Die guten Dinge, die sie tun, um Gottes Zorn zu besänftigen, und die schlechten Dinge, die sie getan haben. Religiöse Menschen stecken immer in dieser religiösen Tretmühle: Sie versuchen, mehr zu tun, mehr zu geben, mehr Gottesdienste zu besuchen – sie versuchen, irgendeine mysteriöse Quote zu erreichen, bei der sie dann sagen können: ›Puh! Ich glaube, ich habe endlich meine schlechten Taten abbezahlt.‹ Religion hat mich selbst lange Jahre unglaublich frustriert, und ich bin von dem T-U-N-Plan losgekommen.«

Sie nickten, als ob sie sagen wollten: Wir auch! Wir haben uns schon lange von diesem Plan verabschiedet!

»Aber christlicher Glaube ist anders«, sagte ich. »Er wird G-E-T-A-N buchstabiert. Es ist das, was Jesus Christus, der Sohn Gottes, getan hat. Als er am Kreuz starb und die Strafe für meine Sünden und Fehler auf sich nahm, bezahlte er die Strafe, damit mir Vergebung als ein Geschenk gegeben werden konnte. So stieg ich aus der Tretmühle aus und vertraute ganz einfach auf das, was Jesus am Kreuz getan hat. Es hat mein Herz verändert, es hat mein Leben verändert und es hat meine Ewigkeit verändert.«

»Besser kann ich es jetzt nicht zusammenfassen«, fügte ich hinzu. »Aber wenn jemand von euch noch Fragen hat oder noch mehr darüber sprechen möchte – unser Boot liegt gleich da drüben und ihr seid herzlich eingeladen.«

Diese Leute hatten weder die Zeit noch das Interesse für eine theologische Lektion; sie mußten einfach nur die Grundzüge des Evangeliums so erklärt bekommen, daß sie etwas damit anfangen konnten. Ich weiß nicht, ob ich jemanden von ihnen im Himmel treffen werde, aber ich weiß, daß ich unter den gegebenen Umständen mein Bestes getan habe, um ihnen kurz und knackig zu erklären, worum es im christlichen Glauben geht.

Für sich genommen reichen diese beiden Schritte – Freundschaften zu kirchendistanzierten Menschen aufzubauen und in der Lage zu sein, seinen Glauben zu teilen –, um eine Gemeinde wieder zum Leben zu erwecken, die vorher das Konzept »hütet die Schafe im Pferch« verfolgt hatte.

Wenn Menschen sich in das Drama der Erlösung hineinnehmen lassen, wird ihr eigenes Leben verändert und unversehens gibt es ein paar neue Christen. Eine solche Erfahrung macht unvermeidbar alle Herzen empfindsam und offen für kirchendistanzierte Menschen.

Aber Christen sind in diesem Prozeß auf Unterstützung angewiesen. Sie brauchen einen Partner.

3. Schritt: Christen laden ihre kirchendistanzierten Freunde zu einem speziell für sie gestalteten Gottesdienst ein

Linda und Leslie waren die besten Freundinnen. Linda war Christ und gehörte zu einer soliden, bibelorientierten Gemeinde. Leslie war quasi ohne kirchliche Erfahrungen aufgewachsen, verhielt sich geistlich neutral und wußte nicht, ob Gott existierte oder ob er nur ein Phantasiegebilde war.

Als ihre Freundschaft auf einem festen Fundament stand und gegenseitiges Vertrauen und Offenheit herrschten, erzählte Linda, wie Jesus ihr Leben verändert hatte und erklärte Leslie das Evangelium, so gut sie nur konnte. Leslie war ehrlich interessiert, besonders da sie die Übereinstimmung zwischen Lindas Glauben und ihrem alltäglichen Verhalten sehen konnte. Aber Leslie ging nie selbst einen Schritt des Glaubens.

Linda wußte nicht weiter. Sie hatte alles getan, was sie in den verschiedensten Evangelisationsseminaren gelernt hatte, und jetzt wußte sie nicht, was sie als nächstes tun sollte. Intuitiv spürte sie, daß sie eines nicht tun sollte – nämlich Leslie in ihre Gemeinde mitzunehmen. Ihre Gemeinde bot nur einen Anbetungsgottesdienst an. Wie konnte Leslie einen Gott anbeten, von dem sie nicht sicher wußte, ob er überhaupt existierte? Sie müßte dort Texte singen, an deren Inhalt sie nicht glaubte; sie wäre schockiert, wenn der Pastor jeden aufforderte, eine Bibelstelle nachzuschlagen. Sie würde nicht wissen, wie und was sie tun soll; sie würde das »Kanaanäisch« und die kirchlichen Rituale nicht verstehen; sie wüßte nicht, wann sie sich setzen oder wann sie stehen sollte; sie würde sich durch die Kollekte genötigt fühlen; und die Predigt schließlich würde für jemanden wie sie nicht viel sagen, da sie ja nur von außen einen Blick auf den Glauben werfen wollte.

Dann las Linda von einer »neumodischen Gemeinde« namens *Willow Creek*, die jede Woche »Offene Gottesdienste« in einem nahegelegenen Kino veranstaltete. Linda und ihr Ehemann Jerry schauten sich einen Gottesdienst an und wußten sofort, daß er einfach wie geschaffen dafür war, Leslie bei ihrem nächsten Schritt auf ihrer geistlichen Reise zu helfen.

Sie luden Leslie dazu ein, und sie nahm die Einladung an, weil sie Linda vertraute. Und irgendwie wurde sie von diesem Gottesdienst einfach überwältigt. Ihr gefiel die zeitgemäße Musik mit christlichen Texten; das Theaterstück ließ sie lachen und weinen; ihr Horizont wurde durch die Multimediashow weiter; und, was am wichtigsten ist, sie wurde von der Predigt gepackt. »Es war, als ob der Pastor durch ein Fenster in mein Herz gesehen hätte«, erzählte sie Linda.

Bald entwickelte sich ein festes Muster: Leslie besuchte jeden Sonntag zusammen mit Linda die »Offenen Gottesdienste« und anschließend sprachen sie in allen Einzelheiten darüber. Besonders wichtig war dabei die Frage, was die Botschaft des Gottesdienstes mit ihr persönlich zu tun hatte. Sie stellte Fragen und suchte genauere Erklärungen – bis zu dem Tag, an dem alle Puzzleteile an ihrem Platz waren. Sie nahm im Gebet Jesus als denjenigen an, der ihre Sünden vergibt und ihrem Leben Richtung gibt, und danach begann ihre geistliche Umwandlung und die ihrer Familie.

Das nennen wir »Teamevangelisation«.

Mit den Christen in *Willow Creek* haben wir folgenden »Handel« vereinbart: Ihr baut Freundschaften zu kirchendistanzierten Menschen auf, betet für sie und kümmert euch um sie, erzählt ihnen, wie Jesus euer Leben verändert hat und erklärt ihnen das Evangelium, wenn der Heilige Geist euch dazu die Gelegenheit gibt. Und dann könnt ihr als Hilfsmittel in euren persönlichen evangelistischen Bemühungen diejenigen aus der Gemeinde gebrauchen, die als Musiker und Schauspieler, Produzenten und Lehrer, Tänzer und Solisten begabt sind. Sie werden ihr Bestes geben und die Grundwahrheiten des christlichen Glaubens auf kreative, mitreißende und vom Heiligen Geist gesalbte Weise präsentieren. Und zusammen – als ein Team – werden wir unsere Stadt für Christus gewinnen; einen Freund, einen Nachbarn, einen Arbeitskollegen, einen Familienangehörigen nach dem anderen.

Wie funktioniert Teamevangelisation praktisch?

Wir nennen unseren Teil des Handelsabkommens »Offenen Gottesdienst«. Alles, von der Musik bis zum gedruckten Programmablauf, ist speziell für kirchendistanzierte Menschen gestaltet. Wir halten unsere Gottesdienste am Wochenende, weil das die Zeit ist, die Nichtchristen von Gottesdiensten erwarten, wenn sie sich entschließen, einen zu besuchen. Wir halten unsere Gottesdienste an zweiundfünfzig Wochenenden im Jahr, damit immer ein Gottesdienst stattfindet, wenn er gebraucht wird. Wir minimieren den »Schreck-Faktor«, indem wir uns um höchste Qualität bemühen. Wir wahren die Anonymität und versuchen, die Besucher mit allen Mitteln zu schützen.

Nichts war bisher effektiver, um Menschen zu Jesus zu führen, und nichts war in der christlichen Welt umstrittener als unsere Gottesdienste für kirchendistanzierte Menschen. Das überraschte uns, weil sich unsere Vorgehensweise nicht sehr von dem unterscheidet, was Billy Graham in den letzten Jahrzehnten mit fast weltweiter Zustimmung gemacht hat.

Vor einem typischen Feldzug Billy Grahams reist zuerst sein Team an und schult Christen, wie sie Beziehungen aufbauen und ihren Glauben mit kirchendistanzierten Menschen teilen können, und wie sie sie zu einer Veranstaltung einladen können, auf der sie mehr über den christlichen Glauben erfahren. Die Veranstaltung wird normalerweise in einem neutralen Umfeld abgehalten, für gewöhnlich in einem Stadion oder einer Stadthalle. Die Musik, die Bühnengestaltung, die Sprache – alles, was im Gottesdienst passiert –, wird aus der Sicht eines Nichtchristen geplant. Das Programm gipfelt darin, daß Graham eine biblische Botschaft weitergibt, die Nichtchristen verstehen können. Er ruft sie dann dazu auf, Jesus gleich jetzt anzunehmen oder, wenn sie noch nicht dazu bereit sind, sich weiter mit dem christlichen Glauben auseinanderzusetzen.

Unsere Vorgehensweise ist ähnlich. Was einige Mißverständnisse hervorgerufen haben könnte, ist unser zeitgemäßer Ansatz. Weil wir in der Mitte der siebziger Jahre angefangen haben, einige Zeit nach Graham, setzten wir innovative Kommunikationstechniken ein: zeitgemäße christliche Musik, Theater, Multimedia, Video und Tanz. Aber wir haben uns diese Methoden lediglich nutzbar gemacht wie Graham seine Solisten, seinen Chor und seine Zeugnisse. Unser Zugang mag etwas von seinem abweichen, aber unsere Motive sind dieselben.

Unser Einsatz verschiedener darstellender Künste hat bei einigen fehlinformierten Menschen sogar zu der Annahme geführt, daß wir lediglich versuchen, Menschen zu unterhalten. Sie verdächtigten uns, irgendeine oberflächliche Botschaft zu predigen, weil sich in unseren Wochenend-Gottesdiensten so viele Menschen bekehrten.

Aber unsere Wochenend-Gottesdienste sind nicht seicht. Jeder, der sie über einen längeren Zeitraum besucht hat, kann das bestätigen. Unsere Musik hat Texte, die Gott verherrlichen und mit den Aussagen der Bibel übereinstimmen. Die Theaterstücke, Videos und Medien berühren Menschen auf einer emotionalen Ebene und helfen mit, die tiefen Seen der geistlichen Sehnsucht aufzutauen, die oft eingefroren unter der Oberfläche liegen.

Und auch wenn wir uns frei fühlen, die Methoden, mit denen wir die Botschaft verkünden, zu variieren, pfuschen wir doch nicht an der Botschaft selbst herum. Unsere Predigten schrecken nicht davor zurück, die ganze Bandbreite des Evangeliums zu verkündigen, einschließlich der schwierigeren Elemente wie Sünde und Reue. Übrigens wollen die meisten Kirchendistanzierten unserer Tage, daß man ihnen gegenüber ehrlich ist und ihnen die ungeschminkte Wahrheit der Bibel sagt. Vor ein paar Jahren beschäftigten wir uns in unseren »Offenen Gottesdiensten« sechsundzwanzig aufeinanderfolgende Wochen lang mit der Bergpredigt – Vers für Vers, Kapitel für Kapitel – und tauften in dieser Saison einige hundert neue Christen.

Sicher, wir behandeln Themen, die für kirchendistanzierte Menschen relevant sind – ihre Ehen, ihre Prioritäten, ihre Gefühle, ihre Finanzen, ihre Elternschaft, ihre Suche nach einem erfüllten Leben, ihre Sexualität. Aber wir betrachten diese Themen immer aus biblischer Perspektive, um sie erkennen zu lassen, daß christlicher Glaube nicht nur echt ist, sondern auch in ihrem Leben funktionieren kann. Und über das Jahr verteilt weben wir evangelistische Botschaften ein, um die Menschen auf dem Weg in Gottes Familie zu begleiten.

Das Schöne an den »Offenen Gottesdiensten« ist, daß die ganze Gemeinde durch ihre Freundschaftsevangelisation daran beteiligt ist, nicht nur die Leute mit evangelistischer Begabung oder extrovertierter Persönlichkeitsstruktur. Vor einigen Jahren ermutigten wir unsere Täuflinge, sich von den Menschen zur Taufe begleiten zu lassen, die am meisten an ihrer Bekehrung beteiligt waren. In diesem Gottesdienst bemerkte ich, daß eine ziemlich schüchterne Frau alleine für den Glaubensschritt von vier oder fünf Menschen »verantwortlich« war. Sie schien mir überhaupt nicht der Typ einer extrovertierten, jeden Ungläubigen bearbeitenden Evangelistin zu sein. Nach dem Gottesdienst erwähnte ich sie im Gespräch mit einem der Täuflinge. »Sie muß etwas Besonderes sein«, sagte ich.

»Ich kann dir etwas über sie erzählen«, erwiderte er. »Sie arbeitet in meinem Büro, und sie wirft nicht mit Bibeln um sich oder so etwas in der Richtung. Sie ist ganz einfach der liebevollste, treueste und lebendigste Mensch in unserer Abteilung. Ich mußte sie ganz einfach fragen, warum sie so ist, wie sie ist. Sie gab mir eigentlich keine richtig verständliche Antwort. Sie sagte ganz einfach: ›Komm mit mir zum Gottesdienst.‹«

Er schaute mir direkt in die Augen und fügte hinzu: »Und dann habt ihr, du und die anderen hier, die restlichen Puzzleteile eingesetzt.«

Das ist Teamevangelisation.

Soll *Willow Creek* weiterhin wöchentlich stattfindende »Offene Gottesdienste« anbieten? Natürlich, weil diese Gottesdienste Teil des Daumenabdruckes sind, den der Heilige Geist unserem Dienst unmißverständlich aufgedrückt hat. Er hat uns dazu gebracht, ein effektives, fruchtbringendes Werkzeug zu entwickeln, das optimal zu denen paßt, die den Kern unserer Gemeinde bilden.

Soll Ihre Gemeinde einen wöchentlich stattfindenden »Offenen Gottesdienst« anbieten? Vielleicht, vielleicht auch nicht. Diese Frage müssen Sie Gott stellen. Aber welchen Kurs Sie auch immer einschlagen – ob es eine monatlich stattfindende Veranstaltung für kirchendistanzierte Menschen oder ein vierteljährliches evangelistisches Frühstück oder irgend etwas anderes ist –, jede Gemeinde muß unter der Leitung des Heiligen Geistes herausfinden, wie sie den ersten Teil des Missionsbefehles ausführen kann.

Natürlich muß auch der zweite Teil des Missionsbefehles erfüllt werden. Wenn in *Willow Creek* Menschen die Entscheidung getroffen haben, Jesus als ihren Erlöser und Hirten anzunehmen, ermutigen wir sie, die nächsten vier Schritte zu unternehmen.

4. Schritt: Kirchendistanzierte Menschen entscheiden sich für Jesus und nehmen regelmäßig am Gemeindegottesdienst teil

Vor einigen Jahren lud ich einige ungläubige Freunde ein, mich während der Wettkampfsaison in einem Segelboot auf dem Michigansee zu begleiten. Einer von ihnen, ein nicht gerade wenig trinkender Partylöwe namens Tom, übergab wenig später sein Leben in die Hände Jesu. Ich habe ihn weiterhin in seiner geistlichen Entwicklung begleitet, auch wenn dies dadurch erschwert wurde, daß er drei Stunden von mir entfernt wohnte. Eine Möglichkeit, ihm zu helfen, bestand darin, ihm Bücher und andere Materialien zukommen zu lassen; manchmal schickte ich ihm auch Kassettenmitschnitte unserer unter der Woche stattfindenden Gottesdienste in der *New Community*.

Als wir uns das nächste Mal trafen, riß mich seine Begeisterung vom Hocker. »Also, was euer Dieter macht«, sagte er und bezog sich damit auf Dieter Zander, den Lobpreisleiter und Prediger von *New Community*, »das ist wirklich toll!«

»Tommy«, antwortete ich ihm, »das ist nur ein weiteres Zeichen, daß der Heilige Geist in dir arbeitet. Du lernst gerade, Anbetung zu schätzen.«

Das passiert, wenn Menschen neu in Gottes Familie aufgenommen werden. Sie werden von Gottes wunderbarer Gnade überschüttet und von der »Liebe der anderen Art« überfallen, so daß ihre natürliche Reaktion ist, Gott zu danken und ihn zu preisen. Wir bieten ihnen dazu in unseren Gottesdiensten am Mittwoch- und Donnerstagabend Gelegenheit.

Wie Lynne bereits erwähnt hat, waren wir nicht immer eine anbetende Gemeinde. In unseren frühen Jahren hatten wir nur eine Zeit, in der wir ein paar Lieder sangen, bevor wir uns dem Bibelstudium zuwandten. Aber dann wurde ich eingeladen, bei einer Konferenz in der Gemeinde von Jack Hayford in Kalifornien zu sprechen. Als ich darauf wartete aufzutreten, sagte Jack der Gemeinde: »Bevor unser Sprecher kommt und uns seine Botschaft weitergibt, wollen wir einfach noch Gott anbeten.«

Kein Problem. Ich war der festen Meinung, daß es nicht lange dauern könnte.

Eine Stunde und zwanzig Minuten später hatte ich das Gefühl, dringend eine Dusche zu brauchen. Zum ersten Mal in meinem Leben hatte ich richtige Anbetung erlebt. Befreiende Anbetung, in der der Heilige Geist aktiv war, die Lieder ein Ziel hatten, die Texte wichtig waren und wir sanft vor den Thron Gottes geleitet und eingeladen wurden, ihm unsere Herzen zu öffnen.

Seit damals haben wir uns bemüht, Anbetung zu einem zentralen Punkt in der New Community zu machen. Manchmal ist es eher feierlich, manchmal eher nachdenklich, aber wir verbringen dreißig bis fünfundvierzig Minuten damit, Gott gemeinsam zu erheben. So wurde der Gottesdienst zur erfrischenden Oase für alle, die den Großteil ihrer Woche in geistlich ausgetrocknetem Gelände verbringen.

In der New Community werden Christen auch ermutigt und gefördert, herausgefordert und inspiriert, aufgebaut und, wenn nötig, auch korrigiert. Wir feiern einmal im Monat Abendmahl, das wir mit tiefem Respekt als das Sakrament begehen, das uns an Christi Opfer für uns erinnert. Und wir lernen gemeinsam, indem wir die Bibel Buch für Buch durchgehen und uns auf Themen konzentrieren, die dann als gemeinsames Herzensanliegen das Gemeindeleben durchdringen.

Ein Vorteil von getrennten Gottesdiensten für Kirchendistanzierte und Christen ist, daß jeder Gottesdienst optimal ausgerichtet werden kann. Jede Woche findet in der New Community so etwas wie ein Treffen des Kernes der Gemeinde statt; ich kann dort sozusagen den Familienvorsitz übernehmen. Ich kann einen Wert, der in den Hintergrund getreten ist, neu betonen, über neue Möglichkeiten sprechen, den nächsten Hügel abstecken, den wir erklimmen werden, und wir können sicher sein, daß wir unsere »Familienangelegenheiten« besprechen können, ohne Besucher damit zu langweilen oder durcheinanderzubringen.

Wenn eine Gemeinde einen großen Teil ihrer Mittel und Energie darauf verwendet, kirchendistanzierte Menschen zu erreichen, besteht manchmal die Versuchung, ihren eigenen Mitgliedern bloß ein paar Krümel hinzuwerfen. Leider bekommen sie oft nur noch aufgewärmte Reste. Und bedauerlicherweise haben auch wir ihnen manchmal nur Reste gegeben.

Aber wir kamen an den Punkt, an dem wir erkannten, daß mit der New Community die gesamte Gemeinde steht oder fällt. Die Herzen der Christen müssen bis zum Überlaufen mit der »Liebe der anderen Art« gefüllt werden, wenn sie dazu in der Lage sein sollen, einen leidenschaftlichen, heiligen und authentischen christlichen Lebensstil zu führen, der für andere Menschen Salz und Licht sein soll.

5. Schritt: Mitgliedschaft in einer Kleingruppe

Ray starb an Krebs, aber er starb nicht alleine. Seine Kleingruppe kam zusammen und schwor sich: »Wir gehen mit ihm bis zum Ende. Wir werden ihn lieben und uns um ihn kümmern und für ihn beten, weil er unser Bruder in Christus ist.«

Und sie hielten Wort. Sie besuchten ihn zu Hause, saßen im Halbkreis um ihn herum, hielten sich an den Händen und sangen gemeinsam das Lied aus der *New Community*, das zu seinem Motto geworden war: »Sei stark, sei fest, denn der Herr, dein Gott, ist mit dir.«

Das heißt es, in einer Kleingruppe zu sein. Eine Kleingruppe ist ein Ort der Loyalität und des Mitleidens, der Hingabe und der Fürsorge, des Gebetes und des gegenseitigen Opfers. Sie ist ein kleiner Versorgungszug, in dem Menschen ihr Leben miteinander teilen, von ihren Fehlern und Schwächen sprechen, Rat und Ermutigung suchen, einander zur Verantwortung ziehen und die »Liebe der anderen Art« geben und empfangen können. Es ist kein Zufall, daß Jesus sich selbst mit einer kleinen Gruppe von engen Nachfolgern umgeben hatte.

Ich habe erlebt, wie sich Leben rund um einen Eßtisch auf unglaubliche Weise verändert haben, wo Menschen knietief im Leben anderer standen und sie voller Liebe, aber auch voller Nachdruck, herausgefordert haben, danach zu streben, Jesus ähnlicher zu werden. Bitte verstehen Sie mich nicht falsch – ich glaube daran, daß die Predigt Macht hat, Menschen zu verändern, aber wir müssen ebenso anerkennen, daß Kleingruppen zusätzlich den Vorteil von direkter Interaktion und Nacharbeit haben.

Dies fiel mir so richtig auf, als Lynne und ich vor einigen Jahren eine Jüngerschaftsgruppe mit vier anderen Ehepaaren leiteten. Mitten in einem Treffen bei uns zu Hause stellte einer eine Frage. Das alleine ist nichts Ungewöhnliches. Abgesehen davon, daß es genau die Frage war, mit der ich mich an diesem Vormittag dreißig Minuten lang in meiner Predigt beschäftigt hatte!

Ich dachte, er macht Witze. »Genau darüber habe ich heute vormittag gepredigt«, sagte ich lachend.

Er war erstaunt: »Wirklich?«

Wer predigt, geht gerne davon aus, daß jedermann nur genau auf unsere Predigten achten müsse, um geistlich zu wachsen. Und wenn auch vom Heiligen Geist bevollmächtigte Predigt verändernde Kraft hat, verblassen die drei vom Prediger sorgfältig ausgefeilten Punkte im Gedächtnis der Zuhörer schneller, als er sich zugestehen will.

Jedenfalls bieten Kleingruppen das optimale Umfeld für den Reifungsprozeß. Wo Vertrauen und Transparenz ist, und wo sich genügend Zeit findet, biblische Aussagen auf die Situationen des täglichen Lebens zu übertragen, werden geistliche Wahrheiten, die immer zu theoretisch erschienen, plötzlich konkret und praktisch. Schon der alttestamentliche Weisheitslehrer wußte es: »Eisen wird an Eisen geschliffen; so schleift einer den Charakter des anderen« (Spr 27,17).

Nahezu alle wichtigen Entscheidungen, die ich in den letzten zwei Jahrzehnten meines Dienstes getroffen habe, sind in einer Kleingruppe entstanden, aus der Gemeinschaft mit Brüdern und Schwestern, die mich gut kennen und mir gesagt haben: »Bill, du mußt den Tatsachen ins Gesicht sehen, auch wenn du sie noch nicht wahrnehmen willst.« Oder: »Du mußt dieses verdrehte Verhaltensmuster aus deinem Leben herausbekommen. Du solltest in diesem Bereich deines Charakters noch wachsen. Wir werden dir helfen, wir werden dich anfeuern, aber es ist Zeit, dich zu ändern.«

Deswegen wollen wir nicht, daß *Willow Creek* eine Gemeinde ist, die Kleingruppen anbietet, sondern wir wollen eine Gemeinde sein, die eigentlich aus Kleingruppen besteht. Ich bedaure sehr, daß wir diese Kleingruppenstruktur nicht eher in unserer Gemeinde eingeführt haben, um Wachstum zu fördern und sicherzustellen, daß Leiter einen überschaubaren Verantwortungsbereich bekommen, auch, um ihren *Burnout* zu verhindern.

Mit Jim Dethmers Hilfe haben wir begonnen, eine Variation des Meta-Gemeinde-Modells einzuführen, das aus einem System von Leitern, Leitern in Ausbildung und einem »freien Stuhl« in jeder Gruppe besteht. So können Gruppen wachsen und dann neue Gruppen hervorbringen. Er half uns auch dabei, ein Schulungskonzept für Gruppenleiter einzuführen, das den Blick immer auf die Ausbildung neuer Leiter und die Multiplikation der Kleingruppen richtet. Das Ergebnis waren bessere Betreuung der Leiter und damit weniger Verluste unter ihnen. Zum ersten Mal in der Geschichte unserer Gemeinde fühlen sich unsere Leiter angemessen ausgebildet und zugerüstet für die Erfüllung ihres Hirtendienstes.

Unser Ziel ist es, daß jeder, der *Willow Creek* seine Heimat nennt, zu einer kleinen Gruppe von Christen dazugehört.

6. Schritt: Entdeckung, Entwicklung und Anwendung der geistlichen Gaben

Als junger Pastor fühlte ich mich verpflichtet, jeden in der Gemeinde zu besuchen, der im Krankenhaus lag. Und ganz ehrlich, es war eine sehr frustrierende Erfahrung für mich – und möglicherweise auch für die Menschen, die ich besucht habe. Ich wußte nicht, wo ich mich hinsetzen sollte oder welche Fragen ich stellen sollte und so fühlte ich mich unbeholfen und unwohl. Ich hatte das Gefühl, daß sich Menschen nach meinem Besuch schlechter fühlten als vorher.

Als ich einmal einen Patienten besuchte, kam einer unserer Ältesten ins Zimmer. Er war liebenswürdig und mitfühlend, sagte die richtigen Dinge, stellte die richtigen Fragen, ermutigte den Patienten in genau der richtigen Weise, betete das richtige Gebet und hatte immer genau den richtigen Tonfall. Ich fühlte mich wirklich schrecklich!

Später legte er seinen Arm um mich und sagte: »Bill, denke dir nichts dabei. Ich bin glücklich, die geistliche Gabe der Barmherzigkeit zu besitzen, aber das ist keine Gabe, die Gott dir gegeben hat. Aber du mußt schließlich nicht alle Gaben haben. Warum konzentrierst du dich nicht einfach auf die Gaben, die Gott dir gegeben hat und suchst dir dann andere Menschen, die dich mit ihren Gaben ergänzen?«

Er hatte recht. Alle Christen sollen mitfühlen können, aber einige haben die geistliche Gabe der Barmherzigkeit – eine von Gott gegebene Fähigkeit, den Menschen voller Freude und in angemessener Weise zu dienen, die leidend sind. Wie ich bereits erwähnt habe, sind meine besonderen Gaben Leitung, Evangelisation und Lehre. Andere haben die Gaben der Organisation, des Handwerks, der Ermutigung oder andere Gaben, die in der Bibel erwähnt werden. Die Bibel lehrt uns, daß jeder Nachfolger Christi mindestens eine geistliche Gabe hat und daß Gott Menschen nach seinen Vorstellungen Gaben gibt und sie so in seiner Kirche einsetzt.

Aus diesem Grund steht bei uns in *Willow Creek* nicht zuerst eine Dienstposition, die wir unbedingt besetzen müssen – wie Sonntagsschulunterricht bei Viertklässlern oder Gebäudereinigung –, und dann setzen wir Menschen so unter Druck, daß sie widerwillig zustimmen, in dieser Position mitzuarbeiten. Dies wäre die beste Möglichkeit, um Menschen zu frustrieren und die Gemeinde zu demotivieren. Wir fangen statt dessen mit dem Menschen an. Welche geistlichen Gaben hat Gott ihm oder ihr gegeben? Welche Neigungen, welches Temperament und welche Persönlichkeit hat er oder sie? Wenn wir das herausgefunden haben, versuchen wir, für diesen Menschen eine Aufgabe innerhalb unserer vierundneunzig Dienste zu finden, die gut zu ihm oder ihr paßt.

Das Ergebnis ist, daß Menschen voller Freude und sehr effektiv mitarbeiten, daß sie sich ausgefüllt fühlen und langen Atem haben, und daß jeder darüber staunt, wie Gott seine Gemeinde als eine miteinander verbundene und vernetzte Gemeinschaft geschaffen hat, in der jeder seinen ganz persönlichen Beitrag leisten kann.

Als Leiter geben mir nur wenige Dinge so viel Genugtuung, wie Menschen zu sehen, die Gott mit ihren Gaben dienen, egal, ob sie die Lebensmittelbestände auffüllen, eine Kleingruppe leiten oder organisatorische Aufgaben erfüllen. Ich erinnere mich, als ich einmal in einem Gottesdienst in der *New Community* saß und erlebte, wie einer unserer Predigtpastoren, John Ortberg, seine phänomenale Gabe des Lehrens gebrauchte.

»John«, sagte ich ihm später, »du bist von Gott wirklich zu dem geschaffen worden, was du heute abend gemacht hast. Mit deiner Gabe, deiner Neigung, deiner Persönlichkeit, deiner Ausbildung, deiner Lebenserfahrung und der Art, wie Gott dich unter Spannung versetzt, hast du der Gemeinde genau das weitergegeben, was sie am meisten gebraucht hat.«

Gott läßt seine Kinder nicht nur einen Beitrag zu seinem Werk leisten, sondern läßt sie dabei auch noch seelische Genugtuung empfinden. Was für ein königlicher Schachzug!

7. Schritt: Neuer Umgang mit Finanzen

Oh je. Jetzt kommt es. Die Kollekte! Während meiner Schulzeit überschlug ich im Geist immer meine Finanzen, als die Kollekte eingesammelt wurde. Ich hatte beispielsweise einen Zwanzigdollarschein, einen Fünfdollarschein und einen einzelnen Dollar in der Tasche, und ich versichere ihnen – der Zwanzigdollarschein war sicher. Ich mußte mich zwischen einem Dollar und fünf Dollar entscheiden.

Ich dachte schnell an den Benzinverbrauch meines Autos. Ich ging meinen Tagesplan durch – wollte ich Essen gehen? Hatte ich eine Verabredung? Und von meinem Benzinverbrauch, meinem Hunger und meinen sozialen Verpflichtungen machte ich schließlich meine Entscheidung abhängig, welchen Schein ich opfern sollte. Gewöhnlich war es der eine Dollar, manchmal war er es auch nicht.

So sah meine Einstellung lange Zeit aus. Bis zu dem Tag, an dem ich das letzte Buch des Alten Testamentes las, in dem Gott zum Propheten Maleachi sagt: »Es geschieht etwas im Volk Gottes, das mir völlig das Herz bricht.« Wow – das machte mich neugierig! Was entsetzte Gott so sehr?

Ich entdeckte, daß Gott sein Volk ganz genau angewiesen hatte, ihm ihre besten Lämmer zu opfern, wenn sie Brandopfer verrichteten. Die Lämmer ohne Makel. Diejenigen, die am Markt das meiste Geld einbringen.

Dieses Opfer war das Vorzeichen dafür, daß Gott das beste, was er hatte, seinen Sohn, das Lamm der Welt, opfern wollte, um unsere Sünden zu tilgen.

Aber im Lauf der Zeit begann Gottes Volk zu betrügen. Sie durchsuchten ihre Herden nach kranken, lahmen oder blinden Lämmern und trieben sie zum Opferaltar, auf dem sie starben. Und Gott gab ihnen zu verstehen, wie sehr er deswegen verletzt und zornig war. Er sagte sogar, daß er am liebsten die Tempeltür verschließen lassen würde, um sein Volk daran zu hindern, ihm ihren Ausschuß zu opfern. Er beschuldigte sie schließlich, ihn zu bestehlen. Denken Sie darüber nach. Sie beraubten den Gott, den sie zu lieben vorgaben!

Ich mußte die Tränen zurückhalten, als ich das las. Oh, Herr, es tut mir leid, betete ich. Ich schäme mich schrecklich dafür, daß ich dich verletzt habe, indem ich dir keine makellosen Lämmer geopfert habe. Es tut mir leid, daß ich dich dessen beraubt habe, was dir rechtmäßig zusteht für alles, was du für mich getan hast.

Damals gab ich Gott das Versprechen, ihn beständig durch mein Opfer zu ehren. Nicht als zusätzliche Idee, sondern als wesentlichen Teil meines Lebens. Und ich habe es niemals bereut. Gott hat sich wiederholt treu zu seiner Zusage in Maleachi 3,10 gestellt: »Ja, stellt mich auf die Probe damit, (...) und wartet, ob ich euch dann nicht die Schleusen des Himmels öffne und Segen im Übermaß auf euch herabschütte.«

In *Willow Creek* beschäftigen wir keine professionellen Spendeneintreiber, die Thermometer an die Wand hängen oder Hausbesuche machen, um Menschen zu höheren Spenden zu überreden. Wir lehren ganz einfach die Aussage des Neuen Testamentes, daß alles, was wir sind und haben, Gott gehört, und wir ihn damit ehren sollen, indem wir mindestens die historischen zehn Prozent, genannt den »Zehnten«, geben.

Dies läuft der allgemeinen Einstellung in der heutigen Gesellschaft direkt zuwider. Bevor Menschen Jesus begegnen, ist ihre Einstellung: Ich habe alles, was ich besitze, selbst verdient, also ist es mein Geld. Ob ich es spare oder ausgebe, ob ich sparsam oder verschwenderisch damit umgehe, geht niemanden außer mir etwas an.

Wenn Menschen ihr Leben aber Christus anvertrauen, vertrauen sie ihm alles an, Geld eingeschlossen. Gott wird Herr über alles, was sie besitzen, weil ihm letztlich auch alles gehört. Aber auch wenn all unsere Besitz- und Reichtümer auf seinen Namen im geistlichen Reich registriert sind, vertraut er uns doch liebenswürdigerweise ihre Verwaltung unter seiner Leitung an. Welch eine Verantwortung!

In diesem Sinne haben wir versucht, Menschen folgendes nahezubringen: »Ihr steht in Beziehung zu einem Gott, der euch wider alle Vernunft liebt, zu einem Gott, der absolut vertrauenswürdig ist, zu einem Gott, der sehr genaue Vorstellungen hat, wie ihr mit eurem Geld umgehen sollt. Ihr sollt nicht über eure Verhältnisse leben. Ihr sollt sparsam und uneigennützig sein. Und ihr sollt glauben, daß Gott sich euch in einer Weise großzügig erweisen wird, die weit über Dollar und Cent hinausgeht, wenn ihr euch großzügig gegenüber Gottes Werk erweist.«

Letztendlich ist verantwortlicher Umgang mit Finanzen keine Sache des Geldes. Es ist eine Sache des Herzens. Und deswegen ist es auch der letzte der sieben Schritte. Ein menschliches Herz muß verändert sein, bevor die Brieftasche eines Menschen die volle Hingabe an Gott widerspiegeln kann.

Ein Aktionsplan

Diese sieben Schritte bilden die Zusammenfassung der Strategie einer Gemeinde, die den Missionsbefehl erfüllen möchte. Wir halten unsere Gemeindeglieder dazu an, mit Meiers von nebenan Freundschaften zu schließen, mit ihnen ihren Glauben zu teilen, ihnen zu erklären, was es mit dem Kreuz auf sich hat und sie dann zu einem Wochenend-Gottesdienst einzuladen, in dem wir zusammen »Teamevangelisation« praktizieren können. Wenn Meiers von nebenan dann irgendwann Vertrauen zu Jesus gefaßt haben und sie zu den Meiers aus der Gemeinde geworden sind, halten wir sie dazu an zu lernen, Gott anzubeten und am Sakrament des Abendmahls in der *New Community* teilzunehmen, Lebensveränderung durch tiefe Liebe und liebende Interaktion in einer Kleingruppe zu erfahren, ihre geistlichen Gaben zu entdecken und sie ins Spiel zu bringen und den Herrn durch einen verantwortlichen Umgang mit ihren Finanzen zu ehren.

Und danach? Meiers schließen Freundschaft mit Müllers von nebenan und der ganze Prozeß beginnt von neuem. So stellt unsere Strategie weniger einen linearen Prozeß als vielmehr eine sich ständig wiederholende Kreisbewegung dar.

Andere Gemeinden werden andere Möglichkeiten finden, da ihr Daumenabdruck anders aussieht. Und das ist gut so. Aber jede Gemeinde muß sich der Frage stellen, wie sie die genauen Anweisungen Jesu umsetzen will: Darum geht zu allen Völkern, und macht alle Menschen zu meinen Jüngern; tauft sie auf den Namen des Vaters und des Sohnes und des

Heiligen Geistes, und lehrt sie, alles zu befolgen, was ich euch geboten habe.«

Es reicht nicht aus, eine Missionsaussage in eine Platte eingravieren zu lassen und sie in der Eingangshalle aufzuhängen, wo sie jeden inspirieren kann. Auch wenn das ein guter erster Schritt ist, bleibt er nur Wunschdenken, bis es einen konkreten, vom Heiligen Geist inspirierten Spielplan gibt, um ihn in die Realität umzusetzen.

Kapitel 12

Werte, die eine Bewegung kennzeichnen

V or einigen Jahren rutschte eine der Solistinnen von *Willow Creek* in ein Verhaltensmuster des Ungehorsams gegenüber Gott, in eine Zeit der Verwirrung und des Chaos, die schließlich in Falschheit und immer tieferer Sünde mündeten.

Sie verlor ihre Position im Singteam und als die Gemeindeleitung ihr nach biblischen Prinzipien zu erklären versuchte, daß sie so nicht weitermachen kann, verlor sie den Kopf und verließ die Gemeinde. Wir waren traurig darüber, daß ihr Leben, mit dem sie einmal durch ihren Gesang kirchendistanzierte Menschen von der Hoffnung Christi überzeugt hatte, nun einen ganz anderen Weg einzuschlagen schien.

Die Zeit verging und schließlich wurde ihre einst so rebellische Haltung durch echte Reue ersetzt. Die Gemeindeleitung suchte in der Bibel nach Führung und befolgte ihre Anweisungen: Wenn offensichtliche Reue erkennbar ist, dann sollte sie sorgfältig und mit viel Freundlichkeit wieder in die eigenen Reihen aufgenommen, d. h. wiederhergestellt werden. Wir hatten den Eindruck, daß wir allen Menschen, die durch ihren Dienst mit ihr in Berührung gekommen waren, an ihrem Wiederherstellungsprozeß Anteil geben sollten.

So praktizierten wir zunächst mit den Ältesten, dann mit dem Singteam Umkehr und Vergebung. Danach ging sie in die *New Community*, stellte sich vor Tausende unserer Gemeindemitglieder und bekannte ihre sündhafte Abkehr und ihren langen Weg zurück in die Gemeinde.

»Ein Schritt fehlt noch«, sagte sie, »nämlich, daß auch ihr mir vergebende Gnade anbietet. Was ich getan habe, tut mir leid, aber wenn ihr mir vergebende Gnade entgegenbringen würdet, würde ich voller Sorgfalt damit umgehen und euch wieder eine Schwester in diesem Leib werden. Ich würde alles geben, damit ihr mich nicht mehr anseht als jemanden, der gefallen ist, sondern als jemanden, den Gnade wiederhergestellt hat.«

Sofort brach die gesamte *New Community* in warmherzige und liebevolle stehende Ovationen aus, dankte Gott für die Macht seiner Wiederherstellung und drückte ihr Mitgefühl und ihre Zustimmung aus. Es war ihre Art zu sagen: Wie Gott uns vergeben hat, so vergeben wir auch dir.

Diese Erinnerung werden wir alle mit in den Himmel nehmen. Für mich war es ein weiteres Zeichen dafür, daß wir mehr und mehr zu einer nach biblischen Maßstäben funktionierenden Gemeinde werden.

Seit ich ein idealistischer Student am College war, als Dr. Bilezikian Apostelgeschichte, Kapitel 2 mit solcher Leidenschaft las, bin ich in den Tiefen meiner Seele überzeugt, daß nach biblischem Vorbild funktionierende Gemeinden wieder zum Leben erweckt werden können und werden. Es wird nicht geschehen, weil wir begabt sind oder etwas Besonderes sind oder alle Antworten haben oder weil wir Technokraten im Laserzeitalter sind, die genau das richtige Umfeld dafür schaffen. Nein, es wird geschehen, weil die Bibel davon spricht – und auf sie können wir uns mehr als auf alles andere verlassen.

Wenn ich mich unter den Gemeinden umsehe, die diese Vision verfolgen, stelle ich keine gemeinsame Denomination fest. Aber ich sehe einige gemeinsame Überzeugungen, die diese Dienste kennzeichnen. Mit anderen Worten, es gibt also zusätzlich zu den biblischen Charakteristika, die eine Gemeinschaft von Christen aufweisen sollte, weitere Merkmale, die solche Gemeinden kennzeichnen. Zur besseren Übersicht und um Schwerpunkte zu setzen, habe ich zehn solcher Kernwerte herausgearbeitet.

1. Wir sind überzeugt, daß vollmächtige Lehre Veränderung im Leben eines Menschen und in der Gemeinde bewirkt.

»Denn lebendig ist das Wort Gottes«, sagt der Hebräerbrief, Kapitel 4, Vers 12, »kraftvoll und schärfer als jedes zweischneidige Schwert; es dringt durch bis zur Scheidung von Seele und Geist, von Gelenk und Mark; es richtet über die Regungen und Gedanken des Herzens.« In Apostelgeschichte, Kapitel 20, Vers 32 lesen wir: »Und jetzt vertraue ich euch Gott und dem Wort seiner Gnade an, das die Kraft hat, aufzubauen und das Erbe in der Gemeinschaft der Geheiligten zu verleihen.« Und in der Passage in Apostelgeschichte, Kapitel 2, Vers 42, die unser Bekenntnis enthält, lesen wir, daß die Christen in der ersten Gemeinde »an der Lehre der Apostel festhielten«.

Wir glauben nicht nur, daß das Wort Gottes völlig wahr ist, sondern daß es auch verändernde Kraft im Leben eines Menschen und einer Gemeinde hat. Unter »vollmächtiger Lehre« verstehen wir Lehre, die von der Vorbereitung bis zur Präsentation durch den Heiligen Geist geprägt wird, und die über bloßen akkuraten Umgang mit der Bibel hinaus geht zu einer praktischen Anwendung von biblischen Aussagen im Alltag, die Sünder in Heilige verwandeln können. Gefahr lauert, wann immer wir uns von etwas anderem abhängig machen.

In diesem Buch haben Sie schon etwas über den »großen Schiffbruch« von 1979 gelesen, als *Willow Creek* in seinen Grundfesten erschüttert und fast vernichtet wurde. Im nachhinein haben wir ganz klar erkannt, an welchen Punkten wir wegen unausgewogener Predigt schwach und verwundbar wurden. Es war meine Schuld. Obwohl jede meiner Predigten auf absolut biblischer Grundlage stand, nahmen einige Themen zu breiten Raum ein, während andere nahezu ausgeklammert wurden. In dieser Zeit legte ich die Betonung unabsichtlich auf die Gnade Gottes und vernachlässigte seine Heiligkeit. Das Ergebnis war, daß sich bei uns eine gewisse Sorglosigkeit einschlich. Jedesmal, wenn die Gemeinde einem Riff gefährlich zu nahe kommt, können wir sie durch einige geringe Variationen in der Balance – nicht in der Genauigkeit – der Predigt wieder auf den geraden Kurs bringen. Dies ist für mich als Hauptprediger eine nüchterne Wahrheit. Aber wir haben einige Lektionen gelernt, die uns – wie ich glaube – auf geradem und sicherem Kurs in die Zukunft segeln lassen. Einige Beispiele:

Passen Sie auf, daß Sie es nicht mit »bedürfnisorientierten« oder »hilfreichen« Predigten übertreiben. Wenn Sie an einem besucherorientierten Gottesdienst beteiligt sind, besteht die Versuchung, über längere Zeiträume hinweg, wie ich es nenne, ungesundes Essen in den Predigten zu servieren. Mit anderen Worten, Menschen biblische Weisheiten zu vermitteln, mit deren Hilfe sie ihre Beziehungen verbessern können, ihre Emotionen glätten, mit ihren täglichen Problemen umgehen und in ihre Ehe wieder etwas Schwung bringen können. Glauben Sie mir, ich befürworte es, von Zeit zu Zeit auf Bedürfnisse einzugehen, weil man so zeigen kann, daß biblische Aussagen unser Alltagsleben verändern und verbessern können. Für kirchendistanzierte Menschen ist dies eine wertvolle Lektion. Aber wir sind dafür verantwortlich, das ganze Evangelium in einer ausgewogenen, biblischen und reifen Form zu predigen, die die Bibel als Ganze reflektiert. Sie werden mit geistlichen Instantwahrheiten keine völlig hingegebenen Nachfolger Christi großziehen können.

Hüten Sie sich davor, Kirchendistanzierte und junge Christen zu sehr zu behüten. Ich habe die Erfahrung gemacht, daß man Dinge klar ansprechen und nicht fünf verschiedene verschlungene Wege wählen sollte aus Angst, daß die Menschen abgeschreckt würden. In unseren Tagen kommen Menschen in weit verzweifelterem Zustand zur Kirche als je zuvor, ihr Leben ist übel zugerichtet und zerbrochen, und deswegen sehnen sie sich einfach nach jemandem, der ihnen ungeniert eine große Portion Bibel serviert.

Hüten Sie sich vor der Schattenseite der Teampredigt. Ich glaube, daß einer der hilfreichsten Beiträge *Willow Creeks* zur Arbeit der Gemeinde die Einführung der Teampredigt war. Dadurch werden Pastoren vor selbstmörderischen Terminkalendern bewahrt und die Gemeinde kann das Wort Gottes von Verkündern mit unterschiedlicher Sichtweise hören. Eine Warnung soll in diesem Zusammenhang ausgesprochen werden: Der Hauptpastor der Gemeinde sollte unbedingt die oberste Autorität behalten und das Recht haben, eine Linie in den Sand zu ziehen und zu sagen: »In dieser Gemeinde werden wir, gestützt auf Gottes Wort, diesen Hügel erklimmen.« Andere Prediger haben nicht das Recht, solche klaren Richtungsweisungen zu geben, da dies wirklich die alleinige Aufgabe des Hauptpastors ist.

Passen Sie auf, daß keine Programmgestaltungstalente vor sich hinbrutzeln und hüten Sie sich davor, alles »machen« und in feste Form bringen zu wollen. Nancy Beach war die erste, die sagte, daß der Einsatz der darstellenden Künste immer darauf gerichtet sein muß, den Moment, in dem die Bibel aufgeschlagen und aus ihr gelehrt wird, zu unterstützen und zu ihm hinzuführen. Die Predigt sollte immer das Zentrum des Gottesdienstes bilden, weil letztlich nur Gottes Wort die Kraft hat, Leben zu verändern.

Ich erinnere mich an eine Abschlußfeier, in der ich vier oder fünf Sprecher erleiden mußte, die einer nach dem anderen die unterschiedlichsten Klumpen geistiger Kraftnahrung pur verteilten: »Los geht's!« »Du kannst alles erreichen, was du willst!« »Vergiß nicht, Spaß zu haben!« Für mich war es der ernüchternde Hinweis darauf, wie groß in unserer Gesellschaft der Mangel an wahren und wesentlichen Gedanken ist. Nur die Bibel – gepredigt in der Vollmacht Gottes und auf bedeutsame, kompromißlose und anwendungsorientierte Weise – ist »schärfer als ein zweischneidiges Schwert«.

2. Wir sind überzeugt, daß Menschen, die in Gefahr stehen, verloren zu gehen, Gott wichtig sind und daher auch der Gemeinde wichtig sein sollten.

Vor ein paar Jahren traf ich mich in Kalifornien mit Pastoren, deren Gemeinden besucherorientierte Gottesdienste veranstalteten. Weil in meinem Leben gerade einiges drunter und drüber ging, war ich vermutlich der am wenigsten motivierte und pessimistischste Mensch in diesem Raum.

Aber dann bat ich diese Pastoren, einer nach dem anderen aufzustehen und das aufregendste Erlebnis zu erzählen, daß sie mit Gott in ihrem Leben hatten. Ich erwartete, daß sie eine Menge über Programme und Gottesdienste, über Gebäude und Finanzen erzählen würden. Aber dann erzählte die Hälfte dieser Leiter etwas wie »Das Aufregendste ist für mich, eine Beziehung zu einem Mann in meiner Straße aufzubauen« oder »Ich habe im Fitneß-Studio vor sechs Monaten jemanden kennengelernt, und inzwischen haben wir eine wirklich offene Beziehung zueinander« oder »Ich bin am meisten davon begeistert, daß ich mich jeden Freitag mit meinem Schwager zum Frühstück und Bibelstudium treffen kann.«

Ich wurde von Emotionen geradezu überwältigt! Wenn besucherorientierte Gemeinden auf der ganzen Welt von Pastoren geleitet werden, die sich selbst aktiv darum bemühen, gottferne Menschen zu Christus zu führen, dann können wir voller Optimismus auf die Zukunft der Kirche schauen!

Sie sehen, daß besucherorientierte Gemeinden ein entscheidendes Wesensmerkmal haben: Ihre Leiter reden nicht nur über Evangelisation, sondern stürzen sich selbst in ihrem Alltagsleben in persönliche Evangelisation. Unausweichlich bestimmt dieses Anliegen alles, was sie tun – ihr Beten, ihren Umgang mit Finanzen, die Auswahl von Mitarbeitern, ihre Predigten. Die gesamte Einstellung zum Dienst ändert sich, wenn sich Pastoren persönlich mit Menschen abgeben, die weit weg von Gott leben.

Ich erinnere mich an eine Segelregatta auf dem Michigansee vor einiger Zeit. Ich stand nach dem Wettkampf im leichten Regen in der Nähe eines Konkurrenten, den ich schon seit einigen Jahren vom Sehen kannte, aber nie kennengelernt hatte. Als der Regen nachließ, erschien ein heller Regenbogen am Himmel.

»Ich weiß, wer Sie sind, und ich weiß, daß Sie Christ sind«, sagte dieser Mann zu mir. »Vor einem Jahr kam meine Schwester bei einem Autounfall ums Leben. An diesem Abend stand ein Regenbogen am Himmel. Dies ist der erste Regenbogen, den ich seitdem gesehen habe.« Seine Augen wurden feucht. »Ich weiß nicht, warum es passieren mußte«, fügte er leise hinzu. »Ich verstehe Gott nicht. Ich verstehe die Ewigkeit nicht. Wenn mir nur mal jemand erklären würde …« Die darauffolgende Unterhaltung wird mir noch lange im Gedächtnis bleiben.

Jedesmal, wenn ich eine Erfahrung wie diese mache, denke ich an das Vorrecht, das Abenteuer und die hohe Meßlatte, mit Menschen, die geistlich auf der Suche sind, über Gott sprechen zu können. Sie sind Gott wichtig; und deswegen sollen sie auch immer seiner Kirche wichtig sein.

3. Wir sind überzeugt, daß die Gemeinde auch kulturell relevant sein sollte, ohne ihre Identität und Lehre zu verleugnen.

Jesus war einer der effektivsten und bedeutsamsten Kommunikatoren aller Zeiten. Er nahm auf alles Bezug, was in der Gesellschaft des ersten Jahrhunderts ein heißes Eisen war, was die Aufmerksamkeit der Menschen auf sich zog oder was in das Gefüge ihrer Alltagserfahrungen eingewoben war. Er sagte: »Schaut auf den Feigenbaum« oder »Denkt an das Senfkorn«, und jeder wußte, wovon er sprach. Wenn er eine Episode von einem Mann erzählte, dessen Sohn sein Erbe ausbezahlt haben wollte, wußte die ganze Volksmenge, worum es ging. Einmal nahm er eine römische Münze in die Hand und fragte: »Wessen Gesicht ist auf dieser Münze eingeprägt?« Ein anderes Mal bezog er sich auf achtzehn Menschen, die von einem zusammengebrochenen Turm erschlagen wurden. Er war immer erfrischend und auf dem laufenden. Ich zweifle daran, daß es ihm jemals in den Sinn kam, seine Predigten um fünfhundert Jahre in die Vergangenheit zu versetzen.

Besucherorientierte Gottesdienste müssen die Methoden Jesu einfach nur auf unsere Generation übertragen. Während er Gleichnisse erzählte, setzen wir Theaterstücke ein. Während er auf dem Allgemeinwissen seiner Tage aufbaute, erschließen wir unsere Tagesereignisse. Während er von einem Hügel oder vom Boot aus zu den Menschen sprach, verbessern wir unsere Kommunikation durch die Technologie des zwanzigsten Jahrhunderts.

Die Falle besteht darin, sich so sehr darauf zu konzentrieren, zeitgemäß und aktuell zu sein, daß wir unsere biblische Bestimmung aus den Augen verlieren. Wenn das passiert, werden wir zu einer Art Polit-Show, spiegeln zwar die Gesellschaft wider, geben aber keine biblischen Wahrheiten weiter, die sich auf diese Gesellschaft auswirken. Ich habe im Lauf der Jahre erkannt, daß ich versagt habe, wenn ich eine »Eins« in gesellschaftlicher Relevanz, aber nur eine »Drei« in reiner Lehre bekomme.

Und die Verlierer sind sowohl die kirchendistanzierten Menschen als auch die Gemeinde.

4. Wir sind überzeugt, daß Christus-Nachfolger authentisch leben und stets geistliches Wachstum anstreben sollten.

»Darauf kam Jesus mit seinen Jüngern zu einem Grundstück, das man Getsemani nennt, und sagte zu ihnen: Setzt euch und wartet hier, während ich dort bete. Und er nahm Petrus und die beiden Söhne des Zebedäus mit sich. Da ergriff ihn Angst und Traurigkeit, und er sagte zu ihnen: Meine Seele ist zu Tode betrübt. Bleibt hier und wacht mit mir! Und er ging ein Stück weiter, warf sich zu Boden und betete: Mein Vater, wenn es möglich ist, gehe dieser Kelch an mir vorüber. Aber nicht wie ich will, sondern wie du willst« (Mt 26,36-39).

Als ich diesen Text vor langer Zeit einmal gelesen hatte, war ich verblüfft über die Verletzlichkeit Jesu. Man muß eine gute Portion Stolz schlucken, um zu sagen, daß nicht alles gut läuft und daß man gerade nicht auf der Höhe ist. Aber hier steht der sündlose Sohn Gottes vor seinen Mitstreitern und gesteht ihnen, in welch schlechter Verfassung er ist, so daß er sich zu Tode deprimiert fühlt. Mit anderen Worten hat die Angst ihn so fest im Griff, daß er das Gefühl hat, sterben zu müssen!

Jesus setzt den Standard für Authentizität. Er erwartet grundsätzlich von seinen Nachfolgern, daß sie voreinander nichts zurückhalten oder verbergen sollten. Sie sollten wahrhaftig miteinander umgehen. Und ein wichtiges Merkmal besucherorientierter Gemeinden ist, daß sie Gemeinschaften hervorbringen, in denen Menschen nicht vorgeben müssen, mehr zu sein als sie sind, oder schlauer zu sein als sie sind, oder daß sie ihr ganzes Leben perfekt auf die Reihe kriegen.

Manchmal werde ich gefragt, warum es für mich so leicht ist, meiner Gemeinde gegenüber offen zu sein. Ich antworte darauf, daß ich einfach nicht die Energie habe, das Offensichtliche zu verbergen. Es sind viel größere Anstrengungen und Tricks nötig, um darauf zu achten, was man sagt und aufzupassen, daß die Spuren nur ja gut verwischt sind. Ganz ehrlich, es ist weniger Arbeit zu sagen: »An diesem Punkt, denke ich, ist alles in Ordnung, und hier läuft es nicht so gut, und ich bin offen für Feedback jeglicher Art.«

Von Anfang an bestand keinerlei Zweifel darüber, daß die *Willow Creek Community Church* von einem Sünder geleitet wird. Die einzige Frage war, ob es ein ehrlicher Sünder war oder einer, der seine Gemeinde täuschen und seine Liste von Sünden verbergen wollte.

Archibald Heart sagte einmal, daß pathologische Pastoren nicht mit ihren Beeinträchtigungen, Verletzungen und Sünden umgehen können. Das Ergebnis ist, daß sie mit ihrem Verhalten die ganze Gemeinde krank machen. Und genauso wahr ist, daß die Pastoren, die Authentizität hoch einschätzen und die geistlich, auf der Ebene von Beziehungen, intellektuell, in der Gestaltung ihrer Freizeit und psychisch weiterwachsen wollen, viel eher in der Lage sind, eine gesunde Sichtweise in ihre Gemeinde hineinzutragen.

5. Wir sind überzeugt, daß die Gemeinde eine Gemeinschaft von Dienern ist, die ihre geistlichen Gaben vereint zum Dienst an der Welt einsetzen.

Pastoren sagen mir immer wieder: »Es ist anders in *Willow Creek*.« »Die Leute bringen sich besser ein.« »Ihre Hingabe ist tiefer.« »Die persönliche Verantwortlichkeit ist größer.« »Die Leute sind bereit, einen höheren Preis zu bezahlen.«

Ich war nicht von der Richtigkeit ihrer Beobachtungen überzeugt, aber nachdem im Lauf der Jahre genug Gemeindeleiter diese und ähnliche Bemerkungen gemacht hatten, versuchte ich herauszufinden, warum in *Willow Creek* der Wert des Dienens so tief verwurzelt ist. Ich nahm schließlich an, daß dies auf die ersten Tage der Gemeinde zurückzuführen ist, als Dr. Bilezikian immer und immer wieder über radikales Dienen gepredigt hatte. Dr. Bilezikian erklärte uns, daß die größte Herausforderung, der Jesus sich gegenübersah, war, die Einstellung seiner Jünger »zuerst komme ich« in eine dienende Haltung umzuformen.

Denken Sie über folgende Verse nach: »Wer mein Jünger sein will, der verleugne sich selbst, der nehme sein Kreuz auf sich und folge mir nach (Mk 8,34).« »Wer der Erste sein will, der soll der Letzte von allen und der Diener aller sein (Mk 9,35).« »Bei euch aber soll es nicht so sein, sondern wer bei euch groß sein will, der soll euer Diener sein, und wer bei euch der erste sein will, soll der Sklave aller sein. Denn auch der Menschensohn ist nicht gekommen, um sich dienen zu lassen, sondern um zu dienen und sein Leben hinzugeben als Lösegeld für viele (Mk 10,43-45).« »Als er ihnen die Füße gewaschen und sein Gewand wieder angelegt und Platz genommen hatte, sagte er zu ihnen: Begreift ihr, was ich an euch getan habe? Ihr sagt zu mir Meister und Herr, und ihr nennt mich mit Recht so; denn ich bin es. Wenn nun ich, der Herr und Meister, euch die Füße gewaschen habe, dann müßt auch ihr einander die Füße waschen. Ich habe euch ein Beispiel gegeben, damit auch ihr so handelt, wie ich an euch gehandelt habe« (Joh 13,13-15).

In einer leistungsorientierten Welt, in der Erfolg mehr Anerkennung, mehr Macht, mehr Rampenlicht und mehr Vergünstigungen bedeutet, definiert Jesus für uns von Grund auf neu, was Größe in Gottes Augen heißt. Größe heißt Demut, Verfügbarkeit, Karriere nach unten und Dienen. Und durch Dr. Bilezikians Predigten bekamen wir eine ständige Dosis davon, bis wir uns schließlich ein wenig mit der Beschreibung eines Dieners Christi bei Paulus identifizieren konnten.

Es ist richtig, daß Gott seinen Kindern geistliche Gaben gibt. Es ist auch richtig, daß es erfüllend, aufregend und genugtuend sein kann, mit diesen von Gott gegebenen Fähigkeiten zu dienen. Aber grundsätzlich sind wir zunächst einmal Diener Christi, die alles tun, um das Reich Gottes voranzubringen, die ihre Mittel und ihre Zeit in seine Kirche investieren und die unter das schwere Ende des Kreuzbalkens gehen und helfen, ihn anzuheben. Nicht bis an den Punkt der Selbstzerstörung, aber als demütige und hingegebene Diener Christi.

Wenn Christen ihre geistlichen Gaben einsetzen und aus einer dienenden Haltung heraus Opfer bringen, wenn es keine Einschränkungen durch Geschlecht oder Hautfarbe gibt, dann ist die Gemeinde durch ein gemeinsames Ziel verbunden. Dann wird aus passiven Zuhörern eine machtvolle, aktive Armee!

6. Wir sind überzeugt, daß liebevolle Beziehungen jeden Aspekt des Gemeindelebens prägen sollten.

Der Apostel Paulus mußte den Leitern der Gemeinde in Ephesus zu verstehen geben, daß er nach drei Jahren Dienst in ihrer Mitte sich jetzt vom Heiligen Geist getrieben fühlte, nach Jerusalem zu gehen. Diese Nachricht traf sie schwer. Sie weinten, sie umarmten ihn, sie küßten ihn immer wieder. Es war offensichtlich, daß er für sie mehr als nur ein geistlicher Mentor oder ein professioneller Kirchenmann war. Ihre Herzen waren als Folge ihrer engen und liebevollen Beziehungen zusammengewachsen.

Dienst sollte genau so aussehen. Wenn Sie sich auf ähnliche Art emotional öffnen, ist Ihr Einsatz sehr hoch. Sie entblößen sich selbst mit dem Risiko, die höchsten Höhen, die Sie sich jemals vorstellen könnten, zu erreichen – und in die tiefsten Tiefen, die Sie jemals erfahren werden, einzutauchen.

Manche Pastoren weigern sich, dieses Risiko einzugehen. Sie bleiben in den engen Spielfeldgrenzen und wehren sich dagegen, mehr zu werden als der berufsmäßige Hirte, weil sie Angst davor haben, daß ihnen ihr Herz von der Gemeinde aus dem Leib gerissen werden könnte. Ihre Zusammenarbeit mit den Mitarbeitern ist sehr zurückhaltend. Und ihr Dienst wird gewöhnlich mehr zur langweiligen Plackerei als zum aufregenden Abenteuer.

In den letzten Jahren habe ich festgestellt, daß ich mich durch das Eingebundensein in liebevolle Beziehungen am besten gegen die äußerst schwierigen Aspekte des Gemeindelebens wappnen kann, die unausweichlich schlimme Verletzungen mit sich bringen. Mit anderen Worten, wenn ich mich zusammen mit den Ältesten durch fünf schwerwiegende Disziplinarfälle durcharbeiten muß, tut es mir gut, in bergenden, unterstützenden und liebevollen Beziehungen zu stehen, in denen ich vieles ausgleichen kann. Wenn ich mit dem Leitungsteam einen Tagesordnungsplan durchgehe, der mit Landminen gespickt ist, kann ich Ausgleich schaffen, indem wir die erste Stunde unseres Treffens damit verbringen, uns offen und liebevoll über unser Leben auszutauschen.

Wir sollten uns genauso viele Gedanken darüber machen, wie wir Aufgaben in der Gemeinde erfüllen, wie über die Aufgaben selbst. Wir hatten beispielsweise immer einen Freiwilligen, der einmal in der Woche die Rasenflächen der Gemeinde gemäht hat. Rasenmähen ist eine wichtige Aufgabe, die unbedingt erledigt werden muß, aber ebenso wichtig ist die Art, wie diese Aufgabe erledigt wird. Wenn heute jemand Rasen mäht, setzt er sich zunächst mit ein paar anderen Mitarbeitern zusammen, sie verbringen Zeit miteinander, beten füreinander, ermutigen einander und nehmen aneinander Anteil. Sehr schnell pflegen sie tiefe Freundschaften. Das Rasenmähen wird zweitrangig – und so sollte es auch sein.

Als ich das erste Mal nach dem Seminar auf Dr. Bilezikian zuging, um ihn zu fragen, ob ich mich mit ihm in seinem Büro treffen könnte, schlug die Stunde der Wahrheit für mich. Würde er mich abweisen? Würde er sagen, er wäre anderweitig beschäftigt? Würde er mich, den unbekannten Studenten, von oben herab behandeln? Statt dessen sagte er: »Natürlich, Bill, kommen Sie gleich mit.«

Und in dem Augenblick, in dem ich sein Büro betrat, wurde das übliche Professor-Student-Schema außer Kraft gesetzt. Ich wußte nicht einmal, ob es erlaubt war, in freundschaftlicher Beziehung zu einem Professor zu stehen! Am Ende unseres Treffens sagte er: »Warum kommen Sie nicht einmal wieder, dann können wir weiterreden?« Ich sagte: »Natürlich, sehr gerne.« Nachdem wir uns noch ein paar Mal in seinem Büro getroffen hatten, sagte er: »Ich habe hinter meinem Haus einen kleinen Garten. Ich würde Ihnen dort gerne einmal einen Salat anbieten, wenn Sie mich zu Hause besuchen würden.« Und langsam verstand ich, dies war weit mehr als routinemäßige Freundlichkeit, dies war wirklich Freundschaft.

Darauf wurde *Willow Creek* aufgebaut. Nicht auf Träumen von einer großen Gemeinde, sondern auf der Hingabe an liebevolle Beziehungen. Bevor wir durch unsere Gemeinde anderen Menschen dienen können, müssen wir zuallererst füreinander Kirche sein.

7. Wir sind überzeugt, daß sich die Veränderung des Lebens durch den Glauben am besten in Kleingruppen vollzieht.

Wenn wir über schnell wachsende Gemeinden sprechen, sollten wir an Apostelgeschichte, Kapitel 2 denken, wie 3 000 Menschen an Pfingsten sich zu Jesus bekehrten. Die folgenden Verse umreißen kurz die Wesensmerkmale der Mega-Gemeinde des ersten Jahrhunderts: Die Christen »brachen in ihren Häusern das Brot und hielten miteinander Mahl in Freude und Einfalt des Herzens« (Apg 2,46). Mit anderen Worten: Sie trafen sich in Kleingruppen. Zusammenkünfte in Privathäusern waren ein wichtiger Bestandteil der frühen Kirche. Paulus predigte »öffentlich und in den Häusern« (Apg 20,20). Priscilla und Aquila beherbergten eine Gemeinde in ihrem Haus (Röm 16,3-5), ebenso wie Philemon (Phil 1-2).

Während Großveranstaltungen, wie zum Beispiel Predigten, für manche Bereiche geistlichen Wachstums angemessen sind, scheint es eine vom Heiligen Geist getriebene Bewegung zu geben, die Christen zu Kleingruppen hinzieht, in denen sie erleben können, wie sich Leben durch Eingebundensein in Gemeinschaft verändert.

Ich glaube deshalb nicht, daß es unsere Aufgabe als Leiter ist, bloß ein Kleingruppenkonzept ins Leben zu rufen, das eine weitere Aktivität unserer Gemeinde darstellt und dann mit allen Mitteln zu versuchen, Menschen zur Teilnahme zu bewegen. Es geht vielmehr darum, eine Struktur zu entwickeln, die sich diesen übernatürlichen Wunsch der Christen nach Gemeinschaft zunutze macht, den Wert von Gemeinschaft fördert und ein wachsendes Bedürfnis nach engen Beziehungen auslöst.

Ich habe im vorhergehenden Kapitel bereits darüber gesprochen, warum Lebensveränderung ein Synonym für Kleingruppen ist. Aus diesem Grund haben wir eine Vielzahl von verschiedenen Kleingruppen angeboten, von Gruppen für Ehepaare und für Singles bis zu Gruppen, die auf spezielle Bedürfnisse von Männern und Frauen zugeschnitten sind.

Auch Menschen, die geistlich noch auf der Suche sind, haben festgestellt, daß Kleingruppen einen sicheren und geschützten Ort darstellen, an dem sie freimütig ihre Meinung sagen und herausfinden können, was es heißt, Christus nachzufolgen. Garry Poole – der Leiter unserer Abteilung für Evangelisation, der Pionierarbeit für diese Gruppen geleistet hat – hält sich an sein Motto, das er allen distanzierten Menschen mitgibt: »Probieren Sie einfach ein Treffen aus.« Normalerweise reicht das aus, um diesen Menschen zu zeigen, wie anregend es ist, sich mit geistlichen Themen im Rahmen freundschaftlicher Beziehungen auseinanderzusetzen.

In diesen offenen Gruppen verändern sich Leben am revolutionärsten: Menschen übergeben ihr Leben an Christus.

8. Wir sind überzeugt, daß exzellente Qualität Gott ehrt und Menschen inspiriert.

Als ich mit Tom, meinem Segelfreund, ein paar Übungen zum Auswendiglernen von Bibelversen machte, brachte ich ihm auch bei: »Tut eure Arbeit gern, als wäre sie für den Herrn und nicht für Menschen« (Kol 3,23). Wenn du deine geistlichen Wurzeln vertiefst, sagte ich ihm, dann nimm das ernst. Wenn du versuchst, deine Beziehungen zu anderen Menschen zu verbessern, sei gewissenhaft und ehre Gott damit.

Kurz danach steuerte Tom das Segelboot in einer Regatta, und wir kamen an eine Boje, an der wir eine scharfe Wende machen mußten. Plötzlich, als wir mit etwa sechs Knoten segelten, bemühte er sich, an der Innenseite eines anderen Bootes vorbeizukommen. Doch das andere Boot ging auf Breitseite, und schon hatten wir es gerammt. Wir purzelten auf dem Deck durcheinander, rissen unseren Spinnaker herunter und veranlaßten die andere Crew, wohlverdiente Beschimpfungen über uns auszuschütten. Wir mußten wegen unseres Regelbruches zwei 360-Grad-Wenden vollziehen. Während dessen konnte uns die gesamte Flotte passieren und wir hatten keine Chance mehr auf den ersten Platz.

Als wir später zurück im Hafen waren, setzte ich mich neben Tom. »Mir hat diese Wende nicht sehr gefallen«, sagte ich ihm. »Ich hatte das Gefühl, daß du dich um etwas bemüht hast, was aussichtslos war.«

Tom schaute mich augenzwinkernd an: »Aber Bill«, sagte er, »ich bin nur so gesegelt, als wäre es aus ganzem Herzen für den Herrn!«

Ich mußte lachen. »Das muß ein neuer Rekord sein. Du bist seit sechs Monaten Christ und kannst schon Bibelverse aus dem Zusammenhang reißen!«

Dieser Vers bezieht sich auf hervorragende Qualität. Paulus schreibt (1 Kor 10,31): »Tut alles zur Verherrlichung Gottes!« Wenn Sie die Bibel lesen, bekommen Sie eine Vorstellung davon, wie Salomo die Aufsicht über den Bau des ersten Tempels geführt hat, wie Nehemia die Mauer rund um Jerusalem errichtet und wie Esra den Tempel wiederaufgebaut hat: Ihr Wunsch war es, ihr Bestes zu geben und hervorragende Qualität zu bringen.

»Gut genug« ist nicht gut genug, wenn es darum geht, Gott durch seine Gemeinde zu ehren. Als Antwort auf seine Heiligkeit und Größe und aus

Dankbarkeit für sein überwältigendes Opfer für uns, sollten wir die Einstellung haben, ihm unseren Tribut zu zollen mit dem Besten, was wir zu bieten haben. Ich spreche nicht von besessenem Perfektionismus, sondern vielmehr von einer Haltung zu Qualität, die unsere Arbeit in der Gemeinde und unser persönliches Leben durchdringt. Alles, was wir als Christen tun, soll schließlich Christus, dem wir dienen, widerspiegeln.

Wenn wir Aufgaben in guter Qualität erfüllen, tut das auch unserem Selbstverständnis gut und stellt unsere Seele zufrieden. Darüber hinaus werden andere Menschen inspiriert. Darum ist, sobald sich der Vorhang zur Vorstellung hebt, jeder motiviert, sein Bestes zu geben.

Und schließlich werden kirchendistanzierte Menschen angezogen, weil sie hohe Qualitätsstandards in allen Bereichen des Lebens gewohnt sind. Wenn sie also sehen, daß sich das starke Bewußtsein einer Gemeinde von Glaube, Ziel und Berufung in der hohen Qualität des Gemeindegeländes, der Baulichkeiten und des Gottesdienstes widerspiegelt, wird die Gemeinde unweigerlich ihre Aufmerksamkeit auf sich ziehen und sie neugierig machen.

9. Wir sind überzeugt, daß die Gemeinde von denen geleitet werden sollte, die die geistliche Gabe der Leitung haben.

In seinem Buch »Pastoren unserer Zeit« stellt der christliche Wissenschaftler George Barna eine Statistik vor, die bei allen Besorgnis erwecken sollte, die sich darum bemühen, daß Gemeinden wachsen und gedeihen: Nur sechs Prozent aller leitenden Pastoren geben an, die geistliche Gabe der Leitung zu haben.

Durch beständig gute Predigten kann sich eine gute gemeindliche Bibelarbeit entwickeln, aber das alleine reicht nicht aus, um wirklich eine nach biblischem Vorbild funktionierende Gemeinde zu bauen. Leiter müssen eine Vision vermitteln, sie müssen die Berufung der Gemeinde auf den Punkt bringen können, eine Strategie entwickeln, Werte untermauern, Ergebnisse bewerten und Menschen dazu ermutigen, gemeinsam das Reich Gottes vorwärtszubringen. Und dies alles als demütig dienende Leiter, die sich selbst zurücknehmen und dadurch Christus erheben.

Das heißt nicht, daß Hauptpastoren, die in erster Linie Lehrer sind, zurücktreten müssen. Statt dessen sollten sie sich von Leitern unterstützen lassen, die Älteste oder Diakone sind oder andere einflußreiche Positionen in der Gemeinde bekleiden. Diese Menschen sollten dazu freigesetzt werden, ihre Leitungsgabe auszuüben, während sich der Pastor darauf konzentriert, Predigten zu halten, die Leben verändern.

Vieles liegt an der Ausgewogenheit. Ich bin davon überzeugt, daß die Ursachen für Mittelmäßigkeit und Stagnation unserer heutigen Gemeinden in der Gemeindeleitung zu suchen sind.

10. Wir sind überzeugt, daß völlige Hingabe an Christus und seine Sache normal für jeden Christen ist.

König Salomo, der weiseste Mann der Geschichte, hat es vermasselt. Er ignorierte Gottes eindringliche Warnung, daß sein Herz verderben würde, wenn er heidnische Frauen heiraten würde. Und natürlich endete es damit, daß Salomo ihre falschen Götter anbetete und schließlich sein ganzes Königreich auseinandergerissen wurde.

Wo liegt die Wurzel für Salomos Ende? Die Antwort findet sich in 1 Könige, Kapitel 11, Vers 4: »Als Salomo älter wurde, verführten ihn seine Frauen zur Verehrung anderer Götter, so daß er dem Herrn, seinem Gott, nicht mehr ungeteilt ergeben war wie sein Vater David.«

Als ich diese Worte vor einigen Jahren in meiner »Stillen Zeit« las, gab es mir einen Stich. Ich nahm mein Tagebuch und schrieb hinein: Fünfundneunzig Prozent Hingabe an Gott sind fünf Prozent zu wenig.

Im vorhergehenden Punkt betonte ich die Bedeutung von gottesfürchtiger Leitung. Aber eine Grundvoraussetzung hierfür ist gottesfürchtige Nachfolge: sich selbst völlig an Jesus Christus hinzugeben. Unsere Ziele, unsere Bemühungen, unsere pathologischen Anstrengungen, unsere Begabungen, unsere Wünsche – wir können alles vergessen, ja, wir müssen es, zugunsten göttlicher Pläne. Mit der Unterstützung des Heiligen Geistes sollten wir uns darum bemühen, Nachfolger Jesu zu werden, die nur auf ein Wort von ihm warten und dann bereit sind, alle eigenen Pläne über den Haufen zu werfen, um seinen Absichten zu folgen.

Es handelt sich hier nicht um eine einmalige Hingabe, sondern um die tägliche Kapitulation. Ich habe Gott immer wieder versprochen, mein Leben völlig für seine Führung zu öffnen – nur um wieder zurückzuschrecken und einmal mehr zu versagen. Aber ich bin jedesmal wieder auf die Knie gefallen und habe wiederholt, daß es der ehrliche Wunsch meines Herzens ist, Christus bedingungslos zu gehorchen und sein völlig hingegebener Nachfolger zu werden.

Das ist nichts Heldenhaftes. Und daher sollte es die Norm in jeder Gemeinde sein. Leiter sollten ihre Gemeindeglieder dazu herausfordern, Jünger zu werden, die nur auf ein Wort Jesu warten und sich uneingeschränkt unter die Autorität Christi in ihrem Leben zu unterwerfen. Jeder, der Jesus bedingungslos nachfolgt, wird – wie Jesus Petrus (Mk 10) versicherte – in der kommenden Welt hundertfachen Segen dafür erhalten.

Völlige Hingabe – das sollte das Ziel eines Nachfolgers Christi auf den Punkt bringen. Es heißt nicht, wir sollen mehr geben, mehr tun, mehr mitarbeiten, mehr opfern, mehr dienen. Wenn Sie sich für die Führung Christi öffnen, werden seine Anweisungen manchmal lauten, mehr zu entspannen, das Tempo zu senken, sich auszuruhen. Der entscheidende Punkt ist, daß es sein Ruf ist. Wir müssen bloß kooperieren. Unser Vertrauen in ihn sollte groß genug sein, so daß wir bereit sind, uns selbst unter ihn unterzuordnen und seiner Führung zu folgen, wohin auch immer sie uns bringt.

Das Ziel – das zwar auf dieser Seite des Himmels niemals erreicht werden kann, aber es immer wert ist, mit aller Begeisterung verfolgt zu werden – ist farbenprächtig in folgendem anonymen Text eingefangen:

»*Ich bin einer von denen, die sich nicht mehr schämen müssen. Ich habe die Kraft des Heiligen Geistes. Der Tod hat ausgespielt. Ich habe den Schritt über die Linie gemacht. Die Entscheidung wurde getroffen. Ich bin sein Nachfolger. Ich will nicht zurückblicken, nicht locker lassen, nicht langsamer gehen, weggehen oder bleiben. Meine Vergangenheit ist erlöst, meine Gegenwart hat Sinn und meine Zukunft ist sicher. Ich bin fertig mit dem Leben auf Sparflamme, Gehen nur auf Sichtweite, Planen im kleinen, weichen Knien, farblosen Träumen, zahmen Visionen, banalen Gesprächen, kitschigen Geschenken und zwergenhaften Zielen!*

Ich brauche keine überragende Bedeutung, keinen Wohlstand, keine Position, keine Förderung, keinen Beifall und keine Popularität mehr. Ich muß nicht recht haben, der erste sein, an der Spitze stehen, anerkannt oder gelobt, beachtet oder belohnt werden. Ich lebe in Gottes Gegenwart, lerne im Glauben, liebe mit Geduld, lebe im Gebet und arbeite mit Kraft.

Mein Gesicht ist fest, mein Gang ist schnell, mein Ziel ist der Himmel, meine Straße ist eng, mein Weg ist unwegsam, meine Begleiter sind wenige, mein Führer ist verläßlich, meine Berufung ist klar. Ich kann nicht bestochen werden, Kompromisse eingehen, Umwege machen, weggelockt werden, umkehren, geschwächt oder aufgehalten werden. Ich will nicht im Angesicht des Opfers zurückschrecken, zögern in der Gegenwart von Unglück, verhandeln am Tisch meiner Feinde, nachdenken über Popularität oder ins Mittelmaß abgleiten.

Ich will nicht aufgeben, schweigen, nachgeben oder langsamer werden, bevor ich nicht gepredigt, gebetet, bezahlt und aufgestanden bin für die Sache Christi.
Ich bin ein Nachfolger Jesu. Ich muß gehen, bis er kommt, geben, bis ich nichts mehr habe, predigen, bis es alle wissen, arbeiten, bis er ›Stop‹ sagt.
Und wenn er in sein Eigentum kommt, wird er keine Probleme haben, mich wiederzuerkennen ... meine Farben sind klar zu erkennen.«

Kapitel 13

Ganz hingegebene Nachfolger

Die meisten Menschen sahen in Jim einen erfolgreichen Geschäftsmann im mittleren Management einer vorstädtischen Firma. Aber eigentlich war er ein Lügner und Betrüger. Er hatte wegen Diebstahls einen Arbeitsplatz verloren. Und er war geistlichen Themen gegenüber völlig ablehnend eingestellt. Als seine Frau ihm vorschlug, ihre zwei Kinder zur Kirche gehen zu lassen, sagte er: »Auf keinen Fall werde ich irgend jemandem erlauben, ihren Verstand mit diesem ungesunden Zeug von Gott zu verschmutzen.«

Eines Tages erklärte er seiner Frau, daß er sie nicht mehr liebte und verließ die Familie. Die Wahrheit war, daß er eine andere Frau gefunden hatte. Sie zogen zusammen und alles ging gut, bis sie sagte, daß sie jeden Sonntag einfach zur Kirche gehen müßte. Es war egal, was sie davor oder danach tat, aber sie mußte jede Woche eine Stunde innerhalb eines Kirchengebäudes verbringen. So war sie groß geworden.

Also begleitete Jim sie widerstrebend zum Gottesdienst, in dem der Geistliche in seiner Predigt jeden davon zu überzeugen versuchte, daß die Mitglieder seiner Denomination allen anderen Menschen etwas voraus hätten. Als sie die Kirche verließen, sagte Jim ihr, daß die Predigt in vielen Dingen einfach Quatsch war. »Wenn Gott wirklich existierte, würde er Menschen sicher nicht nach ihrer Denomination beurteilen.«

»Gut«, sagte seine Freundin, »dann wählst du nächste Woche die Kirche aus.«

Das stellte ihn vor ein Problem. Die einzige Gemeinde, die Jim vage kannte, war die, die seine Sekretärin ihm einige Male in den letzten Jahren beschrieben hatte. Sie hatte vorsichtig versucht, ihm zu erklären, was Jesus für ihr Leben bedeutete, aber er hatte sie immer kalt unterbrochen. Nun versuchte er, sich an den Namen der Gemeinde zu erinnern. Willow irgendwas, dachte er. Willow Creek. Genau.

Als sie also am nächsten Sonntag auf das Gemeindegelände fuhren, zog die gepflegte Anlage seine Aufmerksamkeit auf sich. Ebenso das Auditorium im Kinostil. Ist das wirklich eine Kirche? fragte er sich.

Als die Musik einsetzte, ertappte er sich dabei, daß sie ihm wirklich gefiel, weil sie dem Stil entsprach, den er normalerweise hörte, bloß der Inhalt war ein anderer. Bei dem kurzen Theaterstück, das vor der Predigt aufgeführt wurde, war er von der Qualität der Schauspieler beeindruckt und von der Bedeutung des Stückes für sein tägliches Leben. Und als die Person, die die Ankündigungen machte, die Besucher auch noch einlud, nichts zur Kollekte beizutragen, hatte diese Gemeinde seine Aufmerksamkeit wirklich gewonnen.

Aber letztlich war es die Predigt, die den Rost seines Herzens abklopfte. An diesem Vormittag sprach ich über Geduld und verwendete mich selbst als Beispiel für jemanden, der in diesem Bereich so verzweifelt Gottes Hilfe brauchte. Und wie es so geht, veranlaßte meine Bereitschaft, meine Fehler zuzugeben, Jim dazu, sein eigenes Leben unter die Lupe zu nehmen – und was er da fand, gefiel ihm nicht sehr.

»Ich dachte, daß Menschen, die mich wirklich kennen würden, sofort in die entgegengesetzte Richtung davonlaufen würden«, sagte er einige Jahre später. « Ich nahm an, daß Gott genauso reagieren würde. Wenn er existierte, wüßte er, daß ich auf Grund meines Lebenswandels in großen Schwierigkeiten steckte. Aber dann hörte ich in Willow Creek, daß ich Gott wichtig bin. Egal, wie ich bin. Egal, wer ich im Leben war. Ein Funke Hoffnung schlich sich in mein Denken: Konnte dies möglicherweise wahr sein?«

Wie ein Nachhausekommen

Jims Freundin hatte »keinen Draht« zu *Willow Creek*, aber Jim war fasziniert. Was war das für eine Erfahrung? fragte er sich. War er benebelt? Wenn es einen Gott gibt, könnte ich ihm dann wirklich wichtig sein? Diese Fragen veranlaßten Jim zum ersten Mal in seinem Leben, von sich aus am nächsten Wochenende zum Gottesdienst zu gehen. Nach dem Gottesdienst fühlte er sich herausgefordert und ermutigt, und so kam er am dritten Wochenende wieder. Dieses Mal predigte ich über verschiedenen Arten von Treue – in der Ehe, in Beziehungen und auf geistlicher Ebene. Jim mußte seine Seele nicht sehr gründlich durchforsten, um zu erkennen, daß sich in seinem Leben keine dieser Qualitäten fanden.

Irgend etwas veranlaßte Jim dazu, seine von ihm getrennt lebende Frau anzurufen und sie zu fragen, ob sie mit ihm am nächsten Sonntag zum Gottesdienst gehen würde. Sie war geschockt und skeptisch – aber sie kam.

Auf dem Weg zu *Willow Creek* sprachen sie kaum miteinander, und sie sprachen auch während des Gottesdienstes nicht. Als sie wegfuhren, fragte Jim schließlich vorsichtig: »Und, was denkst du?«

Sie dachte über den Gottesdienst nach. Die Predigt hatte sie nicht sonderlich beeindruckt, aber diese Solisten – sie schienen wirklich zu glauben, was sie sangen. Alle diese Menschen schienen so ... nun ... so ehrlich. Authentisch. Sie spielten nicht einfach nur Kirche. Sie fühlte sich seltsam angezogen von dieser Atmosphäre der Gemeinschaft, die sie gespürt hatte. »Es hat mir ausgesprochen gut gefallen«, sagte sie schließlich. »Es war wie ein ... Nachhausekommen.«

In den folgenden Wochen kämpfte Jim oft mit geistlichen Gedankengängen, die ihn bis spät in die Nacht beschäftigten und verwirrten. Schließlich fragte er seine Frau, ob er wieder nach Hause kommen könnte. Nachdem sie darüber nachgedacht hatte, stimmte sie zu, und sie suchten eine Eheberatung auf. In einem Wochenend-Gottesdienst in *Willow Creek* füllten sie eine Karte aus und baten darum, daß ihnen jemand ganz genau erklärt, was es mit dem christlichen Glauben auf sich hat. Zwei Mitarbeiter von *Willow Creek* trafen sich mit ihnen und stellten ihnen Christi Heilsplan vor. Und auch wenn weder Jim noch seine Frau an diesem Tag bereit waren, Jesu Gnade zu empfangen, waren sie doch beide einig, daß sie weitere Gedanken in den Glauben investieren sollten.

Und so machten sie es. Nach sechs Monaten ermutigte sie eine Wochenendpredigt dazu, ein für allemal zu beschließen, daß Jesus der war, für den er sich ausgab. Jim traf seine Wahl. Die Tränen liefen ihm über das Gesicht, als er Jesus bat, ihm seine unschöne Vergangenheit zu vergeben und sein Leben von diesem Augenblick an zu führen. »Ich hatte das Gefühl, daß ein Gewicht von zwei Tonnen von meinen Schultern abfiel«, sagte er später.

Einige Monate später entschied sich auch seine Frau dafür, Jesus nachzufolgen. Als Gott nun anfing, ihre Haltungen neu zu formen, heilte ihre Ehe allmählich und wurde fester.

Sie besuchten die Gottesdienste in der *New Community* und erfuhren dort von Kleingruppen. In ihrer Kleingruppe erlebten sie, »wie der war, dem wir unser Leben anvertraut hatten«. Sie entdeckten und entwickelten ihre geistlichen Gaben, und das brachte einige wirkliche Überraschungen zutage. »So entdeckte ich, daß Gott Humor hat. Er nahm diesen ungläubigen Geizhals und gab ihm die Gaben der Evangelisation und des Gebens!«

Jim und seine Frau setzten ihre Gaben voller Begeisterung ein, zuerst als ein Teil unseres Kassettendienstes, später als Kleingruppenleiter. In jüngerer Zeit hat Jim einen neuen Dienst ins Leben gerufen: Führungen für neue Besucher.

Aber diese geführten Besuche sind etwas Besonderes. Wenn Jim das Auditorium zeigt, erklärt er den Besuchern: »Sie sind vielleicht von der Anzahl der Plätze beeindruckt. Aber schauen Sie auf diesen Platz. Dieser Platz steht für einen Menschen, der Gott wichtig ist.« Dann läßt er seinen »alten Menschen« auf diesem Platz sitzen, einen harten, zynischen Ehebrecher, und erzählt, wie Gott auf wunderbare Weise sein Leben berührt hat – und das Leben seiner ganzen Familie.

Meilensteine im Leben eines Nachfolgers Christi

In *Willow Creek* haben wir den Ausdruck »Yeah, Gott!« Das sagen wir, wenn wir Geschichten wie die von Jim hören, Geschichten von Männern und Frauen, die buchstäblich zur Kirche »geschleift« wurden, die aber schließlich als veränderte Nachfolger Christi herauskamen. Was außer der lebensverändernden Kraft Gottes könnte der Grund für eine solche Metamorphose sein? Und welche Berufung im Leben könnte bedeutender sein, als eine Gemeinde zu bauen, die sich mit ganzem Herzen diesem, die Ewigkeit verändernden Prozeß verschrieben hat?

Wenn ich Jims Leben anschaue, sehe ich darin unzweifelhaft die Spuren eines Christen, der auf dem Pfad zu völliger Hingabe an Jesus geht. Für Gemeindeleiter ist es wichtig, am Ball zu bleiben. In anderen Worten, wenn es das Ziel von *Willow Creek* ist, aus gottfernen Menschen ganz hingegebene Nachfolger Jesu zu machen, wie wissen wir dann, ob wir dieses Ziel auch erreichen? Auf welches äußere Verhalten schauen wir, um daraus zu schließen, wie es im Herzen eines Menschen aussieht? Wie können wir die sich verändernden Wesensmerkmale eines Menschen wie Jim messen, der von Christus verwandelt wird?

Wir haben in den letzten Jahren mit diesen Fragen in *Willow Creek* gekämpft, besonders als wir versuchten, ein neues System für die Mitgliederverwaltung zu entwickeln, das mit der Vision des Neuen Testamentes von Gemeinde übereinstimmen sollte. In unserem vorherigen System konnte es vorkommen, daß wir die Namen von Menschen gespeichert hatten, die schon länger nicht mehr am Leben von *Willow Creek* teilnahmen, und andere, die stark in das Leben der Gemeinde eingebunden waren, aber niemals eine offizielle Mitgliedschaft beantragt hatten. Also mußten wir uns mit der Frage auseinandersetzen, was eigentlich ein richtiges Gemeindemitglied ausmacht.

Auch wenn die Bibel nicht ausdrücklich den Begriff »Gemeindemitglied« verwendet, ist doch eindeutig, daß das Konzept der Mitgliedschaft biblisch ist. Bei einem Bibelstudium sahen wir, daß zwei Arten von Mitgliedern beschrieben wurden. Zur ersten Gruppe gehören die Menschen, die die Gnade Jesu empfangen haben und in Gottes Familie aufgenommen wurden. Im Augenblick ihrer Bekehrung wurden sie automatisch ständige Mitglieder der Universalkirche.

Dann beschreibt die Bibel, wie Christen unweigerlich wachsen und »teilnehmende Mitglieder« eines bestimmten örtlichen »Leibes Christi« werden. Diese teilnehmenden Mitglieder haben bestimmte Wesensmerkmale gemeinsam. Statt Mitgliedschaft also als einen Reifen anzusehen, durch den die Menschen durchspringen müssen, haben wir ein Mitgliedersystem entwickelt, das die Qualitäten eines Menschen beschreibt, der im Lauf der Zeit ganz von Christus geformt wird.

Wir nennen diese Beschreibung von teilnehmender Mitgliedschaft die »Fünf G's« – fünf besondere Qualitäten, die einen Christen wie Jim beschreiben, der sich stetig auf völlige Hingabe an Christus zubewegt. Die »Fünf G's« stellen keine Ziellinie oder starre Checkliste dar, die man mit entsprechenden Anstrengungen erfüllen kann. Sie zeigen eher einen gewissen Reifegrad an, ob ein Mensch Gottes Gnade empfangen hat und bereit ist, sich vom Heiligen Geist mit der Zeit nach dem Vorbild Christi formen zu lassen. Wir setzen diesen Standard, um bestimmen zu können, wer wirklich teilnehmendes Mitglied der Gemeinde ist. *Willow Creek* hat nur Erfolg, wenn Gott die Gemeinde gebraucht, um Christen hervorzubringen, deren Leben diese »Fünf G's« widerspiegelt.

Wenn Sie die folgenden Seiten lesen, denken Sie an Ihre eigene geistliche Situation. Können Sie ehrlich sagen, daß diese Qualitätsmerkmale Ihr Leben beschreiben? Wenn nicht: Welche Schritte können Sie gehen, um in Ihrer Beziehung zu Christus weiter zu wachsen?

1. Gnade

Nachfolger Christi haben ihre eigenen Versuche, Gottes Gunst durch ihre Anstrengungen zu verdienen, aufgegeben und haben persönlich durch Reue und Glaube Jesu freie Gabe des ewigen Lebens angenommen – allein durch seine Gnade. Wie Jim haben sie ihrer eigenen Sündhaftigkeit ins Auge geblickt und haben voller Demut angenommen, daß Jesus ihre Rechnung am Kreuz bezahlt hat. Dann gehorchten sie Jesu Auftrag und ließen sich taufen, um sich mit seinem Begräbnis und mit seiner Auferstehung zu identifizieren und um vor der ganzen Gemeinde zu erklären, daß sie seine Jünger sein wollten.

2. Gedeihen

Gedeihen oder Wachstum ist die ständige und lebenslängliche Reaktion auf Gottes Gnade. Wachstum heißt, den Heiligen Geist zu ermutigen, uns von innen nach außen umzuformen und es heißt, daß wir uns verantwortlich fühlen, unseren Glauben durch geistliche Übungen zu vertiefen und die Dinge zurückzuweisen, die uns am Wachstum hindern.

Nachfolger Christi haben einen immerwährenden Wunsch, ihre geistliche Entwicklung durch ehrliches Gebet, echte Anbetung und anwendungsorientiertes Bibelstudium zu fördern. Sie wollen den Lehren der Bibel völlig gehorchen und betrachten sie als höchste Autorität in allen Bereichen, über die sie Aussagen macht. Wenn sie in Sünde fallen – wie wir alle –, sagen sie sich entschieden von ihr los und versuchen, sich unter der Kraft des Heiligen Geistes von ihr abzuwenden. Und außerdem sind Nachfolger Christi so dankbar für Gottes Gnade, daß sie diese mit anderen Menschen in persönlicher Evangelisation teilen wollen.

3. Gruppe

Beziehungen sind in der Gemeinde nicht nur möglich; die Gemeinde besteht aus Beziehungen. Nachfolger Christi suchen die Gemeinschaft mit anderen Christen, damit sie in Christusähnlichkeit wachsen, Liebe geben und empfangen und die Dienste der Gemeinde durchführen können. Das bedeutet nicht nur die Teilnahme an Gemeinschaftsveranstaltungen der Gemeinde wie Anbetung, Lehre und Abendmahl, sondern auch das Eingebundensein in eine kleine Gruppe von Christen, in der man ermutigt, unterstützt, herausgefordert und liebevoll zu Verantwortlichkeit erzogen wird.

Nachfolger Christi wollen Gott bei allem, was sie im Umgang mit anderen Menschen tun, die Ehre geben. Sie wollen unreine Beziehungen abbrechen, zerbrochene Freundschaften wieder versöhnen und sofort versuchen, Konflikte zu lösen, wenn sie entstehen. Sie halten sich an das, was Paulus gesagt hat (Röm 12,18): »Soweit es euch möglich ist, haltet mit allen Menschen Frieden!«

4. Gaben

Eine Gemeinde ist weniger eine Organisation als ein Organismus, eine vernetzte Gemeinschaft von Christen, die selbstlos ihre einzigartigen, von Gott gegebenen Begabungen anbieten und sie in den Diensten der Gemeinde einsetzen. Die Stärke der Gemeinde kommt gewissermaßen aus ihrer Vielfalt, die deutlich zutage tritt, wenn verschiedene Menschen an dem Platz, an den Gott sie im Leib Christi gestellt hat, ihre verschiedenen geistlichen Gaben anwenden.

Ein starkes Gefühl von Einheit und das Bewußtsein eines gemeinsamen Zieles entstehen dann, wenn diese Gaben des Geistes mit den Früchten des Geistes kombiniert werden, die Paulus im Brief an die Galater (Gal 5,22-23) aufzählt: »Liebe, Freude, Friede, Langmut, Freundlichkeit, Güte, Treue, Sanftmut und Selbstbeherrschung.«

5. Geben

In Jesus Christus haben Christen ein ermutigendes Beispiel für Geben: Er gab alles auf, was er hatte, damit die Welt wieder mit Gott versöhnt werden konnte. Seine Nachfolger, die erkannt haben, daß ihr ewiges Leben mit seinem Blut erkauft worden ist, überantworten ihm alles, was sie haben. Sie bemühen sich, verantwortliche Verwalter dessen zu sein, was er ihnen anvertraut hat, und großzügig zu geben, wenn sie allmählich ihre Mittel seiner Autorität unterstellen. Ihr Finanzmanagement zeigt eine klare Abkehr von den Werten der Welt, eine Abkehr von Egoismus und Statusdenken.

Guter Umgang mit Besitz resultiert aus einem Herzen, das auf Gott reagiert, ihm dankbar ist und seinem Versprechen vertraut, daß er diejenigen belohnt, die ihn mit ihren Gaben ehren.

Das Potential einer »Fünf-G«-Gemeinde

Eine »Fünf-G«-Gemeinde ist Teil der Kirche. Aber dieses Verständnis haben die meisten Kirchgänger nicht unbedingt. Wenn ich manchmal Menschen nach dem Gottesdienst verabschiede, kann es vorkommen, daß mir jemand die Hand drückt und mit großer Ernsthaftigkeit sagt: »Ich war heute zum ersten Mal hier, und mir hat es sehr gut gefallen. Zeigen Sie mir das zuständige Büro, damit ich mich melden und Mitglied werden kann.« Ich muß solchen Menschen dann freundlich unsere Sichtweise erklären, daß Mitgliedschaft nicht darin besteht, einmal eine Unterschrift zu leisten, sondern nur mit dem Wachstum eines Menschen zu völliger Hingabe an Christus und sein Engagement in einem bestimmten Teil des Leibes Christi beschrieben werden kann.

Es gibt natürlich auch einen gewissen Prozeß, dem sich Menschen unterziehen sollten, wenn sie offizielle Mitglieder werden wollen. Zuerst machen sie für sich ein Bibelstudium über unsere »Fünf G's«. In einem zweiten Schritt bewerten sie selbst, inwieweit diese Kennzeichen in ihrem Leben vorhanden sind. In einem dritten Schritt unterhalten sie sich mit einem geschulten Mitarbeiter – vorzugsweise ihrem Kleingruppenleiter, der sie schon einigermaßen gut kennt –, der bestätigt, daß diese Kennzeichen in ihrem Leben zu finden sind. Und zuletzt werden die neuen Mitglieder – zusammen mit ihrer Kleingruppe – der *New Community* vorgestellt, damit sich alle zusammen an einem neuen Beispiel von Gottes Handarbeit freuen können.

Dieses neue Verständnis wurde voller Begeisterung als Definitionsgrundlage von den Teilnehmern und als erfüllendes Erlebnis von den Kleingruppenleitern, die die Gespräche geführt haben, empfunden. Aus der Sicht der Gemeinde hilft es uns herauszufinden, wer sich dem Leib Christi wirklich verpflichtet fühlt und wer noch in der Phase ist, in der er sich müde strampelt. Und es war ein bewegendes Zeugnis für Gottes Gnade, daß so viele Menschen eifrige »»Fünf-G«-Nachfolger« Jesu sind.

Wenn mich Journalisten über die Zukunft von *Willow Creek* befragen, rufe ich mir die Gesichter mancher unserer Mitglieder ins Gedächtnis. Es sind Menschen wie Jim, die noch vor einigen Jahren ihre Sonntage damit verbracht haben, literweise Bier zu trinken, und jetzt freigebige, betende und unerschrockene Nachfolger Jesu sind. Es sind »Veteranen« wie Nancy Beach, Rory Noland, Laurie Pederson und andere, die aus den ersten zwanzig Jahren von *Willow Creek* mit mehr Liebe für die Kirche herausgekommen sind, als sie jemals zuvor hatten. Es sind Leiter, die täglich für die

Sache Jesu Opfer bringen; die demütigen Menschen, die mit ihrem Leben ihre Umgebung verändern und im stillen dienen; und die gottesfürchtigen festen Mitarbeiter, die ihre Aufgaben am liebsten miteinander und mit niemandem sonst auf der Welt zusammen erledigen wollten.

Dann sage ich den Reportern, daß ich nicht weiß, was Gott in den nächsten zwei Jahrzehnten vorhat. Ich weiß es wirklich nicht. Aber ich weiß, daß – egal wie die Zukunft aussieht – unser Dienst mit dieser Kerngruppe von Christen zwangsläufig ein Erlebnis sein wird, das keiner von uns missen will!

Und dazu sagen wir alle: »Yeah, Gott!«

EPILOG

Washington D.C. ist ein Zentrum unvorstellbarer Macht. Wenn ich dort war, saß ich am Ende immer mit einer Menge Leute an einem Tisch, die enorme Autorität und großen Einfluß ausüben. Und es war jedes Mal wieder eine Erfahrung, die mir die Augen öffnete.

Aber nicht wegen des Reizes der politischen Macht wurden mir die Augen geöffnet. Ich war völlig überrascht von der Macht, die die Leute in Washington nicht haben.

Politiker können Dinge auf der Oberfläche des Lebens herumschieben. Sie können Geld ausgeben und Gesetze erlassen und Aufmerksamkeit auf eine bestimmte Sache lenken. Aber sie können keine grundlegenden Veränderungen im Leben eines einzelnen Menschen schaffen. Sie können die Adresse eines Menschen in der Ewigkeit nicht umschreiben. Sie können zwischen zwei voneinander entfremdeten Menschen keine Versöhnung anordnen. Sie können jemandem keinen Charakter einprägen. Sie können kein egoistisches Herz in ein dienendes Herz oder ein steinernes Herz in ein gebendes Herz umwandeln.

Und genau das ist es, was unser Land am nötigsten braucht.

Wenn ich manchmal nach einem Treffen mit einem Menschen, der weitreichende Verantwortung im Staat oder in der Wirtschaft trägt, heimfahre, denke ich bei mir, daß mein Job gewichtiger als seiner ist. Und dasselbe gilt für alle Dienste auf der ganzen Welt, die ihre Energie darauf verwenden, aus Nichtchristen ganz hingegebene Nachfolger Jesu Christi zu machen.

Der Grund ist ganz einfach: Das Ergebnis unserer Bemühungen hat im Himmel für immer Bestand.

Ich staune in Ehrfurcht darüber, was Gott in seiner Macht und Größe in den letzten zwanzig Jahren durch *Willow Creek* trotz unserer oft ungeschickten Anstrengungen erreicht hat. Und ich sage es ganz ehrlich – meine Erfahrungen mit dieser Gemeinde haben mich im Kern meiner Seele davon überzeugt, daß nichts auf diesem Planeten wichtiger, strategischer und dringender gebraucht wird als die Gemeinde vor Ort.

Ich rede hier nicht von muffigen Gemeinden, die alles machen, wie es immer schon war. Ich beziehe mich hier auf authentische biblische Gemeinschaften, die die Kanäle sind, durch die Jesus Christus eine Welt, die in die Irre gelaufen ist, erlösen kann.

Deswegen wollen wir beten, daß Gott seinem Volk neue Energie verleiht und seine Kirche mit erneuertem Leben füllt. Und wir wollen hinausgehen – wir alle – und die bedrohte und verwirrte Welt mit der unerwartetsten, ausgefallensten, irrationalsten und letztlich lebensveränderndsten Botschaft von allen überraschen: Du bist Gott wichtig.

Häufig gestellte Fragen
zur Willow Creek Community Church

»Als Sie Willow Creek gegründet haben, sind Mitarbeiter durch die Nachbarschaft gelaufen und haben Menschen gefragt, warum sie nicht zur Kirche gehen. Danach haben Sie entsprechende Änderungen vorgenommen, um genau diese Leute anzuziehen. Läuft das nicht darauf hinaus, daß Sie den Menschen nur erzählen, was sie auch hören wollen?«

Es ist erstaunlich, wie die Überlieferungen über unsere Gemeindeerhebung im Lauf der Jahre angewachsen sind und unsere wahren Intentionen verzerrt haben. Eigentlich hatten wir von Anfang an eine klare Vision davon, was wir aufbauen wollten: eine nach biblischem Vorbild funktionierende Gemeinde. Die biblischen Elemente, aus denen eine lebensfähige und biblische Gemeinde besteht, waren nicht übertragbar. Die Bibel – und keine Umfrage von Tür zu Tür – sollte bestimmen, wie eine Gemeinschaft von Christen funktioniert.

Das Ziel unserer Umfrage war lediglich herauszubekommen, welche besonderen Nöte es in diesem Gebiet gibt und Informationen zu gewinnen, die uns helfen würden, den besonderen geistlichen Nöten in unserem Umfeld zu begegnen. Gibt es in der Umgebung zum Beispiel viele junge Ehepaare mit Kindern? Wenn ja, würde das natürlich die Dienste beeinflussen, die wir anbieten wollten. Oder gab es dort eine Menge Atheisten und harte Ungläubige oder waren die meisten Menschen Christen, die aus irgendwelchen Gründen aufgehört hatten, am kirchlichen Leben teilzunehmen? Diese Informationen halfen uns bei der Feineinstellung unserer Gottesdienste. Wurden Menschen vor allem durch Spendenaufrufe abgestoßen? Dann sollten Bitten um Kollekten und Spenden bei uns vielleicht eine untergeordnete Rolle spielen.

Niemand sollte eine Gemeinde auf den Wünschen der Menschen aufbauen. Die Vorlage sollte aus der Bibel stammen, aber es ist durchaus erlaubt, in der Methode Flexibilität zu beweisen, um besser auf die besonderen Bedürfnisse jeder Gemeinde eingehen zu können.

Der Theologe Alister McGrath kommentierte in seinem Buch »Evangelisation und die Zukunft des Christentums«, daß »*Willow Creek* ein ausgezeichnetes Beispiel einer Gemeinde ist, die einen pionierhaften Zugang gefunden hat, der die Mauern der Nebensächlichkeiten durchbrochen hat [die Menschen von der Kirche fernhalten] ... Und dennoch wird das Evangelium wirkungsvoll verkündet.« Er fügt hinzu, daß »es keinen Zweifel gibt, daß diese Gemeinde und eine wachsende Zahl ähnlicher Gemeinden in der ganzen westlichen Welt Gehör für das Evangelium unter den Menschen finden werden, für die eine traditionelle Gemeinde zum Sperrgebiet zählt.«

»*Wenn Sie kirchendistanzierte Menschen zu erreichen versuchen, stehen Sie da nicht in Gefahr, die härteren Wahrheiten des christlichen Glaubens wie Sünde, Hölle und Gericht zu verschweigen?*«

Die Denkvoraussetzung, daß Menschen nur die sanfte Seite des Evangeliums hören wollen, ist falsch. Sie bestehen sogar darauf, die ganze Wahrheit zu hören, bevor sie einen so entscheidenden Schritt gehen und sich Christus hingeben.

In Apostelgeschichte, Kapitel 20, Vers 27 sagte Paulus der Gemeinde in Ephesus, daß er »sich nicht der Pflicht entzogen hat, den ganzen Willen Gottes zu verkünden.« Wir bemühen uns, den Besuchern von *Willow Creek* einen ausgewogenen und umfassenden Zugang zum Evangelium zu bieten. Und das schließt auch die »härteren Wahrheiten« mit ein. Wo wir in unserer Geschichte eine Unausgewogenheit entdeckt haben, haben wir korrigierende Maßnahmen ergriffen.

Wir laden jeden dazu ein, durch unseren Katalog von Predigtkassetten durchzugehen und zu sehen, daß wir im Lauf der Jahre alle wichtigen Themen behandelt haben.

»*Willow Creek ist dafür bekannt, Besuchern einen ›sicheren Ort‹ zu bieten. Aber wendet sich die Bibel nicht ziemlich nachdrücklich gegen die ›Sicherheit‹ und die Bequemlichkeit von distanzierten Menschen?*«

Wir beschreiben *Willow Creek* als einen sicheren Ort, an dem distanzierte Menschen die gefährliche und lebensverändernde Botschaft von Jesus Christus hören können. Er ist sicher, weil wir uns bemüht haben, alle künstlichen Barrieren zu entfernen, die Menschen daran hindern, sich ganz auf die zentrale Botschaft des Evangeliums zu konzentrieren. Unser Wunsch ist es, daß nur eine Sache in *Willow Creek* Anstoß erregt: das Kreuz Christi.

Wenn Menschen *Willow Creek* verlassen, weil sie nicht bereit sind, der Wahrheit über ihre Sündhaftigkeit und ihre Rebellion gegen einen heiligen Gott ins Gesicht zu schauen, dann ist das ihre Wahl. Sie haben das Evangelium gehört und aufgrund ihrer Informationen eine Entscheidung getroffen, mit der sie in Ewigkeit leben müssen. Aber wenn sie *Willow Creek* verlassen, weil sie gelangweilt oder frustriert sind, oder weil wir sie unabsichtlich durch mangelnde Sensibilität verletzt haben, dann haben wir als Gemeinde versagt.

Wir haben zum Beispiel herausgefunden, daß Menschen auf den ersten Schritten ihrer Reise zu Christus anonym bleiben wollen. Wir finden es daher gut und richtig, ihnen diese Anonymität zuzugestehen, solange sie sich auf die Entscheidung zubewegen, ihr Vertrauen auf Jesus zu setzen. Wir wollen nicht das Evangelium verwässern, um sie glücklich zu machen, aber wir wollen eine Umgebung schaffen, in der sie mit ihrem eigenen Tempo in ihrem Verständnis von Christus wachsen können. Das heißt auch: frei von der Angst zu sein, im Rampenlicht stehen zu müssen oder von jemandem unter Druck gesetzt zu werden.

»Besteht in einer besucherorientierten Gemeinde nicht die Gefahr, daß der Bereich Jüngerschaft zu kurz kommt, weil so viele Mittel zu Evangelisationszwecken verwendet werden?«

Natürlich besteht diese Gefahr. Wir müssen unsere Sorgfalt darauf verwenden, beide Teile des Missionsbefehls zu erfüllen – Menschen mit dem Evangelium zu erreichen und sie zu ganz hingegebenen Jüngern Jesu zu machen.

In den ersten Jahren von *Willow Creek* hatten wir noch nicht so viele Christen, und so verwendeten wir den Löwenanteil unserer Mittel für den ersten Teil des Missionsbefehls. Als wir einige Bekehrungen erlebten, verlagerten wir unsere Mittel schrittweise, um den nötigen Ausgleich zu schaffen. Heute liegt die Betonung mehr auf Jüngerschaft als auf Evangelisation, weil so viele Christen so nötig Förderung und Schulung brauchen.

In diesem Bereich werden ständig Angleichungen vorgenommen. Wenn wir in *Willow Creek* nicht richtig ausgerichtet waren, haben wir versucht, uns umgehend auf die neue Situation einzustellen. In jeder Gemeinde müssen Leiter ständig auswerten, um feststellen zu können, ob Bemühungen und Finanzen beiden Teilen des Missionsbefehls gerecht werden – der Evangelisation und der Jüngerschaft.

»Verändert der Einsatz moderner darstellender Künste und zeitgemäßer Sprache nicht unvermeidlich den Inhalt des Evangeliums?«

Wir sind nicht davon überzeugt, daß dies unvermeidlich geschieht, aber wir sind uns dieser Möglichkeit ständig bewußt. Aus diesem Grund kommen unsere besten Köpfe regelmäßig zusammen, um sicherzustellen, daß wir das Evangelium nicht unabsichtlich verdrehen. Jeder Gottesdienst wird anschließend umgehend von den Ältesten ausgewertet – zur Sicherheit, damit wir uns nicht versehentlich von unserer Verantwortung wegbewegen, das authentische Evangelium zu verkünden.

Genauso wichtig ist es festzuhalten, daß darstellende Künste in *Willow Creek* nicht zur Verkündigung eingesetzt werden. Ihr Ziel ist es, Menschen neugierig zu machen, Ideen hervorzurufen und in den Grund der Seele vorzudringen, so daß dort schließlich die Saat des Wortes Gottes gesät werden kann. Musik, Theaterstücke, Video, Multimedia und Tanz bilden nur das Vorspiel zu einer dreißig bis fünfundvierzig Minuten langen Predigt, die zum Thema des Tages klare biblische Aussagen macht. Letztlich hat die Verkündigung des Wortes Gottes lebensverändernde Kraft. Kunst spielt eine sekundäre – wenn auch wichtige –, unterstützende Rolle.

Was den Gebrauch zeitgemäßer Sprache anbelangt, kann eine Unterscheidung des Theologen William Hodern hilfreich sein. Er stellte den Unterschied zwischen Umformung und Übersetzung des Evangeliums heraus. Wer das Evangelium umformt, verwässert es zu etwas, was es nicht ist, nur um es für Menschen schmackhaft zu machen. Das ist völlig unakzeptabel, und das machen wir in *Willow Creek* auch nicht.

Wir wollen das Evangelium erhalten und es bloß in Worte und Bilder übersetzen, die unser modernes Publikum verstehen kann. Dies muß natürlich so sorgfältig geschehen, daß die ursprüngliche Bedeutung der Bibelstellen erhalten bleibt, aber wir sind davon überzeugt, daß es unbedingt erforderlich ist, zeitgemäße Kommunikationsformen zu verwenden, um den Menschen unserer Tage zu helfen, biblische Aussagen zu begreifen.

Der Evangelist Alan Walker hat die ironische Kehrseite beschrieben, wenn das Evangelium nicht übersetzt wird: »Im Bereich Evangelisation nimmt die Vergötterung von Worten zu. Es gibt Menschen, die die manchmal absurde Behauptung aufstellen, daß das Evangelium nicht gepredigt wurde, wenn sie nicht exakt die Worte und Phrasen hören, mit denen sie vertraut sind.«

»Willow Creek hat als einen Grund, warum Menschen nicht zur Kirche gehen, festgestellt, daß sie nicht gehen, weil sie sich dort schuldig fühlen. Aber das Evangelium erklärt unmißverständlich, daß sie schuldig sind. Ist es nicht die Rolle der Kirche, das zu betonen?«

Überraschenderweise machen die meisten Menschen keine Einwände, wenn sie mit ihrer Schuldhaftigkeit konfrontiert werden. Für viele von ihnen ist es nichts Neues! Wenn sie etwas anstößig finden, dann ist es die Tatsache, daß sich die Kirche auf ihre Schuld konzentriert, aber darin versagt, ihnen in einer Sprache, die sie verstehen, eine klare Lösung für ihre Situation zu bieten, die sie dann auch umsetzen können.

Im Johannesevangelium, Kapitel 16, Vers 8 lesen wir, daß ein Teil des Dienstes des Heiligen Geistes ist, Menschen der Sünde zu überführen. Aber sein eigentliches Ziel ist es nicht, daß sich Menschen ständig beschämt oder schmutzig fühlen; es geht darum, sie zum Kreuz Christi zu führen, wo sie Erlösung und Reinigung von ihrer Schuld finden. Wie Paulus im Brief an die Römer schreibt (Röm 8,1): »Jetzt gibt es keine Verurteilung mehr für die, welche in Christus Jesus sind.«

Deswegen bemühen wir uns darum, daß Menschen nicht nur verstehen, daß sie sich gegen Gott aufgelehnt haben, sondern ihnen auch helfen, im Herzen zu begreifen, daß Jesus Christus Vergebung und Gnade anbietet, und sie ein für allemal von der letzten Konsequenz ihrer Sünde erlöst werden können.

»Wie groß wird Willow Creek noch werden? Warum gründen Sie keine Tochtergemeinden, anstatt nur einfach weiter zu wachsen?«

Wir haben nie erkennen können, daß der Heilige Geist uns dazu führt, direkt andere Gemeinden zu gründen. Statt dessen arbeitet unser Dienst durch die *Willow Creek Association*, die Gemeindeleiter auf der ganzen Welt ermutigt, die von Gott berufen wurden, neue Gemeinden zu gründen und stagnierende Gemeinden generalzüberholen. Als Ergebnis unserer Konferenzen für Gemeindeleiter wurden zahlreiche Gemeinden gegründet und erneuert und wir haben für viele von ihnen Finanzmittel und sonstige Unterstützung zur Verfügung gestellt.

Davon abgesehen profitieren wir auch stark davon, eine große Gemeinde zu sein. Wegen unserer Größe können wir ein breites Spektrum von Diensten anbieten, um distanzierten Menschen und Christen gleichermaßen zu helfen. Auch in unserer politischen Gemeinde können wir so besser Veränderungen bewirken.

Wie groß wird *Willow Creek* werden? Wir kennen die Antwort auf diese Frage nicht. Im Umkreis von zwanzig Autominuten von der Gemeinde leben 1,5 Millionen Menschen. Mit unseren normalen Wochenend-Gottesdiensten erreichen wir davon gerade ein Prozent, das heißt, es gibt sicherlich noch Potential für Wachstum!

»Willow Creek hat pro Wochenende über 15 000 Gottesdienstbesucher. Gehen in dieser großen Menge nicht einzelne Menschen unter – auch Ihre am meisten engagierten und hingegebenen Leute? Was bewahrt Willow Creek davor, ein unpersönliches Monstrum zu werden, wo Menschen das Gefühl haben, nur ein Rädchen im Getriebe eines ausgefeilten Programmes zu sein?«

Wir sind überzeugt, daß unser neues Kleingruppensystem die Gemeinde weiterhin klein und persönlich für alle macht, die dazugehören wollen. Diese Kleingruppen bieten so viele Möglichkeiten, Lebensveränderung zu erfahren, daß niemand einen Grund finden kann, *Willow Creek* für einen unpersönlichen Ort zu halten.

Zusätzlich bekommen Menschen die Gelegenheit, selbst etwas in der Gemeinde zu verändern, indem sie ihre geistlichen Gaben entdecken und sie in einem unserer fast hundert verschiedenen Dienste einsetzen. Ein Nebenprodukt davon ist eine höhere persönliche Identifizierung mit der Gemeinde; Menschen fühlen, daß ihr persönlicher Beitrag gebraucht und geschätzt wird.

Zudem sind die großen Wochenend-Gottesdienste nicht der einzige Ort, an dem in *Willow Creek* gelehrt wird. Wir bieten in einer Vielzahl kleinerer Veranstaltungen auf interaktiver Basis biblisch fundierte Lehre zu verschiedensten Themen an.

»Willow Creek hat offensichtlich einen großen Vordereingang, durch den Tausende von Menschen in die Gemeinde kommen. Aber gibt es nicht auch einen großen Hinterausgang, durch den viele Menschen die Gemeinde wieder verlassen?«

Da wir den Menschen die Anonymität, die sie sich in der ersten Zeit ihrer geistlichen Pilgerreise wünschen, zugestehen, widerstehen wir der Versuchung, sie zu verfolgen, und deshalb ist es schwierig, genau zu messen, wieviele Menschen eine Zeitlang kommen und dann wieder gehen. Sicherlich kommen und gehen einige von ihnen – obwohl viele später wieder in die Gemeinde zurückkommen, wenn ihr Leben einige unerwartete Turbulenzen erfährt.

Es ist auch richtig, daß wir verschiedene Zeiten in der Geschichte unserer Gemeinde hatten, in denen Menschen nicht so in das Leben der Gemeinde integriert werden konnten, wie es hätte sein sollen. Deswegen haben wir unsere Kleingruppenarbeit eingerichtet und andere Verbesserungen eingeführt. Unser Ziel ist es sicherzustellen, daß keiner durch das Netz durchfällt.

»Wer finanziert Willow Creek? Sicher kann eine Gemeinde von dieser Größe nicht nur von den Spenden der Gemeindeglieder leben.«

Auch wenn gelegentlich jemand von außerhalb ein besonderes Projekt der Gemeinde finanziell unterstützt, ist das sicher die Ausnahme. Die überwältigende Mehrheit unserer Gelder kommt von ganz normalen Menschen, die die biblischen Prinzipien guter Verwalterschaft gelernt haben und nun Gott ernsthaft mit dem Umgang ihrer Finanzen ehren wollen.

Wir haben keine Pläne, kein Briefumschlagsystem, unsere Ältesten gehen nicht von Tür zu Tür, wir haben keine öffentlichen Spendenaufrufe, kein Thermometer an der Wand, keine zwingenden oder auf Emotionen abzielenden Appelle. Wir haben einfach erkannt, daß Christen mit ganz natürlicher, erstaunlicher Großzügigkeit reagieren, wenn sie verstehen, daß alles, was sie haben, Gott gehört, und wenn sie spüren, daß ihre Gemeinde sich ehrlich darum bemüht, ihnen in ihrem Glaubenswachstum zu helfen.

»Willow Creek wurde ganz offensichtlich auf der Persönlichkeit und dem Charisma Bill Hybels' aufgebaut. Würde die Gemeinde nicht auseinanderfallen, wenn er sie verlassen würde?«

Wir sind uns bewußt, daß der Weggang eines Gründungspastors möglicherweise ein Trauma für die Gemeinde darstellen könnte, aber wir haben deshalb bereits einige Schritte eingeleitet, die verhindern sollen, daß meine Abwesenheit *Willow Creek* schwächen würde.

Eine Sicherheitsmaßnahme ist unser Teampredigtkonzept. Ich bin einer von acht Ältesten, einer von siebzehn Vorstandsmitgliedern und einer von zehn Repräsentanten des Leitungsteams. Sollte ich die Gemeinde verlassen, würde der gesamte Kern der Gemeindeleitung erhalten bleiben. Ebenso bin ich auch nur einer unserer Hauptprediger, das heißt, daß die Gemeinde schon jetzt Predigten von verschiedenen Menschen hört.

Ohne Frage kämen im Fall meines Wegganges einige Änderungen auf die Gemeinde zu. Jedenfalls nehmen wir von Zeit zu Zeit Veränderungen vor, um herauszufinden, wie *Willow Creek* während einer möglichen Abwesenheit von mir weiterhin wachsen und gedeihen kann.

»Willow Creek basiert darauf, Baby-Boomer zu erreichen. Was passiert, wenn diese Generation älter wird?«

Eine Studie aus den frühen neunziger Jahren zeigt interessanterweise, daß das Durchschnittsalter der *Willow Creek*-Besucher genau dem Durchschnittsalter der Generation der *Baby-Boomer* entspricht. Aber wie Ihnen jeder einen Bauchansatz bekommende und Haare verlierende Mittvierziger sagen wird: Diese Generation kommt langsam in die Jahre. Die obere Spitze der *Boomer* wird 1996 das Alter von fünfzig Jahren erreicht haben.

Deshalb haben wir in *Willow Creek* in den letzten Jahren weiterhin Dienste für *Boomer* angeboten, aber unsere Bemühungen verstärkt, auch die vorhergehenden und nachfolgenden Generationen anzusprechen. 1995 werden wir unsere Pläne für einen wöchentlichen Gottesdienst umsetzen, dessen Ziel es ist, die sogenannten *Baby-Buster*, die Generation nach den *Baby-Boomern*, zu erreichen. Diese Gruppe, auch bekannt als »Generation X«, hat ihre eigene Kultur, ihre eigene Sprache, ihre eigenen Themen – und ihr eigenes verzweifeltes Bedürfnis nach dem Evangelium. Zur selben Zeit entstehen Pläne, um auch die Bedürfnisse der älteren Menschen unserer Gemeinde abzudecken.

Wir sind noch dabei auszutüfteln, wie diese neuen Dienste wirklich aussehen sollen. Aber auch wenn *Baby-Buster* und Senioren jede Woche ihre eigenen Gottesdienste haben sollten, wird doch die ganze Gemeinde weiterhin in der *New Community* zusammenkommen, um die Vision zu bewahren durch Predigt und Abendmahl und ganz einfach dazu, gemeinsam Kirche zu sein. Wir sind überzeugt, daß es biblisch ist, wenn alle Generationen jede Woche als Leib Christi zusammenkommen.

»Entspringt die Betonung, die Willow Creek auf hervorragende Qualität legt, nicht letztlich einem ungesunden Perfektionismus?«

Wir haben erkannt, daß man in jedem Lebensbereich bei allem, worum man sich am meisten kümmert, was man am liebsten hat, was man am leidenschaftlichsten glaubt, sich um hervorragende Qualität bemüht. Und genau das trifft auf unsere Dienste zu.

Wir lieben die Kirche, weil wir sie als Braut Christi sehen. Und deswegen ist es für uns ganz natürlich, unser Bestes zu geben. Paulus sagt (1 Kor 10,31): »Tut alles zur Verherrlichung Gottes!« Wir bemühen uns darum, ihn mit dem Opfer unseres Gottesdienstes zu ehren.

Willow Creek definiert hervorragende Qualität als »das Beste tun, das wir können, mit dem Besten, was wir haben«. Und das alles in einer Atmosphäre der Gnade und des Angenommenseins. Wenn wir sehen, daß es zu ungesunden Extremen führt, schreiten wir ein und sprechen darüber, um solche Tendenzen zu neutralisieren.

Aber wir sind davon überzeugt, daß Qualität in der Kirche wichtig ist. In seinem Buch »Verhaftet im Mittelmaß« stellt Franky Schaeffer eine interessante Sichtweise vor: »Der Gedanke, daß der Heilige Geist schon irgendwie wirkt, daß Gott schon irgend etwas daraus machen kann, wenn wir nur irgend etwas auf die Beine stellen, ist ungerechtfertigt für diejenigen, die den lebendigen Gott kennen und seine Integrität und Hingabe an Qualität in seinem Wort und in der Welt um uns herum sehen.«

»Ist die Haltung Willow Creeks gegenüber Frauen das Ergebnis biblischer Untersuchungen oder zielt sie darauf ab, Menschen zu besänftigen, die ganz stark an gleiche Rechte für Frauen glauben?«

In allen Versuchen, Beziehungen zwischen den Geschlechtern zu verstehen und praktisch zu leben, ist unsere einzige Autorität der Wille Gottes, ausgedrückt in der Bibel. Auch wenn man über einzelne isolierte Textpassagen streiten kann, glauben wir doch, daß die Bibel, wenn man sie korrekt und in ihrer Gesamtheit interpretiert, die völlige Gleichberechtigung zwischen Männern und Frauen lehrt, was Status, Begabungen und Möglichkeiten der Mitarbeit in der Gemeinde anbelangt. Darauf basiert unsere Haltung gegenüber Frauen, nicht auf dem Druck, in den Augen der Gesellschaft »politisch korrekt« zu sein.

Wir sind überzeugt, daß die Bibel lehrt, daß Männer und Frauen von Gott nach seinem Bild geschaffen wurden (Gen 1,27). Nach Gottes Vorstellung sollten sie eins sein und Gemeinschaft haben (Gen 2,23), genauso wie Gott selbst eins in der Trinität ist. Doch die Einheit des Menschen wurde durch den Sündenfall zerstört. Der Kampf um Macht und der Wunsch, über das andere Geschlecht zu herrschen, sind Ergebnis von menschlicher Sünde (Gen 3,16) und waren in Gottes ursprünglichem Plan für die Menschen nicht vorgesehen.

Jedenfalls hat Gott beschlossen, in Christus die Menschen zu erlösen und allen Menschen die Gelegenheit anzubieten, ein Teil der neuen Gemeinschaft seiner Kirche zu sein. Gottes Plan ist es, seine Kinder die Einheit erfahren zu lassen, die auch zwischen dem Vater und dem Sohn besteht (Joh 17,22). Das heißt, daß die alten Trennungen und Hierarchien zwischen den Geschlechtern von der Kirche nicht toleriert werden, wo »alle ›einer‹ in Christus« sind (Gal 3,28).

Als die Kirche an Pfingsten gegründet wurde, wurde der Heilige Geist gleichermaßen über Männer und Frauen ausgegossen, wie es lange vorher schon angekündigt war (Joel 2,28; Apg 2,18). Der Geist verteilt souverän an alle Mitglieder der Kirche seine Gaben, ohne jemanden aufgrund seines Geschlechtes vorzuziehen oder zu benachteiligen (Apg 2,1-21; 1 Kor 12,7.11). Jeder Christ bekommt seine Gabe zum Nutzen des Leibes Christi (Röm 12,4-8; 1 Petr 4,10-11), und deshalb sind wir überzeugt, daß wir den Geist hindern würden, wenn wir jemanden davon abhielten, seine geistliche Gabe auszuüben.

»Welche Einstellung vertritt Willow Creek gegenüber wichtigen sozialen und politischen Themen wie Abtreibung oder ähnlichem?«

Wenn wir über soziale Themen predigen, die auch in der Bibel angesprochen werden, wie Rassismus, Armut, Ungerechtigkeit, Abtreibung, Homosexualität, Pornographie, Umweltfragen und so weiter, predigen wir sehr direkt. Dann ermutigen wir unsere Besucher, sensibel auf den Heiligen Geist zu hören, inwieweit er sie dazu treibt, sich in verschiedenen Organisationen sozial oder politisch zu engagieren.

Als Gemeinde halten wir uns in politischen Fragen zurück, weil es unter Christen legitime Meinungsverschiedenheiten geben kann, wie bestimmte biblische Werte in einen politischen Kontext in einer pluralistischen Gesellschaft übersetzt werden sollen.

Auf persönlicher Ebene ist *Willow Creek* stark in sozialen Fragen engagiert. Wir bieten zum Beispiel Dienste an, die Frauen helfen, sich für eine Adoption statt für eine Abtreibung zu entscheiden, wir ermöglichen die Unterbringung ungewollter Kinder in christlichen Heimen und wir kämpfen mit unserer Armenküche und unserer Stadtmission gegen Hunger und Obdachlosigkeit.

Als ganzer Leib legen wir unseren Schwerpunkt aber auf unsere primäre Berufung – gottferne Menschen mit dem Evangelium zu erreichen und ihnen zu helfen, im Glauben zu reifen. Wir sind überzeugt, daß sich die Haltung eines Menschen zu sozialen Fragen grundlegend ändert, wenn sein Herz durch Jesus Christus umgestaltet wird.

Wie Chuck Colson in »Gegen die Nacht« schreibt: »Ohne eine tiefere Umwandlung der Sichtweise ... ändert sich die Meinung über einzelne politische Themen nur selten, egal, wie überzeugend unsere Argumente sind.«

Diese »tiefere Umwandlung der Sichtweise« vollzieht sich, wenn Jesus Christus in einem Leben wirkt. Deswegen sind wir überzeugt, daß wir den größten Beitrag zur Gesellschaft leisten können, wenn wir gottfernen Menschen zu einer authentischen Beziehung zu Jesus verhelfen können.

Wen man versteht,
den kann man auch zum Glauben führen

Lee Strobel hatte als erfolgreicher Journalist der Tageszeitung *Chicago Tribune* für das Christentum nur ein müdes Lächeln und beißenden Spott übrig. Heute ist er Pastor einer der größten Gemeinden der USA und kämpft gegen die folgenschwere »Vergeßlichkeit« der etablierten Christen. Er kämpft für alle, die große Barrieren zu überwinden haben, sich auf den christlichen Glauben oder gar auf eine Gemeinde einzulassen. Seine brillante Darstellung der »kirchendistanzierten Meiers« gehört in die Hände aller, die sich Gedanken über die Zukunft ihrer Gemeinde machen.

Lee Strobel
Beim Wort zum Sonntag schalt' ich ab
Paperback, 240 Seiten
Bestell-Nr. 657 063

DAS Thema von Willow Creek: persönliche Evangelisation

Wie wird Ihr Christsein ansteckend? Bill Hybels bringt es in seinem Buch über Evangelisation auf eine einzige, reichlich kompliziert aussehende Formel:

$$hE + uN + kK = mE$$

Was zunächst so nüchtern, mathematisch und völlig unverständlich aussieht, entpuppt sich bei näherem Hinsehen als eine klare, einsichtige Konzeption, die Gemeinden und einzelne Christen aus ihrer unfruchtbaren Isoliertheit herausführen wird.

Das Buch ist voller persönlicher Erfahrungen, die jede für sich die einzelnen Faktoren seiner »Gleichung« lebendig illustrieren – ein Buch, das vielen Christen aus dem Herzen spricht.

Bill Hybels • Mark Mittelberg
Bekehre nicht – lebe!
Paperback, 260 Seiten
Bestell-Nr. 657 065